Corsaire de la République

Petite Bibliothèque Payot / Voyageurs 56

Louis Garneray

Corsaire de la République

Voyages, aventures et combats

Cette édition de *Corsaire de la République* est parue pour la première fois aux Éditions Phébus dans la collection « D'ailleurs » dirigée par Jane Sctrick.

106, bd Saint-Germain, Paris VIe.

Retrouver Garneray

Comment avons-nous pu oublier Garneray? La France possède en lui l'un des plus grands écrivains de la mer... et persiste malgré cela à le ranger au magasin des accessoires de sa littérature. Traitement injuste s'il en fut, envers un homme qui paya rudement de sa personne pour donner matière à un livre. Et quel livre! Melville, qui s'y connaissait en hommes et en écrivains, et qui n'avait pourtant guère de tendresse pour les Français, a tenu à lui rendre hommage dans Moby Dick *– même s'il écorne un peu son nom au passage (il l'appelle Garnery). Ce salut fraternel adressé à l'un des nôtres par l'ombrageux poète coureur des sept mers aurait dû nous être un signe. Mais il n'est jamais trop tard pour revenir sur un geste d'ingratitude. Ce changement de cap auquel nous convions les lecteurs français ne devrait d'ailleurs pas leur être trop douloureux, dès lors qu'il les engage à vivre, sans quitter leur confortable fauteuil, l'une des plus étonnantes aventures qui soient – et d'autant mieux étonnante que* vraie *de bout en bout.*

« Excepté l'Amérique et la Nouvelle Hollande, j'ai vu à peu près le monde entier. J'ai parlé plusieurs langues orientales et africaines. Les accidents de la mer ne m'ont pas

manqué. J'en ai vu de toutes sortes. J'ai fait la course avec Surcouf, Malerousse, Dutertre. J'étais à bord de la frégate la Forte *dans le combat livré par l'amiral Dunois à deux vaisseaux de 80. J'étais à bord de* la Preneuse *dans sa dernière croisière; à bord de* l'Atalante *quand elle fit naufrage au cap de Bonne-Espérance. En 1806 je fus fait prisonnier dans la division de l'amiral Linois. Je subis une captivité de près de dix ans sur les pontons de Portsmouth. Ce fut au milieu de cette vie misérable que je repris mes études de peinture, en même temps que je m'occupais de mathématiques, incertain encore à laquelle des deux professions d'artiste ou de marin je vouerais mon avenir. »*

C'est en ces termes que Garneray résume sur le tard sa vie passablement mouvementée, pour répondre aux questions d'un gazetier de la France maritime. *Artiste ou marin? Garneray, sans le vouloir vraiment, fut constamment l'un et l'autre. Sa véritable vocation pourtant avait été la mer : aucun doute là-dessus. Né en 1783 à Paris, rue Saint-André-des-Arts (la bien nommée), dans une famille où l'on était peintre et graveur de père en fils, sa carrière au départ était toute tracée : il serait peintre, tout comme son père François-Jean Garneray – dont les œuvres n'ont pas laissé un souvenir impérissable. A douze ans, le jeune Louis se trouvait donc avoir entre les mains un solide métier, et l'on murmurait même qu'il montrait déjà un début de talent. Mais les carrières les mieux agencées suivent parfois d'étranges chemins, pour peu qu'un destin capricieux s'en mêle. Le destin, cette fois-là, prit les traits d'un cousin de la famille, qui servait la République en qualité de capitaine de frégate. Ce diable d'homme devait trancher sur le reste de la maisonnée. Il fascina d'emblée Garneray fils, qui l'évoquera un demi-siècle plus tard avec un émerveillement intact : « Mon cousin Beaulieu-Leloup, marin de corps et d'âme, éprouvait un profond sentiment de commisération pour les habitants des villes. Le bonheur sur la terre ferme lui semblait un paradoxe insoutenable : il ne comprenait la vie que sur un pont de navire; et il n'admettait les relâches dans un port ou à la côte que comme une de ces contrariétés et l'un de ces ennuis inhérents à l'existence humaine, que l'on doit subir avec résignation puisqu'ils sont inévitables. »*

Beaulieu-Leloup devait s'entendre à reconnaître ceux qui étaient faits de la même étoffe que lui. Derrière l'enthousiasme du gamin, il sait déceler cette secrète sauvagerie, ce besoin enragé de liberté qui fait les vrais marins. Il encourage le petit rêveur à venir le rejoindre à Rochefort, où se trouve son escadre. Les parents, magnanimes, laissent faire. Et le petit Louis se retrouve bientôt sur le pont d'une frégate armée pour la guerre, qui cingle vers l'océan Indien. Il a tout juste treize ans.

Nous sommes en 1796. La Terreur est passée. Le Directoire, poursuivant à sa façon l'ancienne politique des rois, lutte sur mer contre l'Anglais, maître des Indes. Quand les caisses de la République ne suffisent pas à armer autant d'escadres qu'il faudrait, le ministère confie à des capitaines corsaires, qui travaillent à titre « privé » mais pour le compte de la Nation, le soin de mener la vie dure à l'ennemi. De 1796 à 1806, Garneray naviguera donc surtout entre Zanzibar et les Philippines, tantôt sur les vaisseaux de l'État, tantôt à bord de frégates corsaires.

En droit maritime, seuls pouvaient se prévaloir du titre de corsaires les capitaines à qui la République avait accordé des lettres de marque. Sans cette reconnaissance officielle, les marins qui se risquaient à faire la course aux riches navires marchands de l'Inde anglaise ne valaient guère mieux que de simples pirates : s'ils venaient à être capturés, on les pendait haut et court sans autre forme de procès.

Montés sur des navires légers qui pouvaient tenir une bonne allure, mais dont la puissance de feu restait médiocre, les Surcouf, les Dutertre étaient souvent en délicate posture lorsqu'il leur fallait s'en prendre à des convois marchands protégés par de puissants vaisseaux de soixante-quatorze canons et plus. Ils suppléaient sans trop de peine à ce désavantage par la rapidité, la ruse, et par une audace qui leur valait la plupart du temps l'estime de leurs ennemis. Envoyer cent hommes à l'abordage d'un vaisseau défendu par trois cents soldats n'était pas chose rare à l'époque. Et l'on reste confondu devant l'impatience de ces hommes, de l'officier de rang au simple matelot, qui pestaient quand l'heure du combat tardait un peu trop à venir – même si nombre d'entre eux devaient y laisser un bras ou une jambe.

*Garneray nous livre ici le récit scrupuleux de ses années d'apprentissage en la rude compagnie du matelot Kernau, son « professeur », brute au grand cœur qui l'initie aux secrets du métier et l'emmène se déniaiser dans les mauvais lieux de Manille (Robert Margerit se souviendra de l'épisode dans un chapitre de l'*Ile des Perroquets*). Mais pour délectables que soient les plaisirs de l'escale, c'est en mer et nulle part ailleurs que ces hommes se sentent chez eux. Débarqués à terre, ils perdent leurs ailes et nous les voyons se conduire comme tous les mauvais garçons de tous les ports du monde : vantards, fascinés par l'argent facilement gagné dans les tripots, et aussi vite perdu, prompts à jouer du couteau. Sitôt rendus à l'air du large, voilà qu'ils oublient les intérêts mesquins où se complaisent les terriens, d'emblée repris par ce démon de l'aventure qui les pousse à donner le meilleur d'eux-mêmes sans rechigner, avec un sens de l'abnégation et un courage qui nous paraissent aujourd'hui de la dernière incongruité. La vie à bord est à leurs yeux la meilleure chose au monde, le seul état indiscutablement enviable. Garneray nous la décrit pourtant sans complaisance : discipline de fer, longs travaux harassants, promenades vertigineuses le long des hautes vergues, nourriture répugnante, privations de toutes sortes. Sans oublier les ravages mortels du scorbut et la boucherie effroyable des combats. Toutes ces horreurs, nous les connaissions déjà grâce aux romans de piraterie dont notre enfance se délectait en frémissant. Mais cette fois-ci, nous ne sommes plus dans la fiction. Nous retrouvons bien tous les éléments de ce qu'il est convenu d'appeler le* romanesque maritime. A cette nuance près, qui est de taille . l'individu qui nous parle ici n'a rien inventé; des hommes ont vraiment vécu cela!

Rien à vrai dire ne préparait Garneray à tenir ce rôle de chroniqueur. Rendu à la vie civile après sa captivité à Portsmouth, il mène sous la Restauration une honorable carrière de peintre de marine. C'est sur le tard qu'il s'attelle à ses mémoires. Il les présente au ministère, pensant servir ainsi l'histoire de France, mais on refuse de les publier : son style n'a pas la froide rigueur qui convient. Dépité, il se tourne vers les gazettes où on lui fait bien sûr le reproche inverse : sa manière sent un peu trop le goudron. Qu'à cela ne tienne, on charge un « spécialiste » de revoir sa prose pour la mettre au goût du jour. Par chance, le spécialiste en question (probablement Édouard Corbière) connaît la mer et le texte ne souffre pas trop – bien qu'il soit malaisé d'en juger avec certitude, le manuscrit original ayant disparu. Toujours est-il que le récit, publié par la Patrie, au cours de l'été 1851, connaît un vif succès. On en fera même un livre (Voyages, aventures et combats) régulièrement réédité... et tout aussi régulièrement édulcoré par ses éditeurs successifs. Et Garneray se retrouvera au début de ce siècle, consciencieusement châtré de tout ce qui eût pu choquer nos chers bambins, classé parmi ces « auteurs pour la jeunesse » préposés à l'édification des écoliers français.

Mort en 1857, il eut au moins la bonne fortune de ne pas assister à ce joli massacre. Il faudra attendre l'édition des Libraires Associés (1954) pour que son œuvre reparaisse enfin dans sa version la moins remaniée – celle qui se trouve reprise ici, enrichie de notes empruntées à l'édition d'Albert Savine (Abordages d'un marin de la République, Paris, 1912). Pourquoi le livre ne fut-il pas réimprimé ensuite? Les temps, il faut croire, ne s'y prêtaient pas. L'Espace et sa population théorique d'extra-terrestres ont remplacé la Mer comme figure emblématique de cet au-delà qui tourmente le cœur des grands enfants que nous sommes. Mais *la mer ne se laisse pas oublier si facilement. Elle conserve même un avantage indiscutable : elle existe au bout de notre horizon quotidien. Et elle continue de faire insulte, avec une imperturbable sérénité, à l'étroitesse de nos pontons.*

J.P.S.

I

Départ de France – Relâche – Événements divers – Arrivée à l'île de France

Je suis né à Paris le 9 février 1783. Mon père, peintre de genre, dont le nom figure honorablement dans les biographies des contemporains, me destinait à suivre sa carrière. Un penchant irrésistible que je ressentais pour les aventures et les voyages, un enthousiasme pour la gloire, partagé, du reste, par la jeune génération de cette époque, enthousiasme qui me brûlait le sang et me présentait sans cesse, pendant mes journées et mes nuits, des pensées et des rêves de combats, s'opposèrent à la réalisation des désirs de mon père.

J'avais à peine treize ans et demi lorsque je lui déclarai ma résolution de m'embarquer en qualité de marin, et je mis une telle ténacité dans mes instances que je finis enfin par obtenir ou, pour être plus exact, par lui arracher son consentement. Je dois avouer que ma fermeté, dans cette circonstance, fut énergiquement soutenue et stimulée par les conseils et les encouragements que je recevais, presque chaque matin, par la poste, d'un de mes parents, M. Beaulieu-Leloup, capitaine de frégate, qui se trouvait alors à Rochefort.

Mon cousin Beaulieu-Leloup, marin de corps et d'âme,

éprouvait un profond sentiment de commisération pour les habitants des villes. Le bonheur sur la terre ferme lui semblait un paradoxe insoutenable : il ne comprenait la vie que sur un pont de navire; et il n'admettait les relâches dans un port ou à la côte que comme une de ces contrariétés et l'un de ces ennuis inhérents à l'existence humaine, que l'on doit subir avec résignation puisqu'ils sont inévitables.

Le jour fixé pour mon départ de la maison paternelle arrivé – et quoique bien des années me séparent de ce souvenir, je me le rappelle encore comme s'il ne datait que d'hier –, je me revêtis, afin de mieux m'affermir encore dans ma résolution, d'un costume complet de matelot que l'on m'avait donné au ministère de la marine.

– Mon cher Louis, me dit mon père, qui, afin de rester plus longtemps avec moi, avait pris un fiacre et m'accompagnait en attendant que la voiture de Chartres nous rejoignît, n'oublie point, si ta nouvelle carrière ne répond pas à tes rêves et à tes espérances, que tu trouveras toujours ta place vacante et gardée dans mon atelier. Je te vois t'éloigner avec d'autant plus de douleur, que tes rapides progrès dans le dessin dépassaient mon attente. Après tout, qui sait ? Peut-être bien ta brusque entrée dans le monde, les privations que tu auras à subir, tes longs voyages, contribueront-ils à la réussite de ton avenir. Avoir beaucoup vu et beaucoup souffert sont deux choses excellentes pour les hommes d'énergie et d'intelligence, elles développent à la fois en eux l'esprit et le cœur. Et puis, faut-il te l'avouer, j'espère qu'une fois ton imagination refroidie par le rude contact de la réalité, dans quelques mois d'ici, peut-être, tu reviendras, guéri de tes folles idées, me redemander tes crayons.

Hélas! mon pauvre père ne se doutait guère alors que mon premier atelier de peinture serait un ponton anglais, et que, marin aventureux et vagabond, je devais, avant de prendre le pinceau qu'il désirait voir dans mes mains, sillonner pendant vingt ans toutes les mers du globe.

La patache de Chartres nous ayant atteints au bout de

l'allée des Veuves, j'embrassai mon père une dernière fois; puis, refoulant, par un suprême effort de volonté, les larmes qui montaient à mes paupières, je m'élançai en deux bonds sur le siège du cocher.

A peine à Rochefort, mon premier soin fut de me rendre chez mon cousin : il commandait alors la frégate *la Forte*. Je le trouvai en compagnie de plusieurs capitaines et officiers de marine, au moment de se mettre à table pour dîner.

– Bravo, mon cher Louis, s'écria-t-il en m'embrassant, voilà ce qui s'appelle tenir sa parole : je ne puis trop te louer de ta résolution. Assieds-toi auprès de moi, et grise-toi de ton mieux. C'est le seul moyen passable que je connaisse pour s'étourdir un peu sur l'ennui que cause à tout homme intelligent un séjour à terre.

Cet accueil du capitaine Beaulieu produisit un assez vif étonnement parmi ses convives, car avec l'affreux vêtement taillé en entier dans une grossière toile noire que j'avais reçu au ministère de la marine je faisais une fort triste figure. Mon cousin me présenta alors officiellement à ses amis comme étant son parent, un jeune homme qui avait reçu de l'éducation et donnait des espérances, et ces messieurs devinrent aussitôt pour moi pleins de bienveillance.

Parmi les convives je vis un capitaine de vaisseau dont la figure franche et martiale attira tout d'abord mon attention et éveilla toute ma sympathie. C'était l'Hermite [1]. J'étais bien loin de songer, en l'apercevant ainsi pour la première fois, que sous peu, presque pour mon début, je me retrouverais avec lui dans des circonstances critiques et terribles, et que son amitié pour moi durerait jusqu'au dernier jour de sa vie.

Au dessert, mon cousin me présenta plus spécialement

1. Jean-Marie-Adrien Lhermite (1766-1826), volontaire en 1780, lieutenant de vaisseau (1793), capitaine de frégate (1794), contre-amiral (1807), baron de l'Empire par lettres patentes du 6 octobre 1810.

à un jeune enseigne de sa frégate, M. de la Bretonnière, en le priant de vouloir bien s'occuper de moi. M. de la Bretonnière m'entraîna obligeamment dans une embrasure de fenêtre, et là, tout en prenant son café, m'adressa de nombreuses questions. Mes réponses eurent le bonheur de lui plaire, car me frappant doucement sur l'épaule :

– Mon ami, me dit-il, vous me convenez beaucoup; je m'engage, si vous restez digne, comme je le pense, de mon intérêt, à vous aider de mes conseils et de mon expérience.

Jamais parole n'a été plus loyalement remplie. Depuis ce moment, jusqu'au 20 janvier de cette année (1815), jour triste et à jamais douloureux, hélas! où j'ai accompagné le corps du contre-amiral la Bretonnière à sa demeure dernière, son affection pour moi ne s'est pas démentie un seul instant.

Je dormais encore le lendemain matin, lorsque mon cousin vint me réveiller.

– Allons, paresseux, debout! s'écria-t-il amicalement, le déjeuner t'attend; et la division commandée par le contre-amiral ex-marquis et actuellement citoyen de Sercey [1], dont fait partie ma frégate, doit appareiller sous peu : tu n'auras pas trop de temps pour voir le port.

– A présent, mon garçon, me dit-il lorsqu'une heure plus tard nous sortîmes de table, bien du plaisir, et amuse-toi tant que tu pourras; moi, je m'en vais rejoindre ma frégate mouillée dans la rade de l'île d'Aix; nous nous retrouverons à bord. Toutefois, avant de nous séparer, encore quelques mots. Je ne dois pas te cacher que je te sais bon gré de la résolution que tu as montrée en répondant à mon appel, et que tu peux compter sur moi toutes les fois que l'occasion se présentera de t'être utile. S'il y

1. Pierre-César-Charles-Guillaume, marquis de Sercey (1753-1836), vice-amiral et pair de France. Entré à treize ans dans la marine, il continue à servir sous la Révolution. Dénoncé au Comité révolutionnaire, il est arrêté pendant la Terreur. Libéré après Thermidor, son commandement lui sera rendu.

a des coups à recevoir, un danger quelconque à courir, je te choisirai de préférence à tout homme de l'équipage. Si tu commets la moindre faute, la plus petite négligence dans ton service, je te promets de te punir avec deux fois plus de sévérité que je n'en déploierais dans une occasion semblable envers n'importe quel matelot. Ayant sévi, je prends l'engagement de rester inexorable pour toi. Que diable, c'est bien le moins que l'on ait quelques égards pour un parent. Je veux, Louis, vois-tu, que tu deviennes ce qu'on appelle un marin; et je te jure, ajouta mon cousin après une légère pause, et d'un ton de bonhomie et de tendresse qui m'alla droit au cœur, je te jure que si tu ne te fais pas tuer je réussirai dans mes projets sur toi. Pas de remerciements, c'est inutile! Encore un mot : tu es fort, robuste, et très développé pour ton âge, cela me permettra de t'embarquer d'emblée en qualité de novice; quand nous nous reverrons, je ne serai plus que ton capitaine.

Mon cousin, après ce beau discours, se dirigeait vers la porte de sortie lorsqu'un matelot se présenta devant lui.

– Ah! c'est toi, Kernau, mon vieux Breton, lui dit Beaulieu avec bienveillance. Parbleu, tu arrives fort à propos; ta vue me donne une idée... Mais que me veux-tu?

– Capitaine, c'est une lettre que le lieutenant en pied, M. Mamineau, m'a chargé de vous remettre...

– Donne.

Pendant que mon cousin lisait sa lettre, j'examinai le matelot Kernau. C'était un solide gaillard, brun de peau, aux cheveux noirs, aux yeux brillants, à la physionomie franche, énergique et naïve tout à la fois. Il pouvait avoir près de trente ans. Son costume, d'une déplorable maturité, brillait plus de goudron que de propreté. Un mendiant eût certes dédaigné de le ramasser au coin d'une borne. Les matelots, à cette époque, étaient loin, sous le rapport de la tenue et de la mise, de ressembler à ceux d'aujourd'hui. Je ne dis pas ni que cela fût leur faute ni fît leur éloge, toujours est-il que quand sonnait l'heure de l'abordage,

Pieds nus, sans pain, sourds aux lâches alarmes,
Tous à la gloire marchaient du même pas.

– Kernau, reprit mon cousin après avoir terminé la lecture de sa lettre, tu vois ce jeune homme?

– Oui, mon capitaine, répondit le matelot, qui me regarda, ou, pour mieux dire, qui m'inspecta des pieds jusqu'à la tête, avec autant de tranquillité que d'attention.

– C'est mon parent.

– Certainement, capitaine.

– Veux-tu l'accepter, à la place de ton vieux Gobert, tué à notre dernière croisière, pour ton matelot? Réponds franchement et pas par obéissance... Ça te va-t-il? Réfléchis.

Kernau se retourna une seconde fois vers moi et m'examina de nouveau.

– C'est bien jeune, mais ça me va, capitaine, répondit-il enfin avec flegme.

– Alors, affaire conclue. Seulement, retiens bien ceci: c'est que si tu t'avises d'épargner du service à mon parent, de le laisser fainéanter et que je m'en aperçoive... suffit... tu ne porterais pas ça en paradis.

– Dame, capitaine, tous les amis savent que Kernau ne connaît pas trop mal son métier... Je ferai de mon mieux pour l'apprendre à votre petit parent... Si je ne réussis pas, c'est qu'il sera, sauf le respect que je vous dois, un pas grand-chose, votre cousin...

– Bien. Je t'accorde une permission de deux jours... Tâche de bien te conduire.

Le capitaine Beaulieu en me serrant une seconde fois la main me glissa quelques louis, m'avertit tout bas que j'eusse à traiter convenablement mon matelot, et s'éloigna.

Une heure plus tard j'étais installé avec mon nouvel ami dans un des meilleurs cabarets de Rochefort. Kernau semblait assez embarrassé pour entamer la conversation.

– Dis donc? me demanda-t-il enfin; puis, s'arrêtant tout à coup et abandonnant le tutoiement: Dites donc, reprit-il, c'est un crânement bon garçon que ton parent, et si ça peut vous être agréable, nous allons vider une bouteille de vin à sa santé. Que penses-tu de ma proposition? Cela vous va-t-il?

Tant que dura notre bouteille, ce qui ne fut pas longtemps, Kernau, gêné par l'idée qu'il se trouvait en tête à tête avec le parent de son capitaine, un jeune homme *éduqué,* entremêla de *tu* et de *vous* à peu près égaux son pittoresque langage; mais une fois qu'une seconde bouteille eut remplacé la première, il prit bravement son parti et sortit de sa fausse position avec autant de franchise que d'énergie.

– Sacré nom! ça m'embête à la fin, s'écria-t-il en accompagnant cet aveu d'un vigoureux coup de poing sur la table; ça zizimasse, ces belles manières... Vois-tu, petit, tu es mon matelot ou tu ne l'es pas... Tu comprends : si tu l'es, tu l'es; si tu ne l'es pas, tu ne l'es pas... C'est clair, ça... Pas vrai! Donc suffit... Quand je te dis *tu*... c'est que *tu* me vas... Ça te va-t-il?

– Oui, matelot, comme tu voudras.

– Tope là! ouf! ces satanés *vous* m'étranglaient comme une cravate de marié... A présent, me voilà à l'aise, et tout prêt à courir autant de bordées dans la conversation que tu voudras... C'est pas pour me flatter, mais je suis connu pour savoir manœuvrer un peu proprement la parole. Tel que tu me vois, matelot, je suis un *frère la Côte.*

– Toi! un frère la Côte! répétai-je avec étonnement.

– Mais, un peu, je m'en vante, me répondit-il en balançant sa tête d'un air glorieux et important.

– Quoi! repris-je, tu as fait partie de ces fameux flibustiers établis dans le grand Océan américain, et qui ont si souvent, par leurs exploits fabuleux, épouvanté les Espagnols pendant leur puissance!...

– Que diable me chantes-tu là? s'écria Kernau. Ah! oui, j'y suis... Tu peux parler de ces faillis chiens, de fameux gaillards, tout de même, qui s'étaient établis à l'île de la

Tortuga, près de Santo-Domingo... Que t'es bête, va, matelot! Est-ce que tu ne sais pas, toi qui es éduqué, que ces flibustiers-là n'existent plus depuis des tas d'années?... Je vais t'apprendre, moi, ce qu'on appelle aujourd'hui un frère la Côte.

– Je t'écoute avec la plus vive attention.

– Tant mieux pour toi. Les frères la Côte, vois-tu, c'est une association comme qui dirait quasiment de francs-maçons, qui existe dans l'Inde. Anciennement, pour être reçu frère la Côte, il fallait justifier par preuves authentiques qu'on avait couché pendant sept années suivies dans les raquettes ou semelles du pape [1]; aujourd'hui, pour être initié, faut seulement avoir navigué pendant trois ans dans les parages de l'Inde. Une fois frère la Côte, dame, que te dirai-je, on est classé dans le grand monde. Les corsaires vous font des avantages bien supérieurs à ceux qu'ils offrent aux *garçons la Côte,* des rien du tout auprès de nous... On nous recherche, on nous estime, on nous flatte, on nous craint. Les mulâtresses et les créoles courent après nous. Enfin, quoi! notre vie est un vrai triomphe.

– Pardon, matelot, de t'interrompre : qu'entends-tu par garçons la Côte?

– On nomme ainsi les marins qui naviguent habituellement à l'Amérique... des pas grand-chose!... Pour en revenir à nous, une fois reçus frères la Côte, ça nous stimule, et si nous n'étions auparavant que braves, nous devenons intrépides, et si nous étions intrépides, alors, sacré nom, nous nous flanquons à vingt dans une barque, et nous prenons une frégate de guerre anglaise... Être frère la Côte, mille boulets, ça vous engage à faire des choses auxquelles on ne songeait même pas sans cela... Il faut bien savoir tenir son rang et soutenir sa dignité... On prétend que nous mettons beaucoup de vent dans nos voiles, ce qui signifie que nous sommes blagueurs et vantards...

1. Le cactus-opuntia, plante épineuse très commune à l'île de France.

Possible... Mais au total, nous ne racontons jamais que ce que nous avons fait, nous seuls étions capables de l'accomplir, et ça n'a pas l'air croyable... Et voilà!

– Alors, tu regrettes l'Inde?

– Si je regrette l'Inde, mille noms de noms! c'est-à-dire que depuis que je l'ai quittée je ne vis plus... Si nous n'étions pas par bonheur en guerre et que le bruit du canon ne me réveillait pas de temps en temps, je dormirais de désespoir vingt-quatre heures par jour. Vois-tu, petit, tu ne te doutes pas, toi, de ce que c'est que l'Inde; c'est le paradis. Toujours des batailles et de l'or! Et des femmes, dieu de dieu, sont-elles jolies, mâtin! Et les fruits? y en a-t-il! Et les animaux? des serpents-boas à discrétion, des tigres à profusion, tout ce qu'on veut, quoi!

– Comment peut-il se faire qu'aimant autant l'Inde, tu te trouves à bord de *la Forte* et dans ces parages-ci?

– C'est pas ma faute, va! on avait besoin de monde là-bas, et les réquisitions des classes m'ont mis le grappin dessus... Ah! si j'avais eu un seul jour devant moi pour me retourner, je ne serais pas à m'embêter ici... Mais non... embarqué à midi, la frégate appareilla à midi et demi, et il me fut impossible de filer mon câble [1]. Après tout, faut pas me plaindre... le moment serait mal choisi; car on dit que nous allons justement croiser dans les mers de l'Inde...

La conversation de mon matelot Kernau m'intéressait beaucoup, comme on doit le penser; car tout ce qu'il me racontait soulevait un coin du rideau qui recouvrait cet horizon inconnu et mystérieux que je brûlais du désir de connaître.

Aussi, pendant toute la journée trouva-t-il, dans ma personne, un auditeur empressé et attentif, ce qui lui permit, à sa grande joie, de parler seul et sans discontinuer tout à son aise.

La nuit venue, nous rencontrâmes, dans une rue située

1. Déserter.

près de la caserne d'infanterie, plusieurs soldats qui rentraient à leurs quartiers. Kernau, excité par l'excellent dîner que les louis de mon cousin Beaulieu m'avaient permis de lui offrir, et que, convive zélé et reconnaissant, il avait fêté en vrai frère la Côte, c'est-à-dire comme un homme qui ne sait pas reculer, Kernau, dis-je, excité outre mesure, ne laissa pas échapper cette excellente occasion de s'amuser. Il commença par apostropher les soldats de pousse-cailloux, de casse-dos, puis mis en gaieté par cette métaphore classique, il passa bientôt, après s'être élevé aux plus grandes hauteurs de l'éloquence, à de dangereuses et blessantes personnalités. Le résultat de la conduite de mon matelot fut naturellement une rixe violente. Kernau, doué d'une force herculéenne, d'une prodigieuse agilité et d'un sang-froid que l'animation du combat lui laissait en entier, se montra un héros. A chaque coup de poing renversant un homme et quelquefois même le mettant hors de combat, il ne succomba à la longue que sous les efforts réunis d'une patrouille entière qui accourut pour rétablir la paix. Quant à moi, dès le début de l'action, j'avais été saisi à bras-le-corps par deux soldats, et je fus contraint d'admirer les exploits du frère la Côte, sans pouvoir lui porter secours. On ne m'en conduisit pas moins avec lui au poste voisin. L'officier de service nous fit bientôt comparaître devant lui pour nous interroger.

– Quel a été le motif de cette rixe? nous demanda-t-il.

– Mon officier, répondit Kernau en se hâtant de prendre la parole, j'obéissais au capitaine.

– Quoi! vous prétendez que c'est votre capitaine qui vous a ordonné de troubler la paix publique et d'assommer trois ou quatre soldats?

– Oui, mon officier, c'est là la vérité vraie...

On voit que Kernau avait devancé son époque.

– Il faut que vous soyez fou ou ivre pour me conter de pareilles sottises...

– Mon officier, je suis, au contraire, presque à jeun, et je possède toute ma raison. Le capitaine m'a dit comme ça en me remettant ce novice – et Kernau en prononçant ces mots me désigna d'un geste plein de dignité –, le capitaine m'a dit : « Kernau, veux-tu prendre ce petit, qui est mon parent, pour ton matelot, et te charger de lui apprendre ton métier ? » « Ça me va, mon capitaine, ai-je répondu »; et voilà !

– Eh bien ! quel rapport trouvez-vous entre cette proposition de votre capitaine et la scène de violence dont vous venez de vous rendre coupable ?

– Le rapport est bien simple, mon officier, je voulais apprendre à mon matelot comment on doit se distraire à terre; ça fait partie du métier.

Cette réponse, que Kernau prononça avec une profonde conviction, ne réussit pas aussi bien qu'il l'espérait; car l'officier nous fit passer la nuit au violon. Le lendemain matin, il voulut même nous faire reconduire à la Cayenne par la gendarmerie; mais, désarmé par mes instances, peut-être bien aussi par ma jeunesse, et par-dessus tout par les excuses que je lui présentai au nom de mon matelot, il consentit à nous laisser en liberté, à condition que nous nous rendions de nous-mêmes tout de suite à bord. Nous acceptâmes cet engagement, et, fidèles observateurs de notre promesse, nous nous dirigeâmes, Kernau et moi, aussitôt après notre déjeuner, vers l'île d'Aix.

Je ne saurais rendre l'impression que me causa la vue de la mer; c'était la première fois de ma vie que mon regard se perdait dans un horizon sans bornes.

La division en rade se composait des six navires suivants, que Kernau me désigna pendant qu'un canot nous conduisait à bord :

Les frégates *la Vertu*, capitaine l'Hermite; *la Seine*, capitaine Bigot; *la Régénérée*, capitaine Willaumez; *la Forte*, que montait le contre-amiral de Sercey et que commandait mon cousin Beaulieu-Leloup; enfin les corvettes *la Mutine* et *la Bonne-Citoyenne* [1].

Il me serait impossible de décrire l'étonnement que j'éprouvai en mettant le pied sur le pont de *la Forte.* Le spectacle de la réalité qui se présenta à mes regards était si loin de l'idée que je m'étais faite d'un navire, que je restai un moment tout abasourdi et n'osant en croire le témoignage de mes yeux. Au lieu de ces matelots si coquets, de ces quartiers-maîtres et de ces officiers revêtus de brillants uniformes, que mon imagination rêvait depuis si longtemps et sans cesse, je n'apercevais que des gens sales, débraillés, couverts de misérables haillons, ressemblant bien plutôt à des pirates ou à des bandits qu'à des serviteurs de l'État. La propreté du navire laissait également beaucoup à désirer.

Je n'étais pas encore revenu de ma surprise, lorsque le capitaine de Beaulieu passa à mes côtés. Quelque bon que fût mon cousin, et personne n'était meilleur et plus affable que lui, il ne daigna pas m'adresser la parole. A peine laissa-t-il tomber sur mon humble personne un regard froid et distrait. Je ne m'attendais certes pas de sa part, lui-même m'avait prévenu à ce sujet, à une réception expansive, mais je comptais au moins sur une parole bienveillante, sur un mot d'encouragement; aussi, en voyant cet accueil glacial, me figurai-je un instant

1. Voici les forces de chacun de ces vaisseaux : *la Vertu,* 38 canons; *la Seine,* 38 canons; *la Régénérée,* 36 canons; *la Forte,* 40 canons. *La Mutine* était commandée par le capitaine Pomiès et *la Bonne-Citoyenne* par le capitaine Labourdonnaye. (Rouvier, *Histoire des marins français sous la République,* 428.) *La Mutine,* partie de Brest le 7 avril, devait rallier la division. Assaillie par la tempête dans le golfe de Gascogne, elle dut se réfugier au Ferrol, puis à Santa-Cruz-de-Ténériffe, port neutre, où elle fut attaquée par deux frégates anglaises qui l'enlevèrent en l'absence de Pomiès qui était à terre (Rouvier, *ibid.,* 429). *La Seine* n'était pas commandée par Bigot, alors lieutenant, mais par La Tour. Le capitaine de *la Régénérée* était le futur amiral Willaumez (1763-1843).

qu'il ne m'avait pas reconnu. Mon erreur fut de courte durée.

– Lieutenant Mamineau, dit-il en me désignant par un léger signe de tête à un officier que j'appris plus tard être le lieutenant en pied, faites placer cet homme à la timonerie en qualité de pilotin.

Une fois cet ordre donné, mon cousin me tourna le dos sans s'occuper davantage de moi. Quatre jours après mon embarquement à bord de *la Forte*, nous quittâmes le mouillage de l'île d'Aix. Nous étions à peine depuis une semaine en mer, quand un coup de vent violent nous assaillit et nous sépara des corvettes *la Mutine* et *la Bonne-Citoyenne* [1]. La division se trouva donc réduite à quatre frégates.

Je n'imposerai pas au lecteur le récit des souffrances que me fit éprouver ce mauvais temps, de l'abattement d'esprit qu'il me causa. Ah! s'il m'eût été donné alors de pouvoir, par le seul effort de ma volonté, retourner à terre, mon père ne m'eût pas attendu longtemps.

Toutefois, j'étais si jeune et si plein d'enthousiasme, que le premier rayon de soleil chassa toutes mes sombres idées, et me rendit à mes espérances et à mes rêves.

Quinze jours après notre départ de la rade de l'île d'Aix, après avoir reconnu Madère, nous relâchâmes au port de Santa-Cruz de l'île de Palma, l'une des Canaries, où nous restâmes toute une semaine. A peine mon cousin Beaulieu était-il débarqué qu'il me fit appeler à son hôtel. C'était la première fois qu'il s'inquiétait de moi depuis notre départ de France; aussi ne fut-ce pas sans une certaine appréhension que je franchis le seuil de la porte de sa chambre. J'ignorais si c'était le capitaine ou le parent que j'allais voir : mes doutes à cet égard ne durèrent pas longtemps.

– Eh bien! mon cher Louis, me dit-il en me donnant

1. Assaillie dans le golfe de Gascogne par de terribles coups de vent, *la Bonne-Citoyenne* fut arrimée par le contre-amiral Sapford.

une cordiale poignée de main, comment te trouves-tu de ton nouvel état? Ravi, n'est-ce pas? Et pourtant tu n'as pas encore entendu le bruit du canon, tu n'as pas vu couler une frégate anglaise, tu n'as pas assisté à un abordage... Que de bonheur t'est réservé! Quant à moi, je dois te confesser que je suis très satisfait de ta conduite... Je suis sévère comme le devoir, c'est vrai; mais dans le fond, ne va pas abuser au moins de cet aveu, je suis tout à fait bon homme... Pendant les quinze jours de mer que nous venons de faire, quoique je n'eusse pas l'air de m'occuper de toi, je te suivais constamment de l'œil, à la dérobée... et, je le répète, ta manière d'agir mérite toute mon approbation... Tu réussiras, c'est moi qui te le prédis.

De Palma, nous fîmes route pour le cap de Bonne-Espérance, que nous relevâmes très au large. Ce fut alors que l'amiral de Sercey ouvrit, conformément à ses instructions, le pli ministériel qui devait lui indiquer la destination de la division. Cette destination, comme chacun s'y attendait, était l'Inde.

Kernau, dans la joie de son âme, fut le premier à m'annoncer cette bonne nouvelle; il se sentait si heureux qu'il ne pouvait s'empêcher, tout en accomplissant son service, de battre sur le pont de prodigieux entrechats. Il étouffait de bonheur. A partir de ce moment, Kernau, quoique attaché comme moi à la timonerie, et par conséquent dispensé en partie des manœuvres, se montrait l'homme le plus zélé du bord. Il lui semblait, dans son impatience fébrile, qu'il aidait à la marche de la frégate.

Au reste, puisque l'occasion se présente ici de parler de mon brave matelot, je dois constater, pour obéir à la justice, qu'il remplissait avec une conscience et une intelligence parfaites la mission de m'instruire que lui avait confiée mon cousin : je dois même ajouter qu'il outrepassait parfois son rôle.

– Vois-tu, matelot, me disait-il en m'entraînant exécuter une manœuvre qui ne nous regardait ni l'un ni l'autre, pour devenir ce qu'on appelle un marin faut mettre la main à toutes les sauces. Si tu ne fais que ce que le devoir t'ordonne, tu n'apprendras jamais rien sur un navire de guerre. Tu resteras dix ans calfat, dix ans timonier, dix ans gabier, dix ans je ne sais plus quoi, coq ou cuisinier, peut-être, et dans quarante ans tu ne seras pas un matelot. Trémousse-toi ferme, mon vieux, on ne sait pas ce qui peut arriver... Qui est-ce qui te dit que nous ne nous trouverons pas bientôt, toi et moi, foulant un pont de navire qui ne sera plus un navire de guerre?... D'abord dans l'Inde on fait ce qu'on veut... c'est le pays des occasions... Enfin, suffit; je me comprends...

Lorsque nous atteignîmes le banc des Aiguilles, nous y éprouvâmes l'inévitable mauvais temps qui règne toujours dans ces parages. Un jour que le vent donnait avec plus de force qu'à l'ordinaire, Kernau, en entendant l'officier de quart commander de prendre un ris, m'entraîna avec lui.

– Allons, vieux, me dit-il, c'était son terme d'amitié, allons voir un peu quel temps il fait là-haut.

Quoique je fusse peu habitué à la gymnastique maritime, et que le roulis, épouvantable ce jour-là, m'empêchât presque de me tenir ferme debout, je n'en suivis pas moins mon matelot; car, désireux d'apprendre mon métier, je m'étais fait une loi de lui obéir aveuglément en toute circonstance.

Agile et adroit comme un frère la Côte, Kernau, lorsque je le rejoignis sur la vergue, avait déjà passé plusieurs tours de raban d'empointure.

– Allons, petit, courage, me dit-il, affermis-toi bien sur le marchepied, pour te préparer à haler la voile au vent, et surtout ne regarde pas dessous de toi...

Ce que l'on appelle le marchepied est tout bonnement un cordage de moyenne grosseur, attaché au bout et au milieu de la vergue, et qui se balance dans l'espace.

En me voyant ainsi suspendu à près de quatre-vingts pieds au-dessus d'une mer furieuse qui enlevait la frégate comme si elle eût été une tige de paille, je me sentis pris de vertige, et je me cramponnai du mieux que je pus.

– Kernau, dis-je à mon matelot, je sens que je ne puis plus résister; je vais tomber.

– Bah! est-ce qu'on tombe? me répondit-il avec un flegme parfait. Allons, vieux, souque ta garcette... ça te distraira...

Appelant à mon aide toute ma force de volonté et toute mon énergie, j'essayai d'obéir à mon matelot; mais à peine avais-je lâché la vergue après laquelle je me tenais cramponné que la frégate donna un effrayant coup de tangage. Ne m'attendant pas à ce mouvement contraire, je perdis l'équilibre.

– Kernau, je tombe! m'écriai-je de nouveau en fermant les yeux. Je me sentais déjà au fond de la mer.

– Bah! est-ce que l'on tombe jamais! répéta tranquillement Kernau en me retenant d'une main prompte et nerveuse, c'est des bêtises, ça...

Une fois ma besogne achevée, et Dieu sait que je n'en serais jamais venu à bout sans l'aide de mon matelot, je regagnai avec assez de peine la hune d'artimon, puis je descendis sur le pont.

– Eh bien, vieux, me dit le Breton en riant, tu vois bien que tu as fini par ne pas dégringoler... Avais-je raison?

– C'est vrai, mais si tu ne m'avais pas empoigné au passage...

– Tu ne serais pas tombé davantage pour cela... puisque d'abord je te dis qu'on ne tombe jamais... Es-tu têtu, donc!

Huit jours plus tard, grâce à ma persévérance soutenue par les conseils du frère la Côte, je prenais un ris sans plus me soucier du gouffre placé sous moi que des nuages qui passaient au-dessus de ma tête.

Entre le banc des Aiguilles et l'île de France nous capturâmes un riche trois-mâts portugais, de la force d'une frégate de douze, abondamment chargé de marchandises de l'Inde, nommé *l'Elcinger*.

Une heure après cette capture, mon cousin Beaulieu me fit appeler près de lui.

– Louis, me dit-il, pour devenir un bon marin il faut non pas seulement naviguer beaucoup, mais aussi changer souvent de navire : j'ai donc décidé que tu passeras sur la prise. Cette occasion de t'instruire est d'autant plus favorable pour toi que vous serez peu de monde à bord, et que par conséquent tu te trouveras forcé de faire un peu de tout.

– Merci, capitaine. Me serait-il permis de vous faire une demande ?

– Accordé, si elle est juste et raisonnable.

– Je serais bien heureux de pouvoir emmener mon matelot Kernau avec moi.

– J'y consens volontiers.

Grande fut ma joie en apprenant que l'enseigne de la Bretonnière était désigné par le contre-amiral pour être capitaine de la prise. En effet, cet officier, qui, depuis que j'avais eu l'honneur de dîner avec lui chez mon cousin à Rochefort, s'était toujours montré excellent pour moi, possédait la nature la plus sympathique que j'ai jamais rencontrée. D'une modestie que rien n'égalait, si ce n'est son courage, qui était sans bornes, il avait de vraies manières de grand seigneur, ce qui ne l'empêchait pas de déployer en toute occasion une excessive aménité et une bienveillance soutenue.

Ce fut à lui que je dus, pendant le temps que je restai à bord de *l'Elcinger*, mes premières et plus précieuses leçons de l'art maritime. Notre prise, vers la fin de l'année 1797, arrivait sans encombre à l'île de France.

A l'île de France, notre division s'augmenta de deux frégates, *la Cybèle*, capitaine Tréhouard, et *la Prudente*, capitaine Magon [1]. Ces deux navires croisaient depuis plus de vingt mois dans les mers de l'Inde.

1. *La Cybèle* et *la Prudente* étaient fortes chacune de trente-deux canons. Le commandant de *la Prudente*, Charles-René Magon de Médine de Clos-Doré (1763-1805), devait finir comme commandant d'une des divisions de l'amiral de Villeneuve : il sera tué à Trafalgar à bord de *l'Algésiras*.

II

Départ pour la grande croisière – Combat
Relâche – Arrivée à Batavia

Après le temps strictement nécessaire à la mise en état de ces six bâtiments, nous nous dirigeâmes vers les côtes de l'Inde. Inutile d'ajouter qu'une fois *l'Elcinger* mis en sûreté, je m'étais rembarqué sur *la Forte.* Quant à mon matelot Kernau, il me donna à ce propos une preuve d'amitié qui me toucha singulièrement.

– Mon vieux, me dit-il le jour où nous appareillâmes, si tu étais plus avancé dans ton éducation, *la Forte* n'aurait pas l'honneur de me compter en ce moment parmi les hommes de son équipage.

– Pourquoi cela, matelot? lui demandai-je.

– Comment, pourquoi cela? Mais parce que j'aurais filé mon câble. Je t'aurais dit : Vieux, viens-t'en avec moi courir les aventures. Je suis frère la Côte, et un frère la Côte trouve toujours moyen d'utiliser ses talents dans les mers de l'Inde, et tu m'aurais suivi... Ah! ne dis pas le contraire... Cela me vexerait... J'veux croire que tu m'aurais suivi, moi, c'est mon idée...

– Ainsi je suis la cause, mon pauvre matelot, qui t'a empêché d'accomplir un projet que tu souhaitais réaliser depuis si longtemps?

– Assez parlé sur ce sujet. Tu connais ma manière de voir ; on est matelot ou on ne l'est pas, si on l'est, on l'est...

– Oui, je connais.

– Et puis, après tout, c'est-y donc un si grand malheur pour moi d'être resté à bord... Aussi sûr, crois-moi, que je suis fils de ma mère, il ne se passera pas quinze jours avant que nous causions avec l'*English*. Positivement nous aurons de l'agrément.

Une semaine s'était à peine écoulée depuis cette conversation, lorsque la prophétie de mon matelot se réalisa. Nous rencontrâmes deux vaisseaux anglais : *le Victorieux*, de 80 canons, et *l'Arrogant*, de 74.

L'amiral de Sercey ne trouvant pas sa division de force à se mesurer avec de si formidables jouteurs, nous fûmes chassés pendant toute la journée. J'ignore si la prudence de l'amiral déplut à mon cousin Beaulieu, toujours est-il qu'il sortit, dès le moment où commença la poursuite, de son caractère habituel, et qu'il se montra d'une humeur abominable. La nuit venue, nous éteignîmes tous nos feux ; ce qui n'empêcha pas que le lendemain, dès les premiers rayons du jour, nous aperçûmes les deux vaisseaux anglais : ils avaient gagné sur nous. L'action, du moins je l'entendais répéter autour de moi par tous les vieux matelots expérimentés de l'équipage, devenait inévitable.

En effet, les frégates, obéissant aux signaux de l'amiral Sercey, ne tardèrent pas à se ranger en ordre de bataille : *la Cybèle* en tête, *la Forte* vers le milieu, et *la Vertu* en serre-file. Cette fois fut pour moi la première où j'assistai à un véritable branle-bas de combat.

Prétendre à présent que je ne ressentis aucune émotion en contemplant ces terribles apprêts, serait mentir à la vérité, ce qui ne m'arrivera pas pendant le cours de ces mémoires, j'en prends l'engagement. Quoique bien décidé à remplir mon devoir, je n'en éprouvais pas moins un violent serrement de cœur. Je suis persuadé cependant que s'il eût alors dépendu de ma volonté d'éviter le combat sans me compromettre aux yeux de personne, je ne l'eusse point fait. Le branle-bas était terminé et chacun se trouvait à son poste, quand un matelot vint m'avertir, ainsi que Kernau, que le capitaine nous demandait.

Je trouvai mon cousin Beaulieu, en entrant dans la dunette, assis sur un pliant et les yeux fixés sur une carte maritime. Son air était grave et son teint plus pâle que d'habitude.

– Louis, me dit-il en se levant brusquement, les moments sont précieux, ne les gaspillons pas en vaines paroles. Écoute-moi avec attention. Avant un quart d'heure d'ici nous serons attaqués, cela ne peut se mettre en doute; eh bien, j'ai peur...

– Sacré mille tonnerres! c'est pas vrai! s'écria Kernau oubliant dans un beau moment d'indignation devant qui il se trouvait.

Un regard sévère de mon cousin, un vrai regard de capitaine sur son bord, lui coupa la parole. Mon matelot confus baissa la tête et rougit, c'était inouï pour un frère la Côte, jusqu'au bout des oreilles.

M. Beaulieu, se retournant vers moi, reprit :

– Louis, me dit-il, j'ai peur que, jeune comme tu l'es et n'ayant pas encore assisté à une affaire, tu ne faiblisses, lorsque tout à l'heure l'action s'engagera, devant un danger nouveau et inconnu pour toi, que ton imagination n'a pu te révéler tel qu'il est. Si tu aimes mieux, j'ai peur que tu ne sois surpris, et cette idée me tourmente au-delà de toute expression. On sait à bord que tu es mon parent... comprends-tu! Une hésitation qui chez tout autre pilotin passerait inaperçue serait remarquée en toi et déshonorerait ta famille.

« Peut-être ai-je eu tort de te faire embarquer si jeune, peut-être ton père maudira-t-il bientôt le nom de celui dont les conseils l'auront privé d'un fils... Mais cela ne regarde que Dieu et moi... Ce qui importe pour le moment, c'est que si tu tombes, tu ne laisses pas une tache ineffaçable sur ta famille, et que tu emportes avec toi un nom respecté... Me le promets-tu?

– Oui, mon cousin, oui, capitaine, m'écriai-je ému et exalté tout à la fois, je vous promets de rester digne de vous.

– C'est bien, Louis, c'est tout ce que je voulais, me répondit-il en reprenant son air sévère. A propos, sais-tu nager?

– A peine, mon capitaine.

– Bien... A présent, approche ici, toi, continua-t-il en se retournant vers Kernau.

Mon matelot obéit avec autant de gaucherie que d'empressement; le manque involontaire de respect qu'il venait de commettre paralysait toute son assurance habituelle. Je me retirai par discrétion de quelques pas en arrière. Cette précaution était du reste inutile, car mon cousin Beaulieu, approchant sa bouche de l'énorme tête du Breton, lui parla pendant quelques secondes à voix basse tout contre l'oreille.

Jamais je n'oublierai l'expression d'étonnement profond qui se peignit sur le visage de mon matelot dès les premiers mots que lui dit notre capitaine.

Un « Ah! bah! » sonore qu'il ne put retenir, et qui vint aggraver, bien contre sa volonté assurément, sa première inconvenance, me prouva le trouble de son esprit.

– Eh bien! continua le capitaine Beaulieu à haute voix, puis-je compter sur toi?

– Dame, capitaine, répondit Kernau, s'il ne s'agissait que...

– Pas de phrases; oui ou non!

– Alors! capitaine... c'est que... c'est pas une chose de service...

– Assez! Une dernière fois, oui? non?

– Au fait, excusez, c'est oui que je voulais dire, capitaine.

– C'est bien convenu, bien entendu, tu as bien compris?

– Si c'est bien convenu?... je crois bien... Si c'est compris? Ah! mais oui, car c'est là une fièrement belle idée, en y réfléchissant tout de même, que vous avez eue là, capitaine.

– Tu peux t'en aller!

– Louis, me dit mon cousin après que mon matelot se fut éloigné, tu ne m'en veux pas de t'avoir fait entrer dans la marine?

– Ah! mon cousin!... si c'était à recommencer en ce moment, je n'hésiterais pas plus que je n'ai hésité!... au contraire.

– Au fait, tu as raison, me dit-il en me serrant affectueusement la main, en dehors de notre profession il n'y a rien qu'ennuis à attendre ici-bas... J'ai peut-être tort, que veux-tu, je suis ravi de te voir à présent à bord de *la Forte,* sur le point de subir le baptême de feu... Au revoir, mon garçon, n'oublie pas mes recommandations... Mais à quoi bon te les répéter?... Je crois pouvoir compter sur toi... Va regagner ton poste de combat.

Mon cousin me pressa une dernière fois la main, me regarda d'un air paternel, presque attendri, et je sortis de la dunette avec autant de respect que d'amour pour lui dans le cœur.

Attaché, ainsi que Kernau, au personnel des signaux, mon poste, comme le sien, était sur la dunette.

– Eh bien! matelot, lui dis-je en le rejoignant, il paraît que le capitaine t'a chargé d'une fameuse mission...

– Possible! me répondit-il d'un air embarrassé.

– Ne peux-tu me la communiquer?

– Ah bien oui! impossible, vieux!

– Bah! impossible... après tout, si c'est la consigne je n'insiste pas... Et puis veux-tu que je t'avoue une chose?... j'ai tout deviné...

– Ah! ça c'est sévère!... t'as deviné?

– Oui, et la preuve c'est que je te complimente...

– Tu me complimentes, toi! alors tu n'y es pas du tout!

– Un marché. Si je te dis ce que c'est, l'avoueras-tu?

– Ça va, me répondit-il après avoir réfléchi un instant, foi de Breton, je te l'avouerai. A propos, t'as bien besoin de crier ça tout haut...

– Eh bien! repris-je à demi-voix en me penchant vers lui, le capitaine t'a fait promettre que si nous tombons au pouvoir de l'Anglais, tu mettras le feu aux poudres et que tu feras sauter la frégate...

– Mon vieux, tu n'y es pas du tout! N, i, ni, c'est fini! Attention... le spectacle va commencer.

En ce moment, M. Fouré, officier des manœuvres, interrompit notre conversation en donnant un ordre à Kernau, et je restai fort intrigué de savoir quelle avait pu être l'importante communication faite par mon cousin Beaulieu-Leloup à mon matelot.

M. Fouré, que je revis, bien des années après, capitaine de port à Rochefort, était un singulier personnage; pour lui, son existence ne comptait qu'à partir de la dernière guerre de l'Inde. Tout ce qui ne se rapportait pas à cette époque, dont Suffren, sous les ordres de qui il avait débuté, fut le héros, n'existait pas pour lui. Il éprouvait un singulier mépris pour la marine actuelle, prétendant qu'elle avait dégénéré du tout au tout, et que les combats s'étaient métamorphosés en jeux d'enfants. Je suis persuadé qu'il croyait de fort bonne foi que du temps de Suffren les boulets pesaient mille livres, et que ceux dont nous nous servions n'équivalaient même plus en poids et en volume à de simples balles de pistolet.

Kernau venait à peine de s'éloigner d'auprès de moi lorsque le combat s'engagea. Les Anglais, fidèles à leur tactique habituelle, tactique dont une longue expérience leur a montré la bonté, s'étaient placés au vent, afin de pouvoir couper à leur volonté notre ligne, et désemparer notre arrière-garde avant que l'avant-garde pût la secourir. Il était dix heures du matin, et nous faisions route au plus près sous les huniers avec une brise très faible.

Les vaisseaux anglais qui se trouvaient sur notre arrière par bâbord s'avancèrent comme pour combattre les six frégates en ligne à la fois. Mais à peine eurent-ils dépassé *la Vertu* que *l'Arrogant*, laissant arriver, passa sur son avant, et lui envoya une formidable bordée d'enfilade; au même instant, l'autre, se plaçant à bâbord à elle, se mit à la foudroyer à portée de pistolet. A partir de ce moment, la ligne de bataille fut rompue.

L'intention des Anglais, qui était de couler tout de suite *la Vertu*, afin de n'avoir plus que cinq frégates à prendre, eût certes réussi si *la Vertu* n'eût été commandée par l'Hermite; mais cet intrépide et habile marin était un de ces hommes d'élite qui puisent dans les inspirations de leur génie, à l'heure de la crise, des forces et des moyens inattendus qui confondent toutes les prévisions possibles. Une manœuvre qu'il commanda sauva sa frégate, et lui permit de répondre coup par coup au feu des Anglais. La ligne était rompue, je l'ai déjà dit, la division française vira vent devant pour aller porter secours à l'arrière-garde, et l'action devint générale.

Je n'essayerai point de décrire ici l'imposant spectacle que présente un combat naval : c'est un tableau qu'un pinceau seul peut retracer, qu'une plume ne saurait rendre. Aux premières décharges, Kernau, qui était revenu à son poste près de moi, me regarda en souriant.

– Eh bien! mon vieux, me dit-il, on va donc rire un peu!

J'avoue que l'émotion que je ressentis en entendant le sifflement aigu du premier boulet qui passa près de moi fut assez vive. Toutefois je n'en laissai rien paraître. Je me figurais, en me rappelant les paroles de mon cousin, que tous les yeux de l'équipage étaient fixés sur moi, et j'étais fermement résolu à faire bonne contenance. Cependant je ne pus m'empêcher de tressaillir en entendant retentir au-dessus de ma tête une espèce de hurlement sinistre et indéfinissable que je ne pus m'expliquer.

– Qu'est-ce que cela? demandai-je à Kernau en ayant soin de bien affermir ma voix avant de lui adresser la parole.

– C'est le gazouillement d'un boulet ramé, vieux, me répondit-il. Est-ce que ça te vexe, ce concert?

– Loin de là; seulement j'aime à savoir le nom des instruments qui composent l'orchestre, voilà tout.

Une impression pénible que j'eus à subir peu après fut de voir tomber un matelot, qu'un éclat de bois atteignit à la tête. Cet homme était la première créature humaine qui mourait sous mes yeux de mort violente. Le combat, commencé à dix heures du matin, durait encore à une heure de l'après-midi, avec la même violence, lorsqu'un boulet de canon coupa la drisse qui maintenait le pavillon à la corne.

– En haut passer une drisse! me dit M. Bichier, le chef des signaux.

Cet ordre résonna d'une façon d'autant plus désagréable à mes oreilles que jamais encore je n'avais exécuté cette corvée. Je me retournai vers Kernau et n'eus pas même besoin de lui expliquer mon embarras, tant il était visible.

– D'abord, me dit-il rapidement, ne regarde ni en haut, ni en bas, ça pourrait t'étourdir, ensuite...

– Allons donc! répéta M. Bichier, et la drisse?

– Excusez, j'avais pas entendu, répondit Kernau, qui, me retenant de son vigoureux poignet à ma place et s'élançant au pas de course, franchit les haubans d'artimon et accomplit sa corvée en moins de temps que je n'en mets ici à l'écrire.

– Je te demande excuse, matelot, d'avoir pris ta place, me dit-il en revenant; j'ai fait erreur, j'ai cru que c'était à moi que M. Bichier s'adressait.

Ce mensonge manquait d'adresse, mais il montrait au moins un bon cœur.

– Soit, lui répondis-je; mais je t'avertis que, dussé-je me noyer, s'il faut passer une nouvelle drisse, c'est moi qui m'en chargerai.

Je remarquai que, pendant le combat, mon cousin Beaulieu jetait de temps en temps les yeux vers la dunette : il me sembla qu'en apercevant Kernau passer la drisse, il fronça les sourcils. Cette remarque me contraria vivement. Un heureux hasard, bien naturel au reste, dissipa mon chagrin. Un nouveau boulet coupa, une demi-heure plus tard, une autre drisse de la corne, et, cette fois, avant même que l'ordre me fût donné, avant que Kernau eût le temps de s'apercevoir de cette avarie, je m'élançai sur les haubans. J'ignore et j'ignorerai toujours comment il peut se faire que j'accomplis mon projet avec autant de rapidité et de bonheur que je le fis. L'odeur de la poudre, le bruit du combat, en m'enivrant, avaient développé en moi des qualités et une puissance que je ne me soupçonnais certes pas, et que je n'eusse plus retrouvées sans doute vingt-quatre heures après.

Je jetai les yeux, en touchant le pont, sur mon cousin Beaulieu, monté sur son banc de quart, et nos regards se rencontrèrent : cette fois le doute ne fut plus possible; je vis qu'il m'observait. Il ne put s'empêcher de m'adresser un sourire d'encouragement. Aucun événement dans ma vie ne m'a peut-être causé une joie aussi réelle que celle que je ressentis à cette muette approbation reçue sous le feu de l'ennemi.

Vers les deux heures le feu des vaisseaux anglais faiblit d'une manière si sensible que nos équipages commencèrent à pousser des cris de victoire. Cependant de part et d'autre les mâtures étaient toujours debout, et rien ne pouvait faire présager un de ces affreux désastres qui déterminent le sort des combats.

– Pardieu! dit l'officier Fouré qui venait, envoyé par mon cousin, de porter un ordre au chef des signaux, M. Bichier, c'est bien la peine d'estropier quelques pauvres diables pour n'arriver à aucun résultat... Quelle drôle de chose, on ne sait plus se battre à présent!

M. Fouré achevait à peine de prononcer ces mots quand, chancelant tout à coup, il tomba sur moi : je le retins de toute ma force. Malheur! un boulet de canon lui avait fracassé le bras avec une telle violence, qu'il ne tenait plus au corps que par un mince lambeau de chair. J'étais inondé de sang, et je laisse à penser au lecteur l'impression que cette catastrophe me causa.

– Touché! dit le malheureux blessé d'un air de stoïque indifférence. Ah! du temps de Suffren, ce boulet, qui ne fait que m'estropier aujourd'hui, m'eût positivement coupé en deux, ajouta-t-il d'un air chagrin en allant se faire amputer.

Un épisode qui durait depuis quatre heures et qui excitait l'enthousiasme et l'admiration de la division, était la sublime résistance de *la Vertu.* Quoique réduite à un déplorable état, cette frégate n'en continuait pas moins son feu avec le même acharnement et la même vigueur qu'au début de l'action.

Vers les trois heures la brise fléchit tellement que nos frégates furent obligées de s'aider de leurs avirons de galère pour se maintenir en bonne position.

Je regardais depuis un moment mon cousin, lorsque je le vis tout à coup pâlir et lancer sur le pont, par un mouvement irréfléchi sans doute et plein de fureur, sa longue-vue dont il achevait de se servir. Il venait d'apercevoir le capitaine l'Hermite, ainsi que le bruit s'en répandit presque aussitôt, enlevé de son banc de quart par un boulet, et gisant ensanglanté.

A quatre heures, un échange de signaux eut lieu chez les Anglais. Peu après, les batteries de leurs vaisseaux, criblées d'un bout à l'autre, se turent; les basses voiles tombèrent en s'orientant; les perroquets, les focs et les voiles d'étai se développèrent et se hissèrent à la tête des mâts; puis enfin les vaisseaux abandonnant le champ de bataille laissèrent arriver pour gagner leur port.

Un immense hourra de joie retentit sur nos frégates. Cette fois nous étions bien vainqueurs : nous allions conquérir deux vaisseaux à la France.

La Vertu fut la première frégate qui hissa ses signaux

pour annoncer qu'elle était prête à combattre et en mesure de poursuivre l'ennemi : toutes les longues-vues se dirigèrent vers elle, et toutes les bouches poussèrent un cri de joie en apercevant le capitaine l'Hermite droit et impassible, debout sur son banc de quart. Voici ce que nous apprîmes plus tard. Un boulet de canon avait frappé en plein sur le coffret, rempli d'armes, placé sous le banc de quart de l'intrépide capitaine, qui était tombé au milieu de ces débris tranchants de fer et d'acier, et qui, quoique atteint de vingt blessures, s'était relevé aussitôt pour s'élancer à son poste de combat. Peu à peu les autres frégates hissèrent également leurs signaux; on n'attendait que l'ordre de l'amiral pour commencer la poursuite [1].

Je crois voir encore, en traçant ces lignes, l'amiral se promener de long en large, la tête baissée et l'air pensif. S'approchant enfin du capitaine Beaulieu, il lui dit quelques mots à voix basse. Mon cousin s'inclina pour toute réponse; mais à l'éclair de colère qui brilla dans ses yeux, au nuage qui passa sur son front, je compris que les paroles du marquis de Sercey lui avaient été pénibles.

– M. Bichier, s'écria-t-il en s'adressant au chef des signaux, annoncez aux frégates qu'elles aient à se rallier à nous. Nous ne poursuivrons pas l'ennemi.

Cette nouvelle si inattendue produisit une consternation inouïe parmi l'équipage. Il fallut aux hommes tout le respect que leur inspirait l'amiral, et toute la force de la discipline pour les empêcher de manifester hautement, énergiquement, le profond et douloureux désappointement que leur causait cette mesure.

Quant à moi, je déclare ici que je n'ai jamais pu me rendre compte de la conduite de l'amiral Sercey dans cette

1. Selon Rouvier (*op. cit.*, 434), on compta vingt-quatre hommes hors de combat sur *la Vertu*, soixante-trois sur *la Seine*, vingt-trois sur *la Forte*, dix-sept sur *la Cybèle*, douze sur *la Prudente*. Le capitaine La Tour, commandant de *la Seine*, fut tué sur son banc de quart et Bigot le remplaça.

circonstance; on prétendit que les instructions du ministère mettaient un empêchement à la capture des vaisseaux anglais *le Victorieux* et *l'Arrogant*, il faut que cela soit.

Quant à Kernau, furieux de voir l'Anglais nous échapper, il trépignait de colère.

– Mille noms! mon vieux, me disait-il en accompagnant ses réflexions de gestes furibonds, je ne suis qu'un matelot, c'est vrai; j'ignore comment on prend une hauteur et comment l'on fait son point... le compas est pour moi du chinois, je n'en disconviens pas, mais tout cela n'empêche pas qu'un officier ne me prouvera jamais, quand bien même cet officier se nommerait Beaulieu, Bruneau de la Souchais ou l'Hermite, que nous avons eu raison de laisser filer aussi bêtement l'*English* quand il nous suffisait de fermer la main pour le prendre... Vois-tu, vieux, les navires de guerre sont des fainéants qui craignent la fatigue... Ah! sapristi! si nous étions de simples corsaires, l'*English* n'en serait pas quitte pour si peu... Dans une heure d'ici, nous le traînerions à notre remorque, son pavillon attaché au beaupré et plongeant dans l'eau... Mille noms! je ne suis pas content... je rage comme tout!

Un spectacle qui me causa une impression non pas peut-être aussi vive, mais certes plus profonde que le combat, fut la vue des suites de ce même combat : le pont inondé de sang, qu'on lavait à grande eau; les pauvres diables mutilés par la mitraille dont les cris parvenaient jusqu'à moi; les cadavres qu'on ensevelissait précipitamment, après s'être assuré, légèrement peut-être, que la vie les avait abandonnés; les visages soucieux, altérés, de certains matelots qui jetaient à la dérobée un regard plein d'amertume et de tristesse sur les corps inanimés de leurs amis quand ils glissaient de la planche du coq dans la mer... On se servait à cette époque de la planche de la marmite du bord pour faire glisser les cadavres à la mer.

Aussi quand un matelot désirait la mort de quelqu'un, disait-il qu'il voudrait bien le voir sur la planche du coq ou cuisinier; c'était là une locution très usitée; tout cela vous navrait l'âme.

Le combat que je viens de décrire avec la plus scrupuleuse exactitude est désigné, dans les annales de la marine, sous le nom de combat de Madras.

Le soir même, je me trouvai du même quart que mon matelot.

– Voyons, matelot, lui dis-je, à présent que rien ne nous presse, et que nous sommes seuls, raconte-moi donc un peu ce qui s'est passé tantôt entre toi et mon cousin...

– Bah! des bêtises; c'est pas la peine d'en parler!...

– Qu'importe! puisque cela m'intrigue. Voyons, je t'écoute.

– Sapristi! vieux, me dit le Breton en coupant court à la conversation, quelle chance si nous nous trouvions réunis tous les deux un jour sur un navire commandé par Surcouf!... Hein! aurions-nous de l'agrément?...

– Je n'en doute pas; mais il ne s'agit point de cela pour le moment...

– Tu connais Surcouf de nom, n'est-ce pas? En voilà un qui ne gaspille pas son temps, et qui sait vous saisir l'occasion aux cheveux quand elle se présente!...

– Je n'ai jamais prétendu le contraire...

– C'est la crème des bons garçons...

– Ah ça, m'écriai-je avec impatience, est-ce que nous allons longtemps louvoyer comme cela, matelot? Je croyais que les Bretons n'étaient pas des Bas-Normands, et que quand on leur demandait la vérité ils ne faisaient point tant de façons pour vous la dire... Je vois que jusqu'à ce jour je m'étais trompé sur le compte de tes pays... A présent, je saurai que ce sont des chicaniers, et pas autre chose...

– Ah! sacré mille noms, c'est pas vrai, ça! le Breton ne ment jamais...

– Possible... mais il se tait...

– Dame! il se tait... crois-tu donc que ce soit toujours chose facile de parler, toi?

– A son matelot, oui; car on est matelot ou on ne l'est pas... tu sais?

– Oui, au fait, t'as raison. Eh bien! voyons, finissons-en, puisque tu t'obstines. Toutefois, je mets une condition à ma confidence... Si tu refuses... eh bien, tant pis. Traite-moi de Bas-Normand, si ça peut t'être agréable; mais je t'engage ma parole que tu ne m'arracheras pas une syllabe...

– Voyons ta condition.

– C'est que tu ne répéteras à qui que ce soit au monde, pas même à une femme, quand bien même elle aurait des robes de mousseline et des bas de soie, un mot de ce que je vais te glisser dans le tuyau de l'oreille, tant que ton cousin le capitaine sera vivant...

– Je te le jure...

– Eh bien! la commission dont m'avait chargé le capitaine, c'était de te jeter à la mer si tu faiblissais pendant le combat! Tu trouves ça joliment beau de sa part, n'est-ce pas? Moi aussi, je suis de cet avis-là... Peu de parents eussent agi avec autant de délicatesse envers l'un des leurs... d'autant plus que je connais le capitaine, et je suis persuadé que si tu avais sauté le pas, il se serait arrangé de façon à se faire casser la tête au premier abordage... C'est un crânement brave homme tout de même. A présent, motus là-dessus; c'est fini. Parlons d'autre chose. Je rumine un projet que je vais te communiquer.

Le Breton, après avoir regardé autour de lui pour s'assurer que personne ne pouvait l'entendre, reprit en baissant encore la voix :

– Je ne me suis pas trop ennuyé aujourd'hui à bord, je l'avoue, mais les jours se suivent et ne se ressemblent pas... Qui sait si nous n'allons pas retomber de nouveau dans la fainéantise? Cette vie ne me convient pas, et je suis bien déterminé à filer mon câble dans le premier port où nous relâcherons... Je puis compter sur toi, n'est-ce pas, vieux?

– Ma foi, non, matelot, une désertion ne me va pas du

tout, surtout à présent que nous sommes en guerre; je te suis sincèrement attaché, mais je ne te suivrai pas.

– C'est bien entendu?

– On ne peut plus.

– En ce cas je reste encore. Quand le dégoût d'un service régulier s'emparera par trop de moi, que je ne pourrai plus y résister, eh bien... on verra! A présent, silence, voici l'officier de quart qui vient vers nous.

Après le combat de Madras, notre division fut relâchée à l'Ile-au-Roi, où elle répara ses avaries. Quelques jours plus tard, nous fîmes route pour Batavia. Dans la traversée, nous capturâmes un vaisseau de la Compagnie anglaise, *le Pigot,* qui essaya en vain de nous tromper en arborant le pavillon danois. Mon cousin, fidèle à son système d'éducation, me fit immédiatement passer sur cette prise.

En arrivant à Batavia nous trouvâmes la corvette *la Brûle-Gueule,* capitaine Bruneau de la Souchais.

III

Belle conduite de mon cousin à mon égard
Nous nous séparons – Rencontre
de la frégate la Preneuse

Nous étions déjà depuis quelques jours mouillés dans la rade, lorsque mon cousin me fit prévenir qu'il avait à me parler : je m'empressai de passer sur *la Forte.*

– Louis, me dit-il, je vais probablement retourner en France, et tu conçois que je t'aime trop pour que je songe à t'emmener avec moi... Je ne suis pas un assez mauvais parent pour vouloir te faire quitter la mer des Indes, où il y a beaucoup de dangers à courir et de la gloire à gagner. Tu es assez grand pour voler de tes propres ailes : vole le plus haut que tu pourras.

Mon cousin, après m'avoir annoncé notre séparation, m'emmena à terre avec lui et me garda à dîner. Dans la soirée, il me présenta au capitaine de *la Brûle-Gueule,* M. Bruneau de la Souchais, et me recommanda à sa bienveillance comme si j'eusse été son propre fils. Cet officier, aussi homme du monde qu'il était bon marin, accueillit la demande de son collègue de la meilleure grâce et l'assura qu'il le remplacerait, autant que possible, auprès de moi : je dois me hâter d'ajouter que M. de la Souchais accomplit régulièrement cette promesse, et que je n'eus, une fois à bord de son navire, qu'à me louer complètement de sa bonté.

L'heure de me retirer venue, mon cousin me serra énergiquement la main, et me souhaita, d'une voix attendrie, toutes sortes de bonheurs.

Je lui retournai ses vœux; mais m'interrompant aussitôt :

– Bah! continua-t-il, je me fais vieux, et l'heure de la non-activité arrive à grands pas pour moi. Que deviendrai-je, lorsque, privé de mon banc de quart, il me faudra rester seul et solitaire à terre? Cette idée m'épouvante! Je ne demande qu'une chose à Dieu, c'est de recevoir, avant la fin de ma carrière maritime, un boulet de 24 en pleine poitrine! c'est là mon rêve d'avenir, et, je ne sais si c'est le désir que j'éprouve de voir s'accomplir ce dénouement, je sens en moi comme un pressentiment intime de ma fin prochaine! Encore une poignée de main, et adieu!

Je m'éloignais, lorsque mon cousin courut après moi.

– A propos, me dit-il, j'oubliais que tu n'as pas encore touché un seul mois de solde, et que tu es à sec. Prends ces vingt-cinq louis, mon ami, ils te serviront à supporter le séjour à terre pendant les relâches.

Ce cadeau me causa un plaisir d'autant plus sensible que mes finances et celles de mon matelot étaient, en effet, dans un déplorable état. Aussi m'empressai-je d'aller rejoindre au plus vite le frère la Côte pour lui raconter la bonne aubaine qui nous arrivait.

Quant à mon bon et brave cousin Beaulieu, cette fois était bien en effet la dernière que je devais le voir; ses pressentiments ne se réalisèrent que trop complètement et trop tôt. En 1801, la frégate *la Forte,* qu'il commandait toujours, fut prise sur les brasses du Bengale par *la Sibylle,* et mon pauvre parent tomba mort pendant le combat sous un boulet.

Après un séjour trop long pour ma santé à Batavia, puisque j'y pris les fièvres du pays, *le Pigot* remit en mer.

Le grand nombre des prisonniers que contenait la prise, et qui menaçaient à chaque instant de se révolter, força la corvette *la Brûle-Gueule* de nous escorter jusqu'à l'île de France; à peine arrivé à l'île de France, j'entrai à l'hôpital.

Pendant tout le cours de ma maladie, Kernau me visita avec une assiduité sans pareille et se montra plein de dévouement et de prévenances pour moi.

– Allons, du courage, me dit-il quand je fus convalescent; nous nous retrouverons bientôt sur un pont de navire ensemble.

– Le moment de mettre à exécution ton projet n'est donc pas encore venu?

– Ah! sacré mille noms! tu me prends donc pour un chenapan fini, que tu m'adresses une question semblable? Quitter son matelot quand il est malade et qu'il peut avoir besoin de vous... Allons donc! c'est cocasse comme tout, ce que tu me dis là... Ce n'est pas une raison, parce que l'on aime son indépendance, pour que l'on manque de cœur et que l'on soit un chien...

Le 27 avril 1798 je sortis de l'hôpital de l'île de France pour m'embarquer en qualité, non plus de pilotin, mais bien de matelot sur la corvette de vingt-deux canons *la Brûle-Gueule,* qui partit presque aussitôt pour Samarang, où nous mîmes à terre l'amiral de Sercey, qui avait quitté *la Forte.* De Samarang nous fîmes route pour Batavia, où se trouvait la frégate *la Preneuse,* capitaine l'Hermite.

Dès lors cet officier prit le commandement des deux navires. En sortant de Batavia, notre petite division fut relâchée de nouveau quelques jours à Samarang; puis, n'ayant rencontré aucun navire ennemi, elle se dirigea vers les îles Philippines. Kernau maigrissait d'ennui à vue d'œil; mais il ne se plaignait jamais par générosité devant moi de l'horreur que lui inspirait le service sur un navire de guerre.

IV

Arrivée de la Brûle-Gueule *et de* la Preneuse *à Cavit-le-Vieux – Détails de mœurs – Une belle équipée Mes premiers essais en peinture – Une panique espagnole – Désertion de Kernau*

A l'atterrissage, nous reçûmes un coup de vent si terrible que *la Brûle-Gueule* fut obligée de caréner. Cet accident remplit mon matelot de joie.

– Vois-tu, vieux, me dit-il avec enthousiasme, lorsque les deux navires mouilleront dans le port de Cavit-le-Vieux, qui est situé de l'autre côté de la baie, à Manille, si nous ne nous amusons pas ici pendant que l'on réparera le navire, c'est que nous sommes des riens du tout.

– Est-ce que l'on s'amuse à Manille, matelot?

– A Manille, pas trop; c'est une ville de commerce : on y cause trop de piastres et de marchandises; mais ici, à Cavit-le-Vieux, qui est la ville maritime proprement dite, on y jouit de tous les plaisirs imaginables... Mille noms de noms! y ai-je tout de même passé déjà de bons moments!

– Quelle est la population de Cavit?

– Des gredins finis, mais drôles comme tout. Tu trouveras ici des malins de tous les pays du monde, et tu peux penser hardiment et sans crainte de te tromper, quand tu rencontreras un matelot étranger dans la rue, que cet homme a déjà été condamné quelque part à la potence!... C'est ici le refuge de tous les aventuriers et de tous les pirates du globe... Des canailles affreuses, c'est vrai, mais qui savent joliment égayer une société et mener la vie bon train...

– Et la police du pays tolère tous ces gens sans aveu?...

– Comment! si elle les tolère, mais elle les adore! De quoi donc vivrait-elle, sans eux? Et puis, vieux, faut pas te figurer que la police fasse ici la bégueule comme en France... Ah ben quoi!... une fois la nuit venue et les lumières éteintes, les patrouilles de soldats et les *serenos,* ou gardiens nocturnes, rivalisent entre eux de zèle à qui dévalisera le mieux les passants... Tu verras comme nous rirons...

– Tu sais que le capitaine de la Souchais m'a permis de rester à terre?...

– Avec moi, oui, connu!... de la liberté, de l'or, les louis de ton cousin et de l'expérience, ça va être une vraie vie de paradis... Mais je meurs de faim, allons déjeuner.

– Où me mènes-tu?

– *Calle Santa-Teresa,* ce qui signifie *rue Sainte-Thérèse,* chez une brave femme que je connais joliment bien, et qui ne se fera pas tirer l'oreille pour nous recevoir à bras ouverts... à moins qu'elle ne soit morte pourtant... Alors nous entrerons dans le premier *bodegon,* autrement dit bouchon, qui se trouvera sur notre chemin... D'abord, ici, on entre partout... c'est le pays du bon Dieu.

Pendant le trajet que me fit parcourir Kernau à travers la ville, j'observais avidement la curieuse population de Cavit-le-Vieux. J'apercevais de temps en temps de ces figures étranges, comme jamais je n'en avais vu de semblables nulle part; de ces costumes admirablement débraillés, qui ont fait la réputation de Callot et de Salvator Rosa; enfin, partout mon regard se heurtait contre une énigme, une originalité ou un mystère.

Un petit incident, moitié burlesque, moitié tragique, dont nous fûmes les témoins, nous arrêta dans notre course à travers la ville.

Deux sacripants, entourés par une foule nombreuse de gens qui, certes, ne valaient pas mieux qu'eux, se toisant du regard et se menaçant de leurs couteaux, se tenaient, séparés seulement par trois ou quatre pas de distance, en garde, et prêts à en venir aux mains.

– Eh bien, *senores*, dit l'un des deux combattants en se tournant vers les spectateurs, les paris sont-ils ouverts? Qu'on se dépêche. Nous allons commencer.

– Attendez un instant, je vous prie, *caballeros*, s'écria un moine franciscain qui sortit alors de la foule et s'avança vers les adversaires.

– A vos ordres, *padre*, dit le sacripant en abaissant son couteau. Qu'y a-t-il pour votre service?

– Je viens de t'entendre demander si les paris étaient ouverts, mon fils, répondit le moine, et je désirerais t'examiner de plus près, toi et ton compagnon, pour savoir sur lequel de vous deux je dois aventurer mon argent avec une honnête chance de succès... Tu me sembles souple, agile et nerveux, oui, cela est incontestable; mais sais-tu jouer du couteau?

– Mon père était le fameux Espada, qui a été pendu si glorieusement à Manille, il y a à peine dix ans, et dont la mort, je puis avancer ce fait sans me vanter, car il appartient à l'histoire, fut si vivement ressentie par tous les gens de cœur... Je crois, *padre*, avoir hérité de quelques-unes des qualités de l'auteur de mes jours, ajouta le fils Espada en baissant modestement les yeux.

– Alors, mon jeune ami, je risque dix piastres en ta faveur. Qui tient mes dix piastres? s'écria le moine en élevant la voix et en s'adressant à la foule.

– Moi respectable *fraile*, répondit un des spectateurs.

Le Franciscain, en entendant ces paroles, s'empressa de se rendre auprès de celui qui venait de les prononcer, afin d'arrêter définitivement les conditions de leur pari, de façon qu'une méprise n'eût pas lieu. Toutefois, avant de s'éloigner, il n'oublia pas de donner sa bénédiction au valeureux champion qui représentait, pour lui, une valeur de dix piastres.

– Eh bien! vieux, me demanda Kernau, qui, comprenant la langue espagnole, m'avait traduit le dialogue que je rapporte ici, au fur et à mesure qu'il se débitait, que penses-tu de Cavit? C'est-y donc farce et amusant que ce pays-ci! Mais, motus, attention! voici mes coquins qui vont commencer leur danse.

En effet, les deux combattants, tombés carrément en garde l'un devant l'autre, s'escrimaient avec une adresse vraiment merveilleuse.

Enfin, après des passes et des volte-face nombreuses, fort savantes, et qui furent vivement applaudies par le public, Espada fils reçut un coup de couteau dans l'épaule. Le combat cessa aussitôt.

– Misérable! s'écria le moine en apostrophant avec fureur le vaincu, c'est ainsi que tu abuses de ma confiance... que tu me fais perdre dix piastres! Éloigne-toi de ma vue, fanfaron sans courage et sans adresse... La mort de ton digne père Espada a été un bienfait public... J'espère te voir, toi aussi, un de ces jours, danser au bout de la corde d'une potence...

Quant à l'adversaire de l'infortuné Espada, fier de son triomphe, il fit le tour de la galerie formée par les spectateurs, en présentant son chapeau. Tous ceux qui avaient parié pour lui y mirent quelques réaux.

Ce combat, dont la vue, que l'on me pardonne cet aveu en songeant quels affreux coquins étaient en présence, m'avait beaucoup diverti, terminé, je rappelai à mon matelot que nous comptions déjeuner; mais Kernau, l'air surpris et absorbé, regardait le moine franciscain avec une telle attention qu'il ne m'entendit même pas. Je fus obligé de le secouer rudement par le bras pour lui rappeler ma présence.

– Que diable considères-tu donc avec tes yeux fixes et ouverts tout grands comme des sabords? lui demandai-je.

Ce moine? Eh bien, qu'est-ce qu'il a de remarquable? Il est fort gras, peu propre, semble assez hypocrite, et fume un cigare qui paraît assez bon. Tout cela est-il donc tellement curieux qu'il nous faille rester plantés comme des piquets au beau milieu de la rue, tandis que nos estomacs crient la faim?... Allons chez ton hôtesse...

– Oui, tout de suite, vieux... Seulement, si tu savais quelle drôle de ressemblance présente ce moine avec... Ah! parbleu, mille noms de noms! je ne me trompe pas... je reconnais cette grimace... c'est bien lui... attends-moi un peu.

Mon matelot, en parlant ainsi, s'élança vers le franciscain, qui, après avoir payé ses dix piastres de pari, en accompagnant chacune d'elles d'un gros soupir, se disposait à continuer son chemin, et le saisit par la manche de sa robe. Je me hâtai de rejoindre mon matelot.

Le quelque peu de portugais que j'avais appris pendant mon séjour à bord de la prise *l'Elcinger*, uni au latin que je savais assez imparfaitement, au reste, me permit, sinon de comprendre bien exactement le dialogue qui s'établit entre le frère la Côte et le moine, du moins d'en saisir le sens.

Kernau, que le moine, au premier abord, avait affecté de ne pas connaître, demandait à ce dernier par suite de quelle étrange idée il avait quitté la marine pour le couvent, et celui-ci répondait qu'une vocation irrésistible, longtemps comprimée, mais toujours vivante dans son cœur, l'avait conduit à se mettre franciscain.

– Vois-tu ce gredin, me dit Kernau en français et en me désignant le moine, il y a à cette heure près de cinq ans qu'il a voulu me plonger son couteau dans le cœur... Une histoire de sentiment, que je te raconterai un de ces jours. Il se nommait alors Perez, et servait comme matelot sur un brick, fin voilier, qui faisait, disait-on, du commerce avec l'Archipel... Quel commerce? Ça se devine... Heureusement qu'il manqua son coup...

– Et toi, que lui fis-tu?

– Moi, généreux et Breton, je me contentai de lui flanquer des gifles... ah! mais de fameuses gifles, par exemple... il en garda le lit plus de quinze jours... Et voilà que je le retrouve moine à cette heure! Hein! que penses-tu de Cavit? c'est-y amusant, Dieu du ciel! y a-t-on de l'agrément, dans cette bonne ville!

S'adressant alors au franciscain, Kernau continua :

– Et dis-moi, seigneur du couteau, lui demanda-t-il, est-ce que tu vas toujours, depuis que tu es entré dans les ordres, chez madame Encarnacion, notre hôtesse?... tu sais, là où nous avons fait connaissance, et où tu as voulu voir si ma peau était, oui ou non, à l'épreuve d'une piqûre!...

– Toujours, mon frère, répondit le moine en baissant modestement les yeux.

– Eh bien, je m'y rends de ce pas, veux-tu m'y suivre? nous boirons un grog soigné... C'est pas que je t'estime au moins... Ah! ça non... mais ça me cause tout de même du plaisir de te revoir... ça me rappelle un tas de drôleries amusantes de ce temps-là... Allons, pas de façons; je sais que tu ne détestes pas le grog... viens.

Le franciscain, pressé avec tant de politesse, ne put refuser l'offre aimable de mon matelot, et nous nous remîmes en route tous les trois ensemble.

Après cinq minutes de marche, mes deux compagnons s'arrêtèrent devant une espèce de magasin tenant le milieu entre une épicerie et un cabaret : c'était là que demeurait la Encarnacion.

Après avoir traversé la salle d'entrée, où plusieurs matelots et indigènes buvaient assis devant de petites tables, nous montâmes un escalier en pierre, assez sombre et passablement dégradé; puis, arrivé au premier étage, le moine Perez, qui me sembla très au fait de la localité, y frappa discrètement deux coups.

– Entrez, répondit du dedans une voix assez forte, qui me parut pourtant appartenir à une femme.

A cette invitation, Kernau, toujours expéditif et sûr de

lui-même, lança un vigoureux coup de pied contre la porte, qui, vieille et vermoulue, s'en fut battre, en laissant échapper un nuage de poussière, le pan de mur auquel elle était attachée.

Une vieille femme assise par terre, au milieu de la chambre, sur une natte de jonc, la bouche armée d'un colossal cigare, et tenant dans ses mains un chapelet énorme, apparut à nos regards.

A notre brusque irruption, la femme au chapelet, la señora Encarnacion, poussa un cri de frayeur, laissa tomber son cigare et se mit à faire de nombreux signes de croix.

– Voilà une réception plus chrétienne qu'amicale, s'écria Kernau. Ah ça! la mère, ai-je donc tellement vieilli depuis mon dernier séjour à Cavit, que tu ne me reconnaisses plus?

– Ah! c'est toi, fils, dit la Encarnacion, qui, remise de sa frayeur, se leva avec précipitation et se jeta, avec toute la fougue espagnole, et selon l'usage du pays, dans les bras de mon matelot pour lui donner l'*abrazo* de rigueur.

Le Breton, peu désireux d'une telle faveur, se recula vivement.

– Assez! assez! la mère, ça suffit, dit-il, causons peu et causons bien. Peux-tu, d'ici à une demi-heure, nous servir un déjeuner soigné?... Tu me parleras ensuite de ta santé au dessert.

– Vous voulez déjeuner, seigneurie? Hélas! je n'ai pas l'esprit assez libre pour m'occuper de pareilles affaires, répondit la Encarnacion en fondant tout à coup en larmes.

– Ah! ça, c'est bête! s'écria Kernau; ça va nous retarder notre repas d'une heure. Voyons, que diable! ne pleurez pas comme ça... puisque j'ai l'estomac creux.

– Ah! si vous saviez, seigneurie...

– Tu nous raconteras cela à table...

– On a enlevé aujourd'hui ma jeune fille, mon adorée Gloria...

– Ah bah! ça a dû lui faire plaisir, à c'tt' enfant... Il faut, après tout, qu'elle ait grandi tout de même; car la dernière fois que je la vis elle m'arrivait à peine au coude... Ah! on l'a enlevée ce matin... Eh bien, alors, sers-nous tout de suite à déjeuner... On te la rendra... c'est sûr...

– Ah! seigneurie, et son honneur?...

– Hein! plaît-il? Toujours des bêtises... Adieu, je m'en vais ailleurs... Bien de l'agrément, et que le diable emporte ta cassine!... Tu peux compter que je ne mangerai plus mes parts de prise ici...

Cette menace calma comme par enchantement la douleur de la pauvre mère, qui, essuyant aussitôt ses larmes, et rallumant son cigare, nous demanda ce que nous désirions.

– Tout ce qu'il y a de mieux. . et beaucoup, répondit Kernau.

Une heure plus tard, le moine Perez, mon matelot et moi, attablés tous les trois, nous causions aventures de mer, lorsque notre hôtesse vint nous retrouver.

– A présent, mère Encarnacion, lui dit le frère la Côte en se versant, en guise de grog, une demi-bouteille d'eau-de-vie dans un bol à café, dégoise-nous tes malheurs, ça nous distraira.

– Hélas! seigneur, le récit en sera bientôt fait... Il y a de l'autre côté de la baie, à Manille, un très riche négociant que la beauté de Gloria avait séduit, car vous saurez que ma chère fille est bien certes la plus jolie fille de Cavit, et qui devait venir la chercher ces jours-ci... C'était convenu entre nous depuis longtemps...

– Qu'est-ce qui était convenu, la vieille? interrompit Kernau. Ah! bête que je suis, de t'adresser une question aussi saugrenue, continua mon matelot en haussant les épaules. C'était convenu... Après?

– Ce très riche négociant est bien l'homme le plus généreux qu'il soit possible de trouver. Il devait faire repeindre à neuf la façade de ma maison, faire restaurer mon escalier, me donner deux barriques d'eau-de-vie de Catalan, et m'ouvrir, sans intérêt, un crédit de mille piastres sur sa maison... Jugez comme tout cela eût rendu ma jolie Gloria heureuse!... Vous m'observerez qu'il m'eût fallu me séparer d'elle... Hélas, cela m'eût été bien douloureux et pénible; mais, après tout, n'est-ce pas un devoir pour de bons parents de savoir se sacrifier au bonheur de leurs enfants?... J'étais donc résolue... lorsque ce matin j'ai vu des officiers entraînant Gloria de force, la contraindre à monter dans une voiture qui les attendait, et disparaître bientôt de mes yeux.

– Et malgré mes cris, dit le moine Perez en achevant le récit de notre hôtesse.

– Cette fois-ci est-elle la première que l'on ait enlevé ta fille? demanda Kernau en s'adressant à la señora Encarnacion.

– Certainement, seigneurie.

– Eh bien, à la seconde cela ne te produira plus d'effet, reprit le matelot en guise de consolation...

Après notre déjeuner, qui se prolongea assez avant dans la matinée, nous sortîmes, Kernau et moi, pour courir la ville.

– Tiens, me dit-il au milieu de notre promenade, si nous rabattions un peu au couvent des Franciscains, pour aller chercher Perez, qui nous a quittés en sournois... ça nous amuserait peut-être... Je n'ai jamais vu de couvent d'abord... moi! Et toi?

– Moi non plus, si ce n'est toutefois celui des Cordeliers... et encore était-il occupé par un club où pérorait Marat. Allons.

Le couvent des Franciscains établi à Cavit est réellement magnifique. Des constructions superbes, des jardins immenses, une chapelle luxueusement ornée, où l'on voit briller de toutes parts diamants, pierres fines et joyaux d'or, sont la propriété de ces bienheureux pères.

Nous pénétrons dans une vaste cour carrée entourée d'arceaux, et dont les murs, recouverts de tableaux assez mauvais, servaient d'appui à de nombreux bancs de pierre. Sur ces bancs, plusieurs franciscains, assis à côté de jeunes femmes, causaient et fumaient avec ce laisser-aller espagnol qui toujours, dans les premiers temps, surprend le voyageur.

N'ayant trouvé personne à qui nous adresser, pas même un frère-portier, nous allions nous-mêmes à la recherche du franciscain Perez, quand des cris aigus de *Au secours! au secours!* arrivèrent jusqu'à nous; puis, presque au même instant, une jeune fille éplorée se jeta dans les bras de Kernau.

– Sauvez-moi, señor, lui dit-elle en proie à une agitation extrême. Emmenez-moi d'ici.

– *Caramba!* je ne demande pas mieux, surtout si c'est pour partager ma cabine, lui répondit le frère la Côte après l'avoir considérée un moment.

Elle était au reste charmante.

Mon matelot, après cette réponse polie, offrait galamment son bras à la délicieuse créature, quand plusieurs franciscains, attirés par les cris qu'elle avait poussés, sortirent précipitamment de leurs cellules et arrivèrent près de nous.

A leur vue, l'effroi de la jeune fille reparut tout entier, et elle se cramponna au bras puissant du protecteur que le hasard lui envoyait.

– Ne craignez rien, mon enfant, lui dit Kernau, ces gens-là sont des paresseux qui ne savent pas faire le coup de poing... S'ils ont l'air de bouger, je les bouscule tous...

Et à cette perspective qui lui souriait probablement beaucoup, mon matelot relevant joyeusement les bouts de manche de sa jaquette regarda la troupe des franciscains d'un air moitié provocateur, moitié plaisant.

Un vieux franciscain sortant du groupe des frères s'avança vers lui.

– Misérable impie, dit-il au Breton, va porter ailleurs

tes infamies et tes scandales... éloigne-toi au plus vite de ces lieux...

– D'abord, farceur, je t'apprendrai que je ne suis pas le moins du monde impie; ensuite je te ferai remarquer que tu n'exerces pas proprement du tout les lois de l'hospitalité envers ceux qui veulent bien venir visiter ta baraque. Après tout, je... m'en fiche pas mal. Quant à m'éloigner, je ne demande pas mieux, ajouta Kernau en regardant tendrement sa jolie et inconnue protégée. Sur ce, bonsoir la compagnie, mes compliments à vos dames, et que le diable vous torde à tous le cou.

Mon matelot, après cette belle péroraison, allait s'éloigner, lorsque le vieux franciscain lui barra le passage :

– Crois-tu que nous laisserons violenter cette jeune fille, misérable? lui dit-il.

– Ah! des mots!... Bon, ça va chauffer, Louis, murmura Kernau en se tournant vers moi. Surtout prends garde aux couteaux, garçon; ces chafouins en ont jusque dans les plis de leurs robes.

– Eh bien! reprit le franciscain, m'as-tu entendu?

– Entendu et compris... parfaitement!

– Alors, je te le répète, laisse cette jeune fille et va-t'en!

– Oui, oui, qu'il laisse cette jeune fille, l'hérétique, l'impie, le damné! hurlèrent en chœur les autres franciscains.

Kernau, ravi d'entendre ces cris qui lui donnaient l'espoir qu'une lutte allait s'engager, se mit à considérer de nouveau les moines en ricanant à leur nez et à leur barbe; puis tout à coup poussant un bruyant éclat de rire :

– Ah! pardieu, voilà qui est par trop drôle... Ce coquin de Perez qui crie plus fort que les autres...

Et le frère la Côte, joignant aussitôt l'action à la parole, se jeta d'un bond au milieu des moines épouvantés, happa l'infortuné ex-matelot par le collet de sa robe, et me le rapporta en triomphe.

– Tiens, vieux, me dit-il en le déposant à mes pieds, il sent encore le grog que je lui ai payé, l'ingrat!

A l'action du frère la Côte, plusieurs franciscains se précipitèrent vers la rue et se mirent à appeler les passants au secours.

En moins d'une minute, la cour du couvent se trouva inondée d'une populace prête à se livrer à tous les excès qu'on lui désignerait.

– Vieux, me dit rapidement Kernau, va-t'en vite...

– Es-tu fou?...

– Mille noms de noms! ne m'interromps pas, ou nous sommes fichus... Il ne s'agit pas de te faire larder en ma compagnie, il faut que tu te sauves. Cours prévenir tous les amis qui se promènent sur le port du danger dans lequel je me trouve, et reviens avec eux me prêter main-forte. Quant à moi, ne crains rien, je connais le pays; j'ai pris mes précautions en conséquence, et je suis paré pour tenir tous ces braillards en respect jusqu'à ton retour. Après tout, on ne sait pas ce qui peut arriver; donne-moi toujours une poignée de main... Bon... A présent, plus un mot et déguerpis au plus vite. Noms de noms, j'espère tout de même qu'on a drôlement de l'agrément à Cavit...

J'étais indécis si je devais oui ou non me conformer au désir de mon matelot; mais en le voyant tirer une paire de pistolets de sa poche et se mettre à l'abri dans un angle, afin de ne pas être surpris par-derrière, je compris qu'en effet il pouvait attendre qu'un renfort lui arrivât, et mes irrésolutions cessèrent.

Je m'éloignais donc en toute hâte, lorsque la plèbe qui envahissait la cour voulut s'opposer à mon passage : à ma vue, vingt couteaux avaient lui au soleil. Songeant à la position critique de mon matelot, j'allais prendre mon élan et essayer de traverser la haie de sacripants qui me barrait la porte de sortie, lorsqu'une heureuse inspiration me sauva.

– Au secours, mes amis! m'écriai-je d'un air effrayé, le feu est au couvent, je vais chercher les pompes...

A cette nouvelle, que personne ne put mettre en doute, car tout le monde ignorait ce qui se passait, ce fut une confusion et un pêle-mêle général et complet. J'en profitai pour m'éloigner au plus vite.

Je courais comme un fou dans la rue, portant partout mes regards effarés et anxieux pour voir si je n'apercevais pas quelques camarades, lorsque je me trouvai face à face avec un enseigne de *la Brûle-Gueule*, que je manquai de renverser en le heurtant.

– Ah! monsieur Olivier, m'écriai-je en le reconnaissant, et sans songer à m'excuser de ma brutalité, tant j'étais ému par la pensée du danger auquel était exposé mon matelot. Kernau est dans le couvent des Franciscains, où les moines le retiennent de force et veulent le faire assassiner par la populace... Sauvez-le!...

L'enseigne Olivier, jeune officier de tête et de cœur, comprit à mon émotion que je disais vrai, que je n'exagérais pas; aussi, sans perdre à m'interroger un temps précieux :

– Allez vite prévenir le maître d'équipage Fiéret, que je viens d'apercevoir, en passant, dans ce café-ci, me dit-il en me désignant du doigt une espèce de *vinoteria* voisine; puis, plus loin, au bout de la rue, toujours de ce même côté, vous trouverez une vingtaine de nos hommes attablés dans un cabaret... Moi, je me rends au couvent des Franciscains...

Cinq minutes plus tard j'étais de retour avec les vingt camarades, qui, en apprenant la position critique de Kernau, s'étaient armés à la hâte de pieds de tables et de chaises, lourds et massifs, de brocs d'étain, de couteaux, enfin de tout ce qui leur était tombé sous la main.

Notre troupe, lancée au pas de course, arriva devant la porte du couvent avec l'impétuosité d'une avalanche en culbutant tout le monde sur son passage. Seulement, parvenue devant la demeure des Franciscains, elle fut arrêtée par une foule immense et suivie qui encombrait la rue.

Des cris furieux saluèrent notre apparition, chaque

homme de la populace s'empressa de dégainer son couteau : les gamins ramassèrent des pierres.

Le combat ne tenait plus qu'à un hasard : un geste, un mot, un mouvement, et il s'engageait sur l'heure, lorsque tout à coup nous vîmes la foule s'écarter en poussant des hurlements de joie devant un détachement de dragons qui lui arrivait en aide.

L'officier qui commandait ce détachement, s'avançant à notre rencontre d'un air impertinent et martial, nous somma avec assez d'énergie et beaucoup de grossièreté de nous retirer à l'instant même, nous avertissant que, sur notre refus d'obtempérer à cet ordre, il nous ferait fusiller tous.

– Ah! diable, est-ce que les carabines de vos hommes sont chargées, capitaine? lui demanda notre maître d'équipage Fiéret d'une voix dont l'émotion nous étonna et souleva nos murmures.

– Certainement, répondit l'officier.

– Fameux, alors, mes amis, reprit vivement Fiéret en se retournant vers nous, emparons-nous de ces armes; elles nous seront de la plus grande utilité.

Notre maître d'équipage n'avait pas encore achevé ces paroles que nous nous étions déjà précipités sur les dragons, qui, ne s'attendant pas à cette brusque attaque, furent désarmés en un moment. M. Fiéret, connaissant trop la hiérarchie militaire pour ignorer ce qu'il devait à son grade, s'était emparé de l'épée de l'officier.

– A présent, en avant, enfants! s'écria-t-il.

Un simulacre de décharge que nous fîmes, et quelques vigoureux coups de crosse que nous distribuâmes avec autant de générosité que d'à-propos, nous frayèrent promptement un passage jusque dans la cour du couvent. Un spectacle flatteur pour l'amour-propre de notre équipage nous y attendait.

Kernau, la figure ensanglantée, il est vrai, mais droit, ferme, le regard assuré et moqueur, tenait froidement tête à la plèbe furieuse qui hurlait devant lui. A ses pieds gisait le corps d'un moine que je reconnus de suite pour Perez. Le frère la Côte, retranché toujours dans l'angle où je l'avais laissé, avait placé devant lui sa jeune protégée, et présentait à la foule ses deux pistolets armés. De temps en temps même il adressait à la charmante enfant un compliment accompagné d'une œillade : alors des cris et des hurlements sauvages retentissaient jusqu'au ciel et comblaient de joie le cœur du Breton.

– Eh bien, chers amis, disait-il à la foule, est-ce que vous supporterez longtemps encore les impertinences d'un étranger hérétique comme moi ? Allons, un peu de courage! que deux d'entre vous se dévouent à la cause commune et essuient le feu de mes pistolets. Allons, qui se sacrifie? j'attends.

A quelques pas de mon impudent matelot, M. Olivier, le brave enseigne, entouré également par une plèbe exaspérée que contenait seul son maintien digne, hardi et plein d'autorité, s'entretenait vivement avec un vieux franciscain, le supérieur du couvent.

Je passerai sous silence, pour ne pas fatiguer le lecteur, les négociations qui suivirent notre arrivée, jusqu'à ce que la paix fût conclue. Un ordre plein d'à-propos et exécuté vivement, que nous donna l'enseigne Olivier, celui de fermer la porte massive du couvent qui donnait sur la rue, ne contribua pas peu, en isolant les franciscains de la foule à amener cet heureux résultat.

Seulement il fallait une victime à la colère de la plèbe et à l'amour-propre si vivement blessé des moines, et cette victime fut, hélas! mon pauvre matelot. Il fut convenu que Kernau s'agenouillerait devant le supérieur et recevrait sa bénédiction. Le frère la Côte s'exécuta de l'air le plus maussade qu'il soit possible d'imaginer.

– Ah! mille noms de noms! nous dit-il en retournant à bord, car M. Olivier, dans la crainte justement fondée de voir cette affaire assez mal assoupie s'engager de nouveau, nous avait ordonné de nous rembarquer tout de suite; ah! mille noms de noms! aussi vrai que je suis un Breton qui croit au bon Dieu, qui aime son curé, et qui se passe de temps en temps la fantaisie de faire brûler quelques cierges dans la chapelle de la Vierge; que le diable m'emporte si ce n'est pas seulement pour vous éviter un échignement général que je me suis mis à genoux devant ce vieil oiseau déplumé... Je vous devais bien cette corvée, les amis, j'en conviens... Pas moins, je l'aurai longtemps sur le cœur.

– Dis donc, matelot, lui demandai-je, est-ce que tu as tué le Perez?

– Du tout, vieux; c'est lui, au contraire, qui, presque immédiatement après ton départ, m'a lancé sournoisement son couteau à la figure, et m'a coupé l'oreille...

– Comment se fait-il, alors, que je l'aie vu couché ensanglanté à tes pieds?

– Dame! je l'ignore : faut croire cependant que je lui aurai donné, sans y faire attention un coup de poing quelque part! Eh bien! trouves-tu que je t'avais blagué en te parlant des agréments de Cavit, vieux?... Nous sommes-nous déjà amusés! A peine débarqués, tout de suite des plaisirs... Mais tout ça, c'est rien du tout, de la Saint-Jean!... Tu verras par la suite, tu verras que de bon temps nous aurons!

Le reste de la journée mon matelot m'adressa à peine la parole : pensif et réfléchi, il me parut absorbé par quelque haute combinaison : je me figurai qu'il ruminait le moyen d'assiéger Cavit, et je respectai son silence. La nuit venue, je me trouvais de quart avec lui, lorsque s'approchant de moi :

– Je suis désorienté, vieux, me dit-il d'un air contraint et embarrassé.

– Qu'as-tu donc, matelot?

– Tu vas me reprocher d'être un pas grand-chose, surtout pour un frère la Côte!... Que veux-tu que j'y fasse? c'est pas ma faute... Puisque ça y est, je ne puis pas empêcher que ça y soit, pas vrai? Cette petite de tantôt m'a complètement mis le grappin dessus. Faudra que je la retrouve. A présent, plus un mot là-dessus, Louis, ça me chiffonnerait.

Le lendemain, Kernau, qui avait été à terre, ne revint pas à bord. Dans la soirée, on m'apporta une lettre qu'il me faisait écrire, et dans laquelle il m'apprenait que la jeune fille de la veille n'était autre que Gloria, l'enfant de la señora Encarnacion; que Perez était le coupable, et que lui, Kernau, se sentait si épris, qu'il avait résolu de filer son câble ou de déserter sans me revoir, de peur de se laisser attendrir. Il terminait sa lettre, qui me peina beaucoup, en exprimant le désir et l'espérance que nous naviguerions encore ensemble.

Pendant plus de six semaines que nous restâmes à Cavit, il fut impossible à notre capitaine M. Bruneau de la Souchais d'obtenir le moindre renseignement sur Kernau.

Nous étions alors au mois d'août, époque à laquelle le grand convoi anglais escorté par deux vaisseaux devait partir de Chine pour se rendre en Europe.

Le capitaine l'Hermite proposa à l'amiral espagnol qui se trouvait alors avec sa division dans la rade de Manille, d'aller l'attendre au passage pour le capturer. Après des lenteurs infinies et des pourparlers inexplicables de la part de l'amiral espagnol, il fut convenu que l'expédition aurait lieu.

Cette nouvelle, qui ne tarda pas à se répandre, causa aux équipages une joie qui tenait du délire, et éveilla un enthousiasme inexprimable.

En effet, il y avait bien de quoi : car l'État ne payant pas à cette époque avec une parfaite régularité, ou, pour être plus véridique, ne payant jamais la somme due aux équipages, nous nous trouvions dans une grande pénurie d'argent; pénurie pénible, certes, mais surtout humiliante, en ce qu'elle contraignait sans cesse à baisser pavillon et à nous éclipser devant la prodigalité et la richesse des corsaires.

Aussi, je le répète, à l'idée de s'emparer du riche convoi allant de Chine en Europe, nos hommes ne se possédaient pas de joie.

Enfin, après de nouvelles lenteurs que l'impatience et l'activité de notre intrépide chef, le capitaine l'Hermite, qui ne rêvait que combats et gloire, ne purent nous éviter, la division espagnole-française prit enfin la mer.

Cette division se composait, du côté des Espagnols, de deux vaisseaux de septante-quatre canons chacun : *l'Europa* et le *Montagnes;* de deux frégates : *la Fama* et *la Cabeza* [1]; du nôtre, de *la Preneuse* et de *la Brûle-Gueule* [2].

La désertion de Kernau en m'isolant m'avait fait, je ne dirai pas reprendre mes crayons, mais au moins le dessin. Je passais presque toutes mes journées, en dehors des heures que je consacrais à l'étude de ma théorie, à charbonner sur tous les endroits de la corvette où le noir pouvait marquer, quelquefois des souvenirs des environs de Cavit ou de l'île de France, le plus souvent des navires.

La Brûle-Gueule, naturellement, était l'objet de ma prédilection; je la représentai sous voile et sous toutes ses allures.

La place venant enfin à me manquer, je me rejetai sur les cages à poules; toutefois, l'espace qu'elles m'offraient n'étant pas assez vaste pour permettre à mon charbon d'étaler ses lignes épaisses à son aise, j'eus recours à la pointe de mon couteau. Cela dura pendant quelques

1. La *Santa Maria de la Cabeza* était forte de 34 canons. *La Fama* portait 34 canons. (March y Labores, *Historia de la marina real española,* II.)

2. L'assemblée coloniale avait exigé le renvoi en France des troupes qu'elle craignait presque autant que les équipages. *La Seine,* qui les ramenait sous le commandement du lieutenant Julien-Gabriel Bigot, tomba aux mains des Anglais. Bigot, emmené en Angleterre, fut traité avec les honneurs dus au courage malheureux. A sa rentrée en France, le Directoire le nomma capitaine de vaisseau sans le faire passer par le grade intermédiaire de capitaine de frégate (Guérin, *Histoire maritime de la France,* III, 559. – James, *Naval history,* II, 221.)

semaines; ce temps écoulé, je me trouvai dans le plus grand embarras, et ne sachant plus comment continuer, lorsque le maître voilier vint à mon secours. Après avoir examiné mes ébauches avec le plus grand soin, et m'avoir présenté ses observations et ses critiques, il consentit à me donner un morceau de toile forte pour que je pusse continuer mes compositions. Seulement il m'avertit solennellement que si je gâtais cette toile par un dessin mal réussi, je n'eusse plus à compter sur lui. Dans le cas contraire, c'est-à-dire si j'étais assez heureux pour réussir, il s'engageait à me fournir de nouveaux matériaux.

Non, jamais jeune peintre mis en loge pour concourir au grand prix de Rome n'a dû éprouver un sentiment de crainte et d'anxiété semblable à celui que je ressentis alors. L'idée que si ma toile n'était pas jugée convenable il me faudrait renoncer au dessin, m'épouvantait et m'excitait tout à la fois; je me mis à la besogne avec enthousiasme.

Huit jours plus tard j'avais achevé ma composition. L'heure solennelle du jugement allait sonner pour moi! Jamais je n'ai été plus ému de ma vie, je le crois, que quand ayant livré mon dessin au maître voilier, je vis ce dernier réunir les matelots sur le gaillard d'avant pour les consulter.

Je suivais, avec un douloureux battement de cœur qui m'étouffait, ma toile passant de main en main, et j'essayais de lire dans les traits de ceux qui l'examinaient l'impression qu'elle produisait sur eux. Un froncement de sourcils, une chique mâchée trop vivement, un geste d'épaule, me faisait passer des frissons de peur dans le corps; tandis qu'un sourire ou un hochement de tête approbateur me transportait de joie.

Enfin, le maître voilier ayant réuni toutes les opinions s'avança vers moi d'un air solennel et imposant. Je sentais mes genoux fléchir; cependant je parvins à conserver une contenance convenable.

– Matelot, me dit-il, ton dessin pourrait être mieux; mais

là, franchement parlant, on en a vu de plus mal. Je veux te faire le plaisir de le garder pour moi; je le donnerai, en revenant en France, à ma femme, pour qu'elle le suspende à côté d'une *Geneviève de Brabant* joliment bien colorée, qu'elle possède déjà. Quant à toi, tu as gagné un autre morceau de toile; le voici.

Cette décision me causa un de ces vifs plaisirs, comme on peut seulement en éprouver quand on est jeune et ardent ainsi que je l'étais alors.

Depuis cette époque, chaque fois que j'avais terminé un dessin, je le portais immédiatement au maître voilier, qui presque toujours l'acceptait; je dis presque toujours, car je dois cependant avouer qu'il m'en fit effacer plusieurs; si ma mémoire ne me trompe pas, je crois que ceux-ci étaient justement les moins mauvais.

Une remarque aussi triste que vraie est celle que les hommes pardonnent rarement une supériorité à leurs semblables. Si j'eusse été un officier, mes infimes essais n'eussent certes éveillé la jalousie de personne; mais j'étais un simple matelot, et mes égaux, par la position et le rang, prirent bientôt ombrage de mes petits succès : aussi mettaient-ils souvent une certaine perfidie à m'interrompre dans mes travaux pour m'envoyer accomplir certaines corvées dont ils auraient fort bien pu me dispenser.

Une petite mésaventure m'arriva, à cette époque, par suite de ma rage pour le dessin. Ayant eu plusieurs fois entre mes mains, en ma qualité de timonier, le journal de bord, je n'avais pu résister à la tentation, par trop forte, d'une feuille de papier blanc et d'une plume à peu près taillée; et je m'étais permis de griffonner en marge des observations que consignait chaque officier à la fin de son quart, des navires de toutes formes et de toutes grandeurs.

Un matin, le lieutenant en pied, ou second de la corvette, M. Frélot, officier fort sévère, et qui, en général, se montrait peu bienveillant, aperçut, en jetant un coup d'œil sur le journal de bord que je venais d'apporter au lieutenant

Shild, dont le quart de huit heures du matin finissait, une de mes productions antiréglementaires.

M. Frélot me lança un de ces regards que je ne connaissais que trop bien, et qui chez lui étaient presque toujours les avant-coureurs certains d'une punition. Je suis, au reste, très persuadé que je lui avais été dénoncé.

– Qui a osé se permettre de salir ce journal ? me demanda-t-il d'une voix prête à s'élever.

Interdit, je cherchais une réponse, lorsque, pour comble de malheur, le capitaine se montra sur le pont, et se dirigea vers l'endroit de la dunette où nous nous trouvions; hélas! il venait justement demander le journal de bord.

Je laisse à deviner l'embarras que j'éprouvai lorsque le lieutenant en pied montra d'un air de triomphe à M. Bruneau de la Souchais le dessin accusateur.

Le capitaine l'examina avec beaucoup d'attention; puis tout à coup et d'un air sévère :

– Quel est l'auteur de ce chef-d'œuvre? demanda-t-il au lieutenant.

– Je l'ignore, capitaine, répondit celui-ci en souriant d'un petit air malicieux et satisfait qui me fit peur; j'adressais à l'instant cette même question au timonier Garneray, qui ne m'a pas encore répondu.

– Eh bien! Garneray, entendez-vous? me dit M. Bruneau de la Souchais, M. Frélot vous parle.

Après avoir, avec cette lucidité et cette promptitude de perception que donne le stimulant du danger à notre esprit, cherché, pendant une seconde, un moyen soit de me tirer de ce mauvais pas, soit d'atténuer les conséquences fâcheuses que devait entraîner pour moi ma faute, je ne trouvai rien de mieux à répondre à M. Bruneau de la Souchais que cette phrase-ci :

– C'est moi, capitaine, qui ai commis ce dessin.

– Ah! c'est vous, monsieur, fort bien. Allez me chercher le capitaine d'armes et revenez avec lui ici.

Cette mission n'avait rien d'agréable, j'en conviens, mais il n'y avait pas à hésiter; il me fallut obéir.

Les gens de l'équipage, intéressés par cette scène qui devait naturellement se terminer pour moi par une punition exemplaire, c'est-à-dire par un spectacle pour eux, me regardaient, la plupart avec curiosité, quelques-uns même, les jaloux de mes gribouillages, avec une maligne et méchante joie. Que l'on juge de ma stupéfaction lorsque j'aperçus, en me retournant, accompagné du capitaine d'armes, M. Bruneau de la Souchais accroupi devant une cage à poules et occupé à examiner mes dessins, tracés non plus cette fois à la plume, mais, hélas! circonstance aggravante, avec la pointe de mon couteau. Je sentis en ce moment seulement toute l'étendue de mon crime, et je me vis destiné au moins au supplice de la cale mouillée.

Les quelques secondes que je restai planté droit et immobile devant le capitaine toujours occupé à examiner mes malheureux essais de gravure sur bois, me parurent bien longues; quant au lieutenant en pied, M. Frélot, que je regardais de temps en temps à la dérobée, un sourire doucereux qui s'épanouissait sur ses lèvres augmentait encore ma frayeur... Enfin M. Bruneau de la Souchais se releva, me lança un regard sévère, puis s'adressant au capitaine d'armes :

– Vous ferez retrancher la ration de vin de cet homme jusqu'à nouvel ordre, lui dit-il en me désignant.

Ces paroles me causèrent une joie intérieure indicible, et m'enlevèrent de dessus le cœur un poids énorme qui m'étouffait.

Le capitaine d'armes, dont le grade correspond à celui de sous-officier, s'inclina, et s'en fut immédiatement porter cet ordre à la cambuse. M. Frélot, je dois cet aveu à l'impartialité, paraissait fort désagréablement surpris, presque affecté. A midi, lorsque l'on servit le dîner à l'équipage, j'allais m'asseoir tranquillement par terre à ma place habituelle, quand un novice m'avertit que le capitaine me demandait. Je trouvai M. Bruneau de la Souchais se promenant tranquillement sur la dunette.

– Monsieur Garneray, me dit-il avec cet air affable et ces manières de grand seigneur que personne au monde ne possédait mieux que lui, si vos travaux d'art permettent de disposer d'une heure de votre temps, je serais heureux de vous avoir aujourd'hui à dîner avec moi.

Un profond salut fut ma seule réponse.

– Eh bien! me demandèrent mes camarades en me voyant, de retour parmi eux, dédaigner le maigre plat de haricots durs et de lard salé qui composait notre ordinaire, est-ce que les paroles du capitaine t'ont coupé l'appétit?

– Justement; car le capitaine m'a invité à dîner aujourd'hui avec lui, et je me ménage pour pouvoir faire honneur tantôt à sa cuisine.

Cette nouvelle produisit une émotion profonde sur mes auditeurs.

– Cré mâtin, me dit un vieux loup de mer placé près de moi, t'as d'la chance, mais je ne voudrais pas, pour dix parts de prise, me trouver dans ta peau.

– Pourquoi cela?

– Tiens, c'tte bêtise, parce que s'il me fallait m'asseoir à côté du capitaine, déplier ma serviette et me l'attacher au cou, cracher en mettant ma main de côté près de ma bouche, retourner ma chique en douceur, enfin avoir ce qu'on appelle de belles manières, j'aurais tellement peur d'oublier quelque chose de la civilité, que je serais capable d'étouffer net! T'as pas peur, toi?

– Mais non, pas le moins du monde.

– Cré mâtin, il faut que tu aies tout de même un fier toupet!

L'heure du dîner arrivée, je m'arrangeai du mieux que je pus; et je fus chez le capitaine, que je trouvai, l'usage s'opposant à ce qu'il fît dîner un officier avec un simple matelot, seul à table.

Il me traita, non pas comme si j'eusse été un homme

de son bord, mais comme le cousin de son collègue Beaulieu-Leloup, c'est-à-dire qu'il fut pour moi d'une amabilité et d'une bonté parfaites. Il me reprocha bien un peu, avec un tact exquis, les dégradations que j'avais commises, mais il tempéra ces reproches par l'offre qu'il me fit, et que j'acceptai avec des larmes de reconnaissance dans les yeux, de me fournir tout le papier et les crayons à dessin dont je pourrais avoir besoin. « Qui sait, me dit-il en terminant, si les heureuses et précoces dispositions que vous montrez aujourd'hui pour la peinture ne vous seront pas un jour d'une grande utilité? » Cette prophétie s'est, en effet, réalisée de la manière la plus complète.

Le lendemain, et je consigne ce fait insignifiant pour montrer que la bonté de M. de la Souchais s'étendait pour moi jusqu'à la minutie, l'embargo qui pesait à la cambuse sur mon vin fut levé, et je rentrai en possession de ma ration journalière.

Quant au lieutenant Shild, il perdit depuis lors vis-à-vis de moi ses airs doucereux qui m'épouvantaient tant, et ne me regarda plus que d'un œil féroce; aussi n'eus-je plus à me plaindre de lui.

Les enseignes, MM. du Houlbec et Olivier, jeunes gens pleins de cœur et de bonté, venaient également voir de temps en temps mes dessins, et choisissaient ceux qui leur plaisaient le plus; ils me soutenaient tous les deux de leurs encouragements, et m'aidaient de leurs conseils; en un mot, je me trouvais très heureux à bord de *la Brûle-Gueule;* et n'eût été la monotonie de notre croisière, qui jusqu'alors semblait ne devoir aboutir à aucun résultat, rien n'eût manqué à mon bonheur. L'équipage aussi, qui avait fondé sur la prise du convoi anglais de joyeuses espérances, se montrait presque découragé, lorsque nous atteignîmes les parages de la Chine.

Étant en vue des îles Ladrones, nous fûmes accostés par un bateau du pays, qui vint nous vendre des fruits, et nous apprîmes par ceux qui le montaient que le convoi anglais se trouvait, en ce moment, mouillé à trente milles tout au plus de nous.

Cette nouvelle réveilla l'enthousiasme engourdi de nos équipages, ou, pour être plus exact, lui donna des proportions inouïes et qu'il n'avait jamais atteintes encore. Les hommes, sevrés depuis longtemps d'argent et de plaisirs, se sentaient un appétit féroce de jouissances et se promettaient de se dédommager avec usure de leurs privations passées. Nous étions tellement assurés du succès, notre imagination était montée à une telle hauteur, que pas un parmi nous n'eût consenti à vendre sa part future de prise, pour une forte somme d'argent comptant.

Que l'on juge de notre joie frénétique, quand, le lendemain vers deux heures, nous aperçûmes deux vaisseaux anglais ancrés à six milles à peu près de nous, auprès d'une petite île. Un cri immense et spontané s'éleva sur *la Brûle-Gueule.*

Les Anglais, surpris à l'improviste et comprenant l'impossibilité de soutenir une lutte avec des forces supérieures aux leurs, coupent leurs câbles, appareillent à la hâte, en jetant par-dessus bord tout ce qui les encombre, et se dirigent vers la rivière de Canton. La chasse commence aussitôt.

J'avais souvent, pendant le cours de cette traversée, été à même d'admirer la beauté de la construction et la supériorité de marche presque fabuleuse des bâtiments espagnols, qui nous rendaient facilement un bon tiers de leurs voiles et conservaient encore l'avance sur nous; je maudissais cette supériorité, qui allait leur permettre d'aborder les premiers les Anglais, lorsque à mon grand étonnement, je les vis se ralentir peu à peu, et se laisser gagner par nos deux navires à vue d'œil. Du reste, la chasse allait bien; nous n'étions guère, vers quatre heures, éloignés des Anglais que d'une lieue au plus.

Bientôt *la Preneuse* et *la Brûle-Gueule,* que leur mauvaise marche plaçait en arrière de la division, dépassent considérablement les vaisseaux espagnols et se trouvent à portée du canon de l'ennemi.

Le feu s'engage aussitôt; nous échangeons plusieurs bordées.

– Monsieur Frélot, dit le capitaine en s'adressant à son second, apportez toute votre attention à ce que les artilleurs pointent aux mâtures; nous sommes à une trop grande portée de l'ennemi pour espérer le combattre sérieusement, et tous nos efforts ne doivent tendre qu'à un but : celui de causer quelque avarie qui retarde sa marche, et donne le temps aux Espagnols de nous rejoindre... Au reste, je ne comprends plus rien à la conduite de nos alliés... Hier, voiliers admirables... Aujourd'hui, vraies tortues et semblables à des galiotes hollandaises... Que l'on pointe aux mâts, monsieur Frélot; retenez bien cet ordre.

Le feu durait avec vivacité de notre part, mais sans produire aucun résultat apparent, lorsqu'un événement, auquel nous étions loin de nous attendre, vint, sinon nous jeter dans le découragement, au moins affaiblir beaucoup nos espérances : les vaisseaux espagnols nous apprennent par leurs signaux qu'ils ont éprouvé des avaries.

Cet événement, aussi imprévu qu'inexplicable, car rien ne pouvait motiver ou donner à deviner comment tout à coup, et par une belle mer, les magnifiques bâtiments de nos alliés se trouvaient subitement réduits à l'impuissance, fut accueilli de M. Bruneau de la Souchais par un froncement de sourcils et un haussement d'épaules très significatifs, qu'il ne daigna pas même dissimuler. Il se contenta seulement d'ordonner que l'on activât le feu.

Peu après, le vaisseau amiral espagnol nous adressait, par signaux sur signaux, l'ordre de cesser le combat et de nous rallier à sa division.

– Que le diable m'emporte! s'écria notre brave capitaine en accompagnant ces paroles d'un énergique juron tout à fait en désaccord avec ses habitudes et ses manières; que le diable m'emporte si j'obéis! Monsieur Frélot, faites force de voiles et tâchons de rejoindre l'ennemi. Nous verrons bien si les Espagnols oseront fuir honteusement, en nous laissant au pouvoir des Anglais... Après tout, pourquoi pas? Qu'importe! nous succomberons du moins avec gloire et nous sauverons l'honneur de la France et celui de notre pavillon.

– Pauvre l'Hermite, ajouta peu après le capitaine d'un air mélancolique, comme il doit aussi souffrir de notre humiliation.

Cependant, le moment de la colère passé, et il fut long, car il dura jusqu'à la tombée de la nuit, M. Bruneau de la Souchais finit par se conformer à l'ordre de l'amiral, et abandonna, en même temps que le capitaine l'Hermite, ces malheureux parages.

La triste issue de cette croisière, si misérablement entravée par la tiédeur espagnole, jeta un profond découragement dans nos équipages, et ce fut sans joie et sans entrain que nous fûmes relâcher de nouveau à Cavit-le-Vieux.

V

Départ pour l'île de France – Relâche et combat à la rivière Noire – Ressources de l'Hermite Rentrée au Port-Maurice

La pénurie dans laquelle nous nous trouvions faisait pour nous du séjour à terre plutôt une longue privation qu'une distraction : nous préférions rester à bord.

Je m'empressai, néanmoins, le jour même de notre arrivée, de demander la permission de descendre, et je courus chez la veuve Encarnacion m'informer de Kernau. Je trouvai la vieille femme fumant toujours un gros cigare. Dès qu'elle m'aperçut, elle éclata une seconde fois en sanglots.

– Ah ça! lui dis-je, qu'avez-vous donc à pleurer, aurait-on encore enlevé votre fille?

– Hélas! oui, encore une fois... Ma pauvre Gloria va finir par en prendre l'habitude, et elle ne pourra plus rester avec moi... Que je suis malheureuse...

– Et quel est le nouveau ravisseur?

– Le señor Kernau, donc!

– Ah, bah! Et avez-vous des nouvelles de lui?

– Aucune. On m'a rapporté qu'il s'était embarqué sur un corsaire espagnol... J'ignore si cela est vrai...

Toutes les démarches postérieures que je fis pour retrouver mon matelot ne furent pas couronnées d'un meilleur succès que cette tentative, et je dus repartir de Cavit sans avoir pu me procurer le moindre renseignement sur son compte.

De Cavit, *la Preneuse* et *la Brûle-Gueule* firent relâche à Batavia; puis de Batavia, elles appareillèrent pour l'île de France. Notre traversée fut heureuse et nous arrivâmes sans accident aucun en vue de l'île; c'était à la tombée de la nuit. Le capitaine l'Hermite, n'apercevant aucun croiseur, dirigea la route de manière à attaquer le port Maurice au N.-O. en passant sous le vent de la colonie.

Cependant, comme d'un instant à l'autre nous pouvions nous trouver en présence de l'ennemi, nous nous tenions sur nos gardes : nous fîmes bonne route toute la nuit.

Le soleil éclairait à peine encore l'horizon de ses premiers rayons lorsque nous apprîmes, le lendemain matin, par les signaux du port, que la colonie était bloquée par une division anglaise, composée de deux vaisseaux de guerre, d'une frégate et d'une corvette.

Par bonheur, les navires ennemis se trouvant au large, nous pûmes gouverner vers le petit port de la rivière Noire; seulement, pour gagner le fond de la baie, à peine abritée par deux petites pointes, il fallait louvoyer, et les Anglais, meilleurs marcheurs que nous, nous gagnaient main sur main. Notre perte semblait certaine. Heureusement que l'Hermite nous commandait, et qu'avec lui, je l'ai déjà dit, on pouvait toujours compter sur les ressources du génie uni au courage.

Le capitaine l'Hermite, qui connaissait la côte et savait qu'il y avait assez d'eau pour nous, comprit tout de suite que l'ennemi placé sous le vent ne pouvait nous couper le chemin et qu'il lui devenait facile, sinon d'éviter quelques bordées anglaises, au moins de mettre ses deux navires en sûreté.

En effet, louvoyant bord sur bord, nous eûmes bientôt à endurer le feu ennemi, depuis onze heures du matin jusqu'à quatre heures du soir, sans qu'il nous fût possible de lui répondre autrement qu'avec nos canons de retraite.

A quatre heures nos deux navires s'embossèrent, et présentant le travers à la division anglaise, commencèrent à engager le feu avec plus de régularité.

Les bordées se succédèrent sans interruption jusqu'à six heures du soir; toutefois, comme nous étions à trois quarts de portée, nous n'eûmes pas trop à en souffrir.

Le crépuscule venu, les Anglais, voyant l'impossibilité de s'emparer de nous pour le moment, dans la position que nous occupions, orientèrent enfin pour gagner le large.

Cette retraite, qui pouvait cacher un piège, car, la côte n'étant pas armée, nous nous attendions presque à une descente nocturne, ne nous fit négliger aucune précaution de sûreté.

Le lendemain, au point du jour, nos deux navires installèrent leurs embossures de manière à pouvoir spontanément présenter les batteries au large, et recevoir dignement l'ennemi, s'il se présentait pour entreprendre une attaque sérieuse. Bloqués comme nous l'étions, et assez semblables à une souris guettée par un chat, notre position ne laissait pas, quoique nous eussions eu le bonheur d'échapper la veille à l'ennemi, d'être toujours extrêmement critique : personne n'entrevoyait la façon que nous parviendrions à en sortir.

Seulement, les équipages, avec cet instinct exquis, et, pour ainsi dire, infaillible, que l'habitude du danger donne aux marins, avaient tout de suite apprécié et jugé l'Hermite, et se reposaient pleins de confiance sur lui, persuadés que, tant qu'il serait vivant, ils n'avaient pas à craindre de tomber entre les mains des Anglais.

En effet l'Hermite confirma cette opinion en prenant une précaution à laquelle personne n'avait songé et qui nous mit complètement en sûreté en triplant nos moyens de défense. Il mit les équipages à terre, fit creuser les récifs de la pointe de la baie la plus avancée, et y plaça une batterie composée de quatorze canons de 18 de *la Preneuse* et de dix de 12 de *la Brûle-Gueule.*

A ces canons, qui n'étaient d'aucune utilité à bord des deux navires, car leur position ne leur permettait de se servir que d'une batterie, il joignit la moitié des équipages.

– A présent, dit-il lorsque ces préparatifs furent terminés, nous pouvons attendre la visite de messieurs les Anglais sans la moindre crainte.

L'inquiétude, parmi nous, avait été remplacée par l'ennui, et nous ne souhaitions rien tant que le retour de l'ennemi, pour en finir enfin avec lui et pouvoir rentrer dans le port Maurice. Pendant huit jours, il se fit attendre; mais le huitième jour, s'étant préparé de longue main, il se présenta, se croyant tout à fait assuré du succès. Une triste désillusion l'attendait.

A son attaque brusque et formidable, nous répondîmes d'abord par un tel feu de nos deux navires, qu'un moment il s'arrêta presque surpris et humilié, ne pouvant se figurer qu'une seule frégate et une seule corvette osaient soutenir sérieusement un combat dans lequel les forces étaient si disproportionnées; puis, lorsque tout à coup notre batterie de terre construite à fleur d'eau, c'est-à-dire à l'abri des coups de l'ennemi, joignit au nôtre son feu, dont pas un coup n'était perdu, la stupéfaction des Anglais se changea en fureur, et ils redoublèrent d'efforts.

Fureur impuissante et efforts inutiles! Leur acharnement ne contribua, en les tenant plus longtemps sous notre feu, qu'à doubler leurs pertes et à augmenter leur honte! Avant la fin du jour l'Anglais était obligé d'abandonner le combat et de lever, par suite de l'état déplorable dans lequel il se trouvait, le blocus de la colonie et sa croisière.

Quelques jours après, nos deux navires entraient triomphalement au port Maurice ou N.-O. au milieu des acclamations de la population entière. Ce beau fait d'armes de l'Hermite est connu sous le nom de combat de la rivière Noire.

VI

Séjour à terre – Je trouve des amis – Avantages des protections – Je quitte la Preneuse

Je passai les premiers jours que je restai à terre à travailler, avec un acharnement qui tenait presque de l'inspiration, à un dessin qui représentait ce combat. Mon œuvre terminée, je m'empressai d'aller l'offrir à M. Bruneau de la Souchais, dont la conduite, dans cette mémorable circonstance, avait été à la hauteur de celle de l'Hermite.

Je n'ose pas dire que j'avais réussi, mais toujours est-il que l'excellent capitaine, ému de mon attention, sans doute, s'attacha dès ce moment plus particulièrement à moi et accomplit, au centuple de ce qu'il avait promis à mon cousin Beaulieu, son engagement de me protéger. Poussant la bienveillance jusqu'à la sollicitude, il me donna d'abord un logement à terre, chez lui, puis me présenta ensuite dans les meilleures et les plus agréables maisons de la ville. C'est à lui que je dus de me lier particulièrement avec M. Monneron, banquier, l'un des sept frères Monneron, dont l'un, à Paris, fut l'inventeur des pièces de cuivre de cinq et de deux sous, qui ont porté son nom; puis avec un constructeur de navires, M. Montalant, dans les chantiers duquel j'appris la construction. M. Montalant me prenait, ce qui flattait assez mon amour-propre, pour un très grand dessinateur. Le reste du temps que je ne passais pas dans ces deux charmantes maisons, je le consacrais à suivre un cours de navigation.

L'île de France ne présentait plus alors le même aspect gai et animé que je lui avais vu, il y avait plus d'un an, lors de ma première arrivée. Cette colonie, fréquentée alors par des spéculateurs qui s'y rendaient de toutes les parties de l'Inde et de l'Europe pour traiter des cargaisons et des navires ennemis capturés, avait vu peu à peu le silence et l'abandon se faire autour d'elle, à mesure que le nombre de ses croiseurs avait diminué.

En effet, depuis 1793 jusqu'à ce moment, la République avait expédié pour l'île de France, à des intervalles assez rapprochés, jusqu'à neuf navires de guerre : les frégates *la Cybèle* et *la Prudente*, le brick *le Coureur*, la corvette *la Brûle-Gueule;* puis enfin la division du contre-amiral Sercey, dont j'avais fait partie et qui comptait, je l'ai déjà dit, quatre frégates : *la Forte, la Régénérée, la Seine, la Vertu.*

Or, de tous ces navires, après le combat de la rivière Noire, deux seuls restaient : *la Preneuse* et *la Brûle-Gueule.* Et encore était-il fortement question du départ de cette corvette pour la France.

Pendant mon séjour à l'île de France, M. Bruneau de la Souchais me présenta au capitaine l'Hermite, qui se rappela parfaitement notre dîner à Rochefort, chez mon cousin Beaulieu-Leloup, et me témoigna toute la satisfaction qu'il éprouverait de me posséder à son bord. Il voulut bien même ajouter en souriant que si je m'embarquais sur la frégate il me nommerait son premier peintre de marines, sans préjudice de l'avancement auquel j'étais en droit de prétendre. Quelques jours après cette conversation, l'Hermite reprit la mer, et revint avec deux gros et riches vaisseaux qu'il avait enlevés à la Compagnie des Indes sur la rade de Talichieri.

Ces prises, vendues avec d'autant plus de bénéfice que depuis longtemps la concurrence n'existait plus, mirent de l'argent dans la poche et par conséquent de la gaieté dans le cœur de l'équipage de *la Preneuse*, qui se prépara à se dédommager, par une orgie monstre, des privations si suivies et si constantes endurées jusqu'alors!... Hélas! ce projet ne devait pas se réaliser! L'Hermite, obligé de se multiplier pour suppléer aux forces qui manquaient, reprit la mer, presque aussitôt après son arrivée.

Comme son équipage n'était plus au complet, il prit à bord de *la Brûle-Gueule*, sur le point de retourner en France, le plus d'hommes qu'il put : inutile d'ajouter que je ne laissai pas échapper une si belle occasion de servir sous les ordres d'un homme tel que l'Hermite, et que je m'empressai de m'embarquer sur *la Preneuse*.

Si j'eusse voulu cependant écouter les conseils du brave et célèbre capitaine de corsaire Dutertre, dont j'avais fait depuis peu la connaissance, je serais resté à terre.

VII

Dernière croisière de la Preneuse *– Je passe sur son bord Combat de nuit – Retraite – Ouragan*

Ce fut le 15 août 1799 que *la Preneuse* appareilla pour le sud de Madagascar; je dois dire que *la Preneuse* était armée de 40 canons et de 4 obusiers. Ah! combien j'étais loin de penser alors, en sentant ce puissant navire sous mes pieds et en songeant que nous avions l'Hermite pour capitaine, aux catastrophes terribles dont je devais être acteur et témoin! Je rêvais riches parts de prise, avancement, plaisirs au retour, tandis que la plus épouvantable croisière qui ait probablement jamais eu lieu m'attendait. Ce fut donc le 15 août 1799 que *la Preneuse* appareilla pour le sud de Madagascar. Quinze jours d'une brise fixe et légère la transportèrent sur ce point, où elle rangea la terre de près pour reconnaître les lieux.

Arrivés devant la baie de Saint-Augustin, nous mîmes en panne; et le capitaine se retira dans la dunette pour prendre connaissance de la route que lui prescrivaient ses expéditions : le moment de les décacheter était venu.

L'équipage, assemblé sur le pont, se demandait avec anxiété si l'on relâcherait dans le port devant lequel le navire se balançait gracieusement sous ses trois huniers, et où il serait enfin permis de dépenser cet or que l'on avait touché à l'île de France, et que l'on brûlait du désir d'échanger contre des plaisirs. Chacun contait donc à son voisin, qui, absorbé lui-même par de semblables préoccupations, ne l'écoutait pas, la façon dont il souhaitait dépenser, ou, pour être plus exact, gaspiller cet or qui lui pesait. Parmi ces souhaits, il y en avait dont la brutale grandeur, si je puis me servir de cette expression, rappelait l'époque du Bas-Empire; tandis que d'autres, naïfs, pour ne pas dire enfantins, sentaient encore le parfum du village. Bref, c'était une débauche complète d'esprit ou de désir.

Bientôt de légères pirogues accostèrent la frégate et vinrent surexciter encore l'imagination de l'équipage en déposant sur le pont une gracieuse cargaison de jeunes et jolies femmes au teint cuivré, aux cheveux crépus, et dont les yeux lançaient des rayons de passion et de flamme.

Ces charmantes visiteuses, dont les intentions bienveillantes à notre égard n'avaient point besoin d'interprète pour s'exprimer, quoique nous ne comprissions pas grand-chose à leur langage, nous apportaient en outre des provisions de toutes espèces : fleurs, fruits, gibier, etc.

Dès lors, toutes les irrésolutions de l'équipage cessèrent; tous les rêves se confondirent en une seule et même espérance.

Toutefois, au milieu de cette joie générale, une préoccupation grave et profonde pesait sur l'équipage : on attendait avec une inquiétude véritable le retour du capitaine sur le pont. Enfin l'Hermite apparut sortant de la dunette, et un grand silence se fit de toutes parts. Le sort de l'équipage allait se décider. L'Hermite, dont cent regards épiaient avec anxiété les moindres mouvements, avait l'air pensif et réfléchi. Pendant quelques instants il se promena de long en large sur le gaillard; puis, contemplant ensuite d'un regard peiné et presque attendri le magnifique spectacle que présentait la vue de la terre, il se retourna vers l'officier de quart, et, comme s'il eût craint de s'être oublié, il lui commanda vivement de faire servir afin de gouverner au sud-est, route prescrite par les expéditions dont il venait de prendre connaissance.

Cet ordre fut un coup de foudre pour l'équipage. Adieu, rêves enchanteurs et charmants qui presque étiez une réalité! Adieu encore une fois! Le capitaine a parlé; et comme chacun sait que personne n'est plus que lui esclave du devoir, chacun se résigne sans se plaindre.

C'est à peine si les matelots, en se portant à la manœuvre, jettent un dernier regard sur ces séduisantes insulaires, qui, nouvelles Arianes, se retirent le désespoir dans le cœur, pour attendre un autre navire. Chez le marin les sentiments sont mobiles, la philosophie profonde, et les événements fâcheux ont à peine eu le temps de s'accomplir, qu'il est déjà tout consolé.

En quelques minutes, la frégate se couvrit de voiles; et, poussée par le même vent qui l'avait conduite à Madagascar, elle s'achemina vers la pointe sud du continent d'Afrique. Le 21 septembre, les vigies signalèrent, pour la seconde fois depuis notre départ de l'île de France, la terre. Cette terre, située à l'ouest, était extrêmement élevée et s'étendait à perte de vue du N.-N.-E. au S.-S.-O.

Le capitaine l'Hermite, après l'avoir longtemps observée et s'être bien assuré de la latitude, fit mettre en panne. Il faisait encore à peine jour.

Dès que les premiers rayons du soleil éclairèrent l'horizon, nous aperçûmes un des plus admirables paysages qu'il soit possible d'imaginer : une baie immense entourée de montagnes gigantesques et de formes pittoresques et bizarres, échelonnées en amphithéâtre. On reconnut cette baie pour être celle de Lagoa, où il existait un mouillage fréquenté alors par les baleiniers des nations neutres, ou par les bâtiments ennemis de la France. Ce mouillage était protégé, ce que nous ignorions alors, et ce que nous n'apprîmes, hélas! que plus et trop tard, par un fortin anglais.

– Laissez arriver, faites orienter sous toutes les voiles et gouvernez sur la crête surplombée du morne au pied duquel j'aperçois cinq navires à l'ancre, dit le capitaine l'Hermite en s'adressant au lieutenant Rivière, alors de quart. Voilà peut-être, groupées ensemble, continua-t-il après un moment de réflexion et de silence, assez de captures pour terminer aujourd'hui notre croisière. Cela vaut la peine que nous nous assurions du fait.

Vers les deux heures de l'après-midi, le capitaine, qui n'avait pas quitté un seul moment le pont, s'approcha de moi qui me tenais sur la dunette, à mon poste :

– Garneray, me dit-il en me souriant avec cette ineffable bonté qui chez lui s'alliait toujours à la plus inébranlable fermeté de caractère, n'oubliez point, mon ami, que je vous ai nommé premier peintre de marines du bord. Prenez vos crayons et venez près de moi : je ne serai pas fâché de conserver un souvenir exact de ce qui va se passer et de posséder, si je ne m'en empare pas, le dessin de ces cinq navires. Je ferai en sorte de jeter de temps en temps un coup d'œil sur votre travail, pour le rectifier au besoin. Ainsi, donc, tenez-vous prêt, et ne quittez pas mes côtés.

Le commandant, après m'avoir adressé ces paroles, fit quelques tours au gaillard d'avant, afin d'observer sans doute s'il opérait quelque mouvement sur la rade, puis se dirigea ensuite, avec un air de satisfaction évident, vers ses officiers réunis autour du cabestan : je le suivis pour me conformer à l'ordre qu'il m'avait donné de rester à ses côtés, et je me disposai à commencer tout de suite mon dessin.

– Messieurs, dit l'Hermite en s'adressant à ses officiers d'un ton qui semblait plutôt solliciter un conseil qu'exprimer une volonté, je crois que nous agirions sagement en allant attaquer tout de suite ces vaisseaux. Que pensez-vous de cette opinion ?

– Certainement, capitaine, répondirent les officiers tout d'une voix.

– Car si ces bâtiments sont neutres, reprit l'Hermite, il

est inutile que nous perdions notre temps en conjectures; s'ils sont ennemis, nous ne saurions les combattre trop tôt. Êtes-vous de cet avis?

– Oui, capitaine.

– Alors, veuillez vous rendre, messieurs, à vos postes respectifs, et prendre les dispositions nécessaires pour tenir la frégate prête à tout événement.

Pendant ces préparatifs, le vent tomba peu à peu et ralentit graduellement la marche de la frégate.

– Eh bien, Garneray, me dit l'Hermite en braquant sa longue-vue vers la baie de Lagoa, avez-vous commencé votre dessin?

– J'ai marqué les principales positions, capitaine : mais quoique les navires ancrés dans la rade nous présentent l'avant, je ne puis cependant reproduire ces navires exactement, car j'ignore qui ils sont...

– Vous avez raison. Le soleil, près d'atteindre le vaste rideau de montagnes sur lesquelles nous faisons route, projette une ombre si épaisse sur cette seule partie visible, qu'il est impossible en effet de distinguer si ce sont des bâtiments de guerre ou des navires marchands. Cela me contrarie sous beaucoup de rapports. Enfin, un peu de patience!

Le capitaine, après avoir prononcé ces dernières paroles à mi-voix et comme se parlant à lui-même, l'air réfléchi et préoccupé, se mit à arpenter d'un pas saccadé et nerveux la longueur du navire, tantôt s'arrêtant pour diriger sa longue-vue vers la baie, tantôt pour interroger les vigies.

Le vent, déjà bien affaibli, au lieu de fraîchir, comme nous l'espérions tous, tombait au contraire de plus en plus; il devenait presque impossible d'arriver à l'ancrage, et la journée s'écoulait.

Le fond manquant pour mouiller au large, il ne nous restait plus que la ressource de passer la nuit sous voiles. Seulement, la frégate courait alors le risque d'être drossée hors de la baie par le courant, pendant le calme qui règne quotidiennement entre la brise de terre et celle du large.

Je connaissais alors assez un navire et j'étais également assez avancé dans mes études pour me rendre parfaitement compte de notre position; aussi ne fus-je nullement étonné en voyant le capitaine l'Hermite, pour mettre sa responsabilité à couvert, assembler son conseil, afin de décider, séance tenante, si l'on continuait la route vers le fond de la rade, après avoir déguisé toutefois autant que possible la frégate en navire de commerce, ou si l'on prendrait le large pendant la nuit.

Dans ce dernier cas, il était bien entendu que l'on reviendrait le lendemain de très bonne heure, afin de pouvoir mouiller au plus tard dans l'après-midi.

Ces deux avis soulevèrent une discussion assez vive, car le temps pressait; mais, en définitive, les partisans du premier parti, celui de tâcher de pénétrer tout de suite au fond de la baie, l'emportèrent. Restait à savoir si la brise devenue de plus en plus faible, qui enflait à peine nos voiles, permettait de le mettre à exécution.

Cependant, à la joie de tout l'équipage, qui, alléché par la perspective d'un riche butin, brûlait d'en venir aux mains, ce reste de brise d'où dépendait en grande partie la réussite de notre attaque précipitée se soutint plus longtemps qu'il n'était permis de l'espérer.

Restait à assurer notre déguisement en navire de commerce : la métamorphose ne fut pas longue, et s'opéra comme par enchantement.

On s'empresse de haler dedans les canons et de fermer les sabords de la batterie : le pavillon suédois monte bientôt après à la corne et flotte perfidement dans les airs, tandis qu'un petit nombre de gabiers serrent et dégréent lentement les perroquets et autres menues voiles, afin de donner à penser que l'équipage n'est composé que de peu d'hommes.

Enfin, presque à la tombée de la nuit, notre frégate, grâce aux derniers soupirs de la brise mourante, mouilla, en s'embossant aussi près que possible, quoique malheureusement à une demi-portée de fusil trop loin de lui, du plus gros des cinq navires, dans la baie de Lagoa. Afin de donner tout à fait le change à l'ennemi et de continuer notre ruse, nos huniers et nos basses voiles furent paquetés tant bien que mal, plutôt mal que bien, par un nombre très restreint de nos matelots.

Au moment où l'installation d'un navire allait être terminée, c'est-à-dire vers les sept heures, une petite goélette vint à passer à une vingtaine de toises de notre arrière. Les quelques matelots que nous aperçûmes sur son pont parurent nous observer avec une indifférence qui nous rassura, et le navire continua sa route sans manifester le désir de communiquer avec nous.

Nous éprouvâmes une grande joie en le voyant disparaître, car s'il se fût avisé de nous héler, nous ne possédions personne à bord qui connût assez la langue anglaise pour pouvoir lui répondre sans trahir son origine française, et cela nous eût incontestablement fait reconnaître pour ce que nous étions.

Notre position, malgré ce danger évité, ne laissait pas toutefois que d'être toujours très délicate, critique même. Ignorant complètement la force et la nature des navires qui nous entouraient, sauf un, toutefois, le plus rapproché de nous, qui nous paraissait d'un très fort tonnage, nous ne savions pas au juste si nous jouions le rôle d'un vautour guettant sa proie, ou celui d'un vautour pris au trébuchet.

Quant au capitaine, ne pouvant commencer le combat sans connaître au moins à qui il avait affaire, et, en tout cas, se trouvant trop éloigné des navires ancrés, il nous avait annoncé qu'il patienterait toute la nuit; ce délai lui permettait, en outre, d'attendre la brise du large, qui s'élève ordinairement vers les neuf heures, ce qui améliorerait beaucoup notre situation en nous permettant, le cas échéant, d'attaquer avec avantage.

Depuis une heure environ, l'équipage, réparti à son poste

de combat, dormait avec cette heureuse insouciance, privilège précieux du marin, en attendant le moment de l'action.

Quelques hommes seulement, parmi lesquels j'étais placé en surveillance sur la dunette, s'entretenaient entre eux, à voix basse, sur les événements probables du lendemain.

– Sacré nom, me dit l'un d'eux nommé Valentin, vrai enfant de Paris, et par conséquent mon pays, je crois cette fois qu'à notre retour de l'île de France nous pourrons, grâce à nos parts de prise, lutter contre les souvenirs de munificence des corsaires...

– Silence, Valentin, lui répondis-je en l'interrompant d'une voix étouffée, n'entends-tu pas du bruit?

– Tiens! c'est vrai, on dirait les rames d'un canot nageant en cadence.

En effet, nous ne nous trompions pas; peu à peu le bruit acquit assez de consistance pour ne nous laisser aucun doute sur sa nature, et bientôt une embarcation venant de l'avant rangea la frégate. A la précision de la manœuvre que mirent les matelots qui montaient ce canot, en relevant verticalement leurs rames, nous devinâmes tous, sans avoir besoin de nous communiquer nos observations, qu'il appartenait à un navire de guerre.

– Jette-leur une amarre, s'écrie le contremaître du gaillard d'avant, nous les tenons. Cette pêche-là fera plaisir au capitaine.

Les hommes du bossoir s'empressent d'exécuter cet ordre; aussitôt un homme que l'obscurité nous empêchait de voir, mais que nous jugeâmes être le brigadier du canot, s'en empare, et la tire à lui; mais au même moment, hélas! la malheureuse idée vient à l'officier commandant d'adresser en anglais quelques questions aux matelots placés en dehors de la frégate.

– Sacré mille tonnerres! me dit Valentin en élevant imprudemment la voix, nous voilà pincés, et la mèche va se découvrir... personne ne pourra lui répondre.

Soit que quelques mots français fussent parvenus jusqu'aux oreilles des canotiers, soit que le silence trop prolongé qui suivit leurs questions lui eût inspiré des soupçons, toujours est-il que l'officier rejeta vivement le tire-veille qu'il tenait déjà à la main pour monter à bord et ordonna à ses gens de pousser au large.

Hélas! cet ordre ne fut que trop bien suivi : les avirons retombèrent aussitôt spontanément, et en un clin d'œil l'embarcation, que nous étions sur le point de surprendre, s'éloigna de nous. Quelques minutes plus tard, nous ne distinguions plus, dans le silence de la nuit, le bruit de ses rames, amorti par les humides vapeurs qui nous entouraient de toutes parts.

A peine ce fatal événement, car la fuite de ce canot était un des plus funestes contretemps qui pût nous arriver, d'abord, en ce qu'elle nous privait de l'avantage de connaître les forces des radiers d'une façon positive, ensuite en ce qu'elle leur apprenait qui nous étions, à peine ce fatal événement, dis-je, fut-il accompli, que le capitaine, qui se promenait sur le pont, accourut près du passavant. Il avait entendu l'embarcation accoster, la vérité lui était connue.

– C'est bien, dit-il froidement à l'officier, laissez reposer les hommes qui dorment. Nous n'attaquerons toujours que demain.

Le capitaine s'éloigna, et je retombai dans la profonde rêverie dont le parisien Valentin m'avait tiré un moment. Au reste, rien n'était plus propre à parler à l'imagination que la position dans laquelle nous nous trouvions.

L'incertitude pleine d'anxiété du lendemain, le silence solennel de la nuit à peine troublé par le clapotement monotone de la mer contre la frégate, l'obscurité profonde qui nous enveloppait, l'idée qu'à quelques brasses de nous veillaient, prévenus et par conséquent redoutables, des ennemis se préparant dans le mystère à nous attaquer; enfin le souvenir de cette magnifique baie de Lagoa à peine entrevue le matin même de ce jour, à travers l'ombre projetée par ses grandes montagnes, ainsi qu'un songe grandiose et confus dont on conserve une impression profonde, sans pouvoir toutefois en garder un souvenir précis; tous ces éléments réunis d'excitation et de poésie éloignaient le sommeil de mes paupières et stimulaient au dernier point mon imagination...

De temps en temps rentrant, pour un moment, dans la vie réelle, à laquelle me ramenait forcément mon devoir, j'essayais de percer d'un regard vigilant et hélas! inutile, l'obscurité de la baie. Bientôt il nous sembla qu'il s'opérait dans la rade, quelque chose sinon d'extraordinaire, du moins d'assez suspect et digne de fixer toute notre attention. Le passage fréquent de fanaux que j'entrevoyais glissant à travers les sabords des navires ennemis me donnait de graves présomptions de penser que l'on s'occupait de nous : toutefois je réfléchis qu'il était encore de trop bonne heure pour que ces préparatifs pussent annoncer l'intention d'hostilités immédiates, et je ne fis part de mes observations à personne.

J'étais assis, vers les neuf heures, à mon poste de combat, c'est-à-dire sur la dunette, lorsque le capitaine, qui se promenait sur le gaillard d'arrière avec un officier du bord, l'enseigne Graffin, qu'il affectionnait avec raison particulièrement, s'arrêta près de moi, et lui adressant la parole :

– Définitivement, Graffin, lui dit-il, l'illusion ne nous est plus permise : nous sommes découverts; cela ne fait pas un doute pour moi.

– Qui sait, capitaine? peut-être bien que, tourmenté par la responsabilité qui pèse sur vous, voyez-vous les choses plus en noir, surtout par cette nuit profonde, qu'elles ne le sont réellement... Quant à moi, rien ne me prouve, jusqu'à l'évidence, que notre présence dans la rade de Lagoa soit connue des Anglais.

– Jusqu'à l'évidence, non, c'est vrai; mais des présomptions nombreuses équivalent presque parfois à une certitude. Or, ces présomptions ne nous manquent malheureusement pas... N'avez-vous pas remarqué que les cloches des navires n'ont pas, à huit heures, sonné avec autant de régularité que de coutume, que le *all is well* (tout va bien) des hommes de quart n'a pas été répété aussi exactement que cela a lieu d'habitude?... Or, je conclus de ces deux faits, et de beaucoup d'autres petites irrégularités de service, dont je ne vous parlerai même pas, que l'ennemi est occupé de travaux importants.

Le capitaine l'Hermite n'avait pas achevé de prononcer ces dernières paroles, que le lieutenant en pied s'approchant vivement de lui :

– Capitaine, lui dit-il, l'on vient d'apercevoir sur les différentes parties des agrès du gros trois-mâts placé le plus près de nous quelques lueurs subites qui se sont renouvelées à plusieurs reprises, et que j'ai reconnues pour être les explosions de boutefeux qu'on y allume; peu après la même chose a eu lieu à bord des autres navires.

– Très bien; je ne me trompais pas dans mes conjectures... Monsieur Dalbarade, faites réveiller sans bruit l'équipage, et que chacun se rende silencieusement à son poste de combat... Les hostilités vont commencer, j'en suis certain, avant qu'un quart d'heure soit écoulé.

– Eh bien! Graffin, continua le capitaine après le départ de M. Dalbarade, croyez-vous toujours que je voie, surtout par cette nuit profonde, les choses plus en noir qu'elles ne sont réellement? Et puis, n'est-il pas logique que l'ennemi, connaissant nos forces et redoutant notre attaque du lendemain, nous prévienne, en profitant de la nuit, pour nous prendre au dépourvu, et songe à profiter de l'avantage d'une surprise?.. Heureusement que nous sommes prêts, et que nous l'attendons.

Comme si les événements eussent voulu sanctionner par une nouvelle preuve l'opinion émise par M. l'Hermite, à peine venait-il d'achever sa phrase que tout à coup un globe de feu illumine la gauche de la baie, puis presque au même instant une détonation retentit au loin, portée d'écho en écho, et un boulet passe en sifflant au-dessus de la frégate.

– Hisse le pavillon français! ouvrez les sabords! range à bord! s'écrie aussitôt l'Hermite d'une voix éclatante en se précipitant sur son banc de quart.

Pendant que l'on exécutait ces ordres, cinq épouvantables décharges opérées, à la fois, par les cinq navires vinrent se croiser sur *la Preneuse,* et éclairèrent les couleurs anglaises qui flottaient à leurs mâts.

L'air tremblait encore du choc de ces terribles détonations, quand la voix forte et vibrante de l'Hermite retentit en sons métalliques à travers son porte-voix de combat et fit entendre ces mots si ardemment désirés par l'équipage : « Feu partout, feu! » Un volcan éclata. Une fois l'action régulièrement engagée, c'est-à-dire lorsque nous fûmes parvenus à répartir convenablement notre feu sur nos adversaires, nous pûmes enfin reconnaître, à la lueur du canon, les forces qui se trouvaient en face de nous : elles étaient désespérantes. A tribord, nous avions à combattre trois grands baleiniers; à bâbord, un vaisseau de la compagnie des Indes, une corvette à trois mâts et le fortin anglais juché sur la crête d'une montagne et dont les boulets, dirigés naturellement avec plus de certitude que ceux des navires, venaient à chaque instant ébranler la coque de la frégate.

Ce spectacle était certes de nature à décourager les plus intrépides, mais la vue de l'Hermite, sublime effet de la puissance morale, debout sur son banc de quart, chassait du cœur de chacun la crainte et la faiblesse pour n'y laisser que l'enthousiasme et l'espérance.

– Notre position est mauvaise, cela est incontestable, monsieur Dalbarade, dit tranquillement l'Hermite en s'adressant à son lieutenant en pied. Dieu sait que s'il eût dépendu de moi de l'éviter, aucun sacrifice et aucun effort ne m'eussent coûté pour y parvenir... mais j'ai été et je suis forcé de la subir! Toutefois un espoir, fondé sur de légers changements de brise que j'ai remarqués, me reste encore, celui de réussir à placer la frégate au vent de ses plus formidables adversaires, puis alors de couper les câbles, afin de laisser dériver sur eux et de nous emparer à l'abordage de celui qui nous cause le plus de mal... mais, hélas! jusqu'à présent ces risées ont été de bien courte durée, et la fraîcheur, reprenant aussitôt sa direction habituelle, a toujours déjoué mes calculs. Enfin nous verrons!

Cette conversation, que je pus saisir malgré le bruit du canon, car mon poste de timonier me retenait sur la dunette, me donna singulièrement à réfléchir sur notre position.

Il était près de minuit, et le feu continuait toujours avec une ardeur qui, loin de se calmer, semblait au contraire s'accroître, quand un petit épisode, auquel nous n'osions pas nous attendre, vint renforcer encore notre ardeur et stimuler notre enthousiasme. Le vaisseau de la Compagnie amena avec ses couleurs les fanaux qui les éclairaient! Nous venions de remporter une première victoire, et la possession d'un riche et puissant navire allait donc nous récompenser de notre sang versé!

– Embarque les yoliers, dit vivement le capitaine; monsieur Graffin, faites armer vos hommes et allez prendre possession du navire qui s'est rendu.

Un hourra simultané et triomphant, poussé par nous tous, s'éleva vers les cieux en se mêlant joyeusement au bruit du canon, lorsque le maître d'équipage répéta ce commandement.

Comme si cet événement les eût frappés de stupeur, les navires ennemis cessèrent aussitôt le feu, et un silence morne et lugubre remplaça tout à coup le tumulte de la bataille. Seulement cette suspension des hostilités ne nous donnait pas à supposer que les Anglais acceptaient notre triomphe, car leurs couleurs nationales flottaient toujours dans les airs.

Bientôt, au contraire, des signaux partis de la corvette et répétés par les baleiniers, vinrent éveiller en nous de graves inquiétudes sur le sort de l'équipage du canot expédié pour aller amariner la prise : nous pressentîmes une trahison.

– Pourvu qu'aucun malheur n'arrive à ce bon et brave Graffin ! dit le capitaine l'Hermite en s'adressant à son lieutenant en pied et en se faisant l'écho du sentiment qui oppressait l'équipage.

Hélas ! cette crainte était à peine formulée, que la corvette anglaise envoie une bordée entière au vaisseau de la Compagnie, qui, pressé par cet argument sans réplique, hisse de nouveau son pavillon et recommence son feu avec un redoublement d'énergie.

Jamais je n'oublierai l'expression de profonde indignation et de douleur tout à la fois que cet événement amena sur le noble visage de l'Hermite.

– Malheureux Graffin ! murmura-t-il d'une voix tellement pénétrante que j'oubliai un moment les dangers qui me menaçaient pour m'associer tacitement à sa douleur ; malheureux Graffin !

Puis revenant tout de suite au sentiment de la justice et à celui du devoir :

– Il faut, reprit-il, que ce vaisseau ait bien souffert, puisqu'il se rendait ainsi à discrétion. Après tout, ce n'est pas sur lui que doit retomber la honte de la trahison ; c'est sur la corvette qui l'a forcé de manquer à sa parole !... Allons, enfants, continua l'Hermite en élevant la voix et en s'adressant à l'équipage, vous voyez que le vaisseau de la Compagnie a amené son pavillon... encore un peu de patience et nous en aurons bon marché !... Courage, enfants ! pointez en plein bois, toujours en plein bois !...

Tandis que l'Hermite, afin d'en finir avec ce navire, dont la capture définitive pouvait et devait même nous assurer la victoire, ordonnait à notre artillerie de bâbord de diriger exclusivement tout son feu sur lui, une sautée de vent, événement aussi imprévu que fatal pour nous, permettait à la corvette de se placer presque en proue de *la Preneuse*, et de l'accabler d'un pointage d'enfilade auquel nous ne pouvions répondre qu'avec nos quatre canons de chasse.

L'Hermite, sans se laisser distraire de ses projets par ce feu meurtrier, continuait, question pour nous de vie ou de mort, à diriger le feu sur le vaisseau de la Compagnie. Dix fois, en voyant ses batteries se taire graduellement et faiblir, nous crûmes à notre victoire; mais dix fois de nombreuses embarcations lui apportèrent de nouveaux combattants, et son feu recommença toujours.

Jusqu'alors une profonde obscurité, imparfaitement illuminée par les éclairs des canons, avait régné sur la bataille, lorsque la lune parut enfin à l'horizon, et nous montra, à la clarté de ses pâles et tristes rayons, le spectacle de nos tristes désastres! Jamais je n'oublierai l'impression pénible que me causa la vue de ce lugubre tableau!

Manœuvres, poulies, espars, bastingages, voiles, gréements, mâtures, rames et embarcations fracassées par les boulets, jonchaient de leurs éclats le pont, ensanglanté comme s'il eût reçu une averse de sang. Au milieu de ces débris, et confondus avec eux, gisaient plus de quarante matelots les uns morts, les autres blessés.

On profita de la clarté de la lune pour ramasser ces derniers, dont les cris déchirants retentissaient tristement à nos oreilles pendant les intervalles des bordées; quant aux cadavres qui gênaient la circulation et entravaient la manœuvre, on les jeta précipitamment et sans cérémonie par-dessus bord, sans qu'un regret, une prévenance, un adieu les suivissent au fond de la mer. Qui sait si parmi eux il n'y avait pas des cœurs qui battaient encore! Près de moi, sur la dunette, un tout jeune aspirant venait d'avoir le bras enlevé par un boulet de canon. Lorsque le fer meurtrier le frappa, je vis l'aspirant sourire; il n'avait probablement pas senti qu'il était blessé. Je pensai, en voyant ce noble jeune homme, au désespoir de sa famille!... Et moi, me dis-je, mon père me reverra-t-il jamais? A quelles angoisses ne serait-il pas en proie, s'il lui était donné, par une mystérieuse et inexplicable intuition du cœur, de connaître les dangers que je cours en ce moment, d'assister au lugubre spectacle que j'ai devant les yeux!

– Messieurs, dit froidement l'Hermite, qui cachait avec soin les tourments affreux que son noble cœur endurait, messieurs, dit-il à ses officiers réunis autour de lui, si le vent reste encore quelque temps au même point, ce qui n'est que trop probable, il nous faudra forcément abandonner provisoirement le mouillage. Sans le secours de la brise, nous ne pouvons prétendre à aucun succès. Notre devoir est de partir coûte que coûte...

L'Hermite fit une légère pause, puis reprit vivement :

– Partir n'est pas fuir, messieurs, n'est-ce pas? Demain, une fois maîtres du vent, nous reviendrons à la charge suivre mon plan d'attaque, et, je vous le dis, sans crainte que les événements me donnent un démenti, nous réussirons... Au reste, nous n'avons pas à craindre que les navires ennemis s'échouent à la côte plutôt que se rendre; car cette côte est habitée par des tribus féroces qui attendent et espèrent déjà avoir des victimes à égorger... Oui, je vous le répète, ces navires ne nous échapperont pas... Le vent ne change pas... Allons, il faut en finir... mieux vaut tout de suite que plus tard... partons... Monsieur Dalbarade, annoncez ma résolution à l'équipage, et envoyez les gabiers préparer le gréement pour l'appareillage.

L'Hermite achevait de donner cet ordre, lorsqu'une embarcation, celle qu'il avait envoyée pour amariner le vaisseau de la Compagnie, accosta la frégate : en deux bonds, M. Graffin fut sur le pont.

– Ah! Graffin, vous voilà! s'écria l'Hermite avec une émotion d'autant plus vraie que personne mieux que lui ne savait se maîtriser. Eh bien, j'en suis bien aise, je vous croyais..., ajouta-t-il froidement.

– On ne se laisse pas... comme cela par les Anglais, capitaine, lui répondit en souriant M. Graffin, qui, joignant une force d'âme peu commune à un courage brillant et chevaleresque s'il en fut, conservait toujours, au milieu des plus grands dangers, l'aimable gaieté de son caractère égal et enjoué.

La superstition est une chose commune à tous les grands hommes qui, comprenant la faillibilité de l'esprit humain, se jettent parfois, dans des heures de découragement ou de doute, dans les bras du hasard; personne plus que le marin n'est sujet à cette mystérieuse influence : je remarquai donc que le retour de l'enseigne Graffin rendit à l'Hermite la confiance qu'il affectait par une noble ruse devant les autres, mais qui probablement n'était pas dans son cœur.

L'Hermite, l'air presque radieux, passait en se promenant sur la dunette près de moi, lorsque je le vis tout à coup pâlir affreusement, porter la main sur son cœur et s'appuyer sur le bastingage : un frisson glissa le long de son corps et je pressentis qu'un affreux malheur nous menaçait, car je connaissais assez l'Hermite pour savoir qu'un danger personnel, quelque terrible qu'il pût être, était incapable de lui causer la moindre émotion. Hélas! je n'avais deviné que trop juste; je ne me trompais pas.

L'émotion éprouvée par l'Hermite ne fut pas de longue durée : il possédait une âme trop fortement trempée pour ne savoir pas se vaincre lui-même :

– Dalbarade, dit-il d'une voix ferme et tranquille.

Cet officier s'empressa de se rendre à cet appel, et l'Hermite se penchant à son oreille allait lui parler, quand un boulet de canon coupa notre embossure, qui tomba dans la mer avec bruit.

– Voici qui complète notre position, murmura l'Hermite d'un ton dégagé et comme si cet événement lui était tout à fait indifférent.

Cependant la frégate, privée par ce malheur de la dernière ressource qui la maintenait dans une position tenable, céda aussitôt à l'impulsion de la marée et dérivant, entraînée par le courant, elle vint présenter, à petite portée, son flanc déjà si déchiré à l'artillerie du fort anglais.

Ce funeste contretemps n'amena pas un pli sur le front de l'Hermite, mais je compris qu'il devait lui déchirer le cœur.

– Il est hors de doute, dit-il en s'adressant à ses officiers d'une voix calme et qui ne décelait aucune émotion, que la chance se déclare en faveur des Anglais. La marée commence à perdre, et il ne nous reste plus qu'à partir au plus vite. Stimulez les gabiers, messieurs, les moments sont précieux.

Pendant que les officiers s'éloignent pour faire exécuter cet ordre, le capitaine retient près de lui le lieutenant en pied et l'enseigne Graffin.

– Messieurs, leur dit-il vivement et en leur présentant la main, montez sur ce coffre d'armes et regardez si vous n'apercevez rien d'extraordinaire dans la ligne du vent...

– Capitaine, reprend bientôt le lieutenant Dalbarade en retirant sa longue-vue de devant ses yeux, je crois voir, à travers les éclaircies de fumée, un gros point noir qui s'avance vers nous... Un navire sans doute...

– Et vous, Graffin? reprit l'Hermite.

– Moi, capitaine, dit l'enseigne en sautant légèrement sur le capot de l'escalier, j'ai tout bonnement aperçu un brûlot que des chaloupes anglaises remorquent vers nous... Rien de plus...

– Un brûlot! répéta Dalbarade en pâlissant à son tour.

– Oui, monsieur, un brûlot, dit l'Hermite à voix basse... Graffin ne s'est pas trompé... A présent, que personne ne se doute du terrible danger qui nous menace... Car, vous le savez, messieurs, la vue d'un brûlot suffit pour démoraliser et abattre l'équipage le plus brave... Cette épouvantable et lâche invention est la terreur du matelot... Comprenez-vous combien il est temps pour nous de partir?

L'Hermite se retournant alors m'aperçut près de lui :

– Monsieur Garneray, me dit-il en appuyant avec une certaine affectation sur le mot de monsieur, je compte également sur votre discrétion...

Je m'inclinai profondément, mais, hélas! cette recommandation de l'Hermite était superflue; presque au même moment la voix émue d'un gabier annonçait l'apparition du vaisseau incendiaire, et jetait à bord de la frégate l'épouvante et le découragement.

– Ce n'est rien, enfants, s'écrie l'Hermite d'un ton d'indifférence admirablement joué et en s'élançant parmi l'équipage, c'est tout bonnement un de nos ennemis qui a pris feu et qu'on remorque au large.

Cet indispensable mensonge du capitaine ramena un peu de confiance sur la frégate, et permit pendant un moment de pousser avec vigueur les travaux nécessaires à notre fuite; mais bientôt, hélas! le doute ne fut plus possible. Le brûlot avançait à vue d'œil, et on distinguait, à travers la fumée produite par nos canons, qui tiraient toujours avec la même énergie, la flamme qui déjà s'élançait rouge et ardente à travers les écoutilles du navire incendiaire.

Un quart d'heure lui suffisait pour nous accrocher. L'Hermite, renonçant alors à tromper plus longtemps l'équipage, prit cette voix de commandement qui retentissait claire, calme et vibrante à travers le bruit du canon, et à laquelle il était difficile de ne pas obéir :

– Range aux drisses des huniers et aux écoutes! dit-il. Allons donc, gabiers, dormez-vous, ou avez-vous peur?

Hélas! ces pauvres gabiers, suffoqués à leurs postes, avaient mille peines à communiquer entre eux. Pourtant le chef de la hune de misaine annonça bientôt que tout était prêt de ce côté.

– Eh bien! gabiers de la grande hune, reprend l'Hermite en les hélant avec une impatience qu'il n'est pas maître de cacher, on n'attend plus que vous...

– Tout de suite, capitaine! répondent les malheureux à moitié asphyxiés.

– Au fait, rien ne presse! dit l'Hermite qui, sachant que tous les yeux de l'équipage sont tournés vers lui, se met à se promener tranquillement, les mains derrière le dos, de long en large sur le pont. La direction donnée à ce brûlot est mauvaise... Il passera, cela est évident, assez loin de notre bord pour ne pas nous accrocher...

Notre capitaine pouvait certes commander l'appareillage quel que fût l'état du gréement; mais cette fuite honteuse qui dévoilait notre détresse à l'ennemi froissait péniblement le noble amour-propre de l'Hermite.

Enfin le brûlot est presque bord à bord avec la frégate; l'hésitation n'est plus possible, elle deviendrait un crime.

– Hors le petit foc! s'écrie enfin l'Hermite d'une voix que la colère fait trembler, coupe le câble, borde et hisse les huniers!

Aussitôt la frégate, dégagée de ses liens et obéissant à l'impulsion du vent, à l'action de la marée et à ses voiles en lambeaux, précipitée subitement du haut des vergues, glisse et s'échappe sur la pleine mer.

A peine quelques minutes s'étaient-elles écoulées depuis l'appareillage, qu'une détonation épouvantable, sans nom, fit trembler *la Preneuse* et éclaira d'une immense et éblouissante gerbe de flammes la scène de carnage que nous venions de quitter à temps.

Peu après, d'épaisses ténèbres remplacèrent cette éclatante catastrophe, et nous enveloppèrent de leurs ombres. Nous nous hâtâmes de forcer les voiles, afin que l'ennemi, au jour naissant qui allait bientôt paraître, ne pût jouir de la vue des graves avaries que nous avions éprouvées. Quoique l'équipage fût accablé de fatigue, il n'en resta pas moins debout jusqu'au lendemain matin, occupé à enverguer de nouvelles voiles, jumeler les bas mâts et les vergues, étancher les nombreuses voies d'eau de la carène et à raccommoder les embarcations; ce travail, rendu extrêmement dangereux par les poulies et les débris de la mâture, par les cordages rompus qui cédaient à chaque instant sous les efforts des haleurs et blessaient beaucoup de monde, n'en fut pas moins terminé tout d'un trait.

Nous espérions qu'au moins une belle journée et un vent

favorable nous récompenseraient de nos pertes et de nos fatigues, en nous permettant de prendre notre revanche; mais il était dit que rien ne nous réussirait dans cette fatale croisière. La brise, ce qui était contre toutes les probabilités, au lieu de s'éteindre par degré dans le calme, passa tout à coup et violemment de l'O. au S.

A peine le jour paraissait-il à l'horizon, qu'une énorme masse de nuages de couleur ardoisée, frangée de pourpre et paraissant solide comme une chaîne de montagnes rocheuses, s'interposant entre le soleil et nous, nous rendit presque les ténèbres de la nuit. Bientôt la mer, devenue furieuse, éleva en bouillonnant ses montagnes mobiles couvertes d'écume, et la tempête commença.

J'ai bien souvent assisté aux catastrophes et aux révolutions de la nature, mais jamais je n'ai vu un ouragan plus violent que celui-là. Un moment la frégate fut engagée; nous nous crûmes perdus.

Heureusement qu'au milieu de cette épouvantable position, la voix calme et grave de l'Hermite s'éleva, dominant le bruit des flots, et nous rappela tous au sentiment du devoir.

– Du courage et du silence, mes enfants, nous dit-il, la barre du gouvernail ayant été mise de bonne heure au vent, rien n'est encore désespéré!

En effet la frégate, après avoir été plusieurs fois alternativement lancée du haut du sommet des vagues jusque dans les dernières profondeurs de leurs abîmes, reprit enfin son équilibre et recouvra son sillage. Nous avions tous été aussi près que possible de notre dernière heure. Toutefois rien ne nous assurait que cette catastrophe affreuse à laquelle nous venions d'échapper comme par miracle ne se renouvellerait pas, et toutes les poitrines étaient oppressées.

Dans l'impossibilité où se trouvait la frégate, enveloppée dans une pareille tempête, de continuer à prêter le côté au vent, l'Hermite dut se résigner, notre salut commun exigeait impérieusement ce sacrifice, à orienter vent en arrière, et à abandonner à tout jamais, en fuyant devant le vent, ces funestes parages, et l'espoir de la revanche que nous espérions reprendre dans la baie de Lagoa.

Toutefois, ce changement d'allure laisse le danger exister en entier pour nous; d'un instant à l'autre *la Preneuse* peut se trouver encore engagée, et il n'est, certes, pas probable qu'un second miracle nous sauverait.

L'Hermite, réfléchi et pensif, étudie, avec cette expérience profonde qu'il possède au dernier point, les allures et les mystères de la tempête; enfin, il semble s'arrêter à un parti. Tous les regards sont tournés vers lui; et si dans ces regards se lit l'anxiété que nous cause notre position à peu près désespérée, on y voit aussi briller la confiance inébranlable qu'il nous inspire. Les plus minutieuses précautions sont prises; déjà les charpentiers, les haches à la main, n'attendent plus qu'un seul mot pour couper le mât d'artimon et même le grand mât; un silence solennel et profond, troublé seulement par les fureurs de la nature, règne sur toute la frégate.

L'Hermite enjambe quelques enfléchures des haubans d'artimon, et, les yeux fixés comme ceux d'un aigle vers le foyer de l'ouragan, qu'il interroge, il s'isole, par la force de sa pensée, de toute préoccupation qui pourrait troubler sa méditation.

Tout à coup ses traits resplendissent d'inspiration, et pendant un de ces intervalles où la tempête s'arrête, comme pour mieux prendre ensuite son élan, la voix de notre intrépide capitaine retentit claire et vibrante d'un bout à l'autre de la frégate.

– Hale bas le foc d'artimon, la pouillouse, amure misaine et laisse arriver!

Un silence de mort accueillit l'ordre de cette périlleuse manœuvre. Cette fois est la première, depuis qu'il commande, que l'Hermite voit hésiter son équipage; un nuage passe sur son front. Mais bientôt les hommes, comme s'ils étaient honteux d'avoir pu mettre un seul moment en doute la supériorité de leur capitaine, rachètent cette seconde de faiblesse par une obéissance pleine d'enthousiasme : la manœuvre est exécutée en un clin d'œil.

Aussitôt la frégate cesse d'hésiter : vaincue d'abord par la puissance de ses voiles et de son gouvernail, bouleversée ensuite circulairement à travers l'abîme, elle parvient enfin à se redresser, à reprendre le vent en poupe, et prévient ainsi, par la rapidité de sa marche, la fureur des éléments déchaînés contre elle.

Après cette évolution, le vaisseau n'ayant plus qu'à fuir vent arrière au gré de l'ouragan, chacun put s'orienter sur le tillac, à sa guise, pour prendre un moment de repos.

– Comment gouverne le navire? demanda, après quelques minutes, le capitaine l'Hermite au lieutenant Fabre.

– Bien mal, commandant! Nous ne pouvons parvenir, malgré nos efforts, à conserver la frégate vent arrière; il est à craindre qu'elle ne passe par-dessus la barre.

– C'est là justement ce que je craignais... Que voulez-vous? La faute en est à *la Preneuse* qui ne marche pas. Cependant on ne peut établir plus de voiles sur l'avant sans compromettre la sûreté du mât de misaine. Voyons, essayons de parer à cet inconvénient en filant un câble à l'eau sur l'arrière.

On se mit aussitôt à l'œuvre, et l'expédient réussit, en effet, au mieux.

Une fois cette installation exécutée et le navire hors de danger, l'Hermite, n'étant plus excité par l'émotion de la lutte, fut s'asseoir près de la poupe, afin de pouvoir, probablement, s'abandonner sans contrainte à l'amertume de ses pensées.

A chaque coup de mer qui ensevelissait la frégate sous une masse d'écume, je le voyais tressaillir de douleur. A plusieurs reprises, je l'entendis même répéter à haute voix : « Il n'y a pourtant pas de ma faute; j'ai fait ce que j'ai pu... Mais cinquante hommes hors de combat!... le navire abîmé... N'importe, j'ai rempli mon devoir... »

De leur côté les officiers, réunis à une certaine distance de lui, n'osaient interrompre ses sombres réflexions, et détournaient leurs regards du sien quand il se dirigeait vers eux. Il y avait, pourquoi ne pas l'avouer, presque un reproche tacite dans leur contenance. Après tout, ils avaient tant souffert qu'un peu d'injustice leur était presque permis.

Cette muette et pénible scène de pantomime durait depuis près d'une demi-heure, lorsque l'enseigne Graffin s'en fut droit au capitaine, et, le saluant profondément, s'arrêta immobile devant lui.

– Que voulez-vous, monsieur Graffin? lui dit l'Hermite.

– Rien, capitaine; je croyais que vous m'aviez fait l'honneur de m'appeler par un signe de tête, voilà tout... Il paraît que je me suis trompé... eh bien, tant pis!...

– Pourquoi cela, tant pis! Graffin?

– Parce que, capitaine, si vous m'aviez appelé j'aurais probablement pu trouver le moyen de vous exprimer, imparfaitement sans doute, mais au moins avec l'accent du cœur, l'admiration que nous ressentons tous, nous autres officiers, pour votre admirable conduite... et le juste orgueil que nous éprouvons de servir sous un chef tel que vous...

– Mais, Graffin, répondit l'Hermite en accompagnant ses paroles d'un signe de tête plein de doute et de mélancolie tout à la fois, vous n'aviez pas besoin de mon appel pour venir me dire ces bonnes paroles...

– Pardon, capitaine, vous oubliez que le devoir ne me permettait pas de vous adresser le premier la parole... Oh! sans cela... tenez, capitaine, voilà une demi-heure que je combats contre mon cœur en faveur de la discipline.. Eh bien! puisque vous êtes si bon pour moi, je me risque, et je vous avouerai tout... La discipline a été complètement vaincue, et je sais bien que vous ne m'avez pas appelé... Si j'ai saisi ce prétexte... c'est que je n'en pouvais plus...

L'Hermite, attendri par l'émotion qui faisait trembler

la voix du noble jeune homme, lui prit la main et la lui serra longtemps sans prononcer une parole. Son grade l'empêchait d'exprimer les sentiments qui l'agitaient, et il devait se contenter de les laisser deviner.

– Venez avec moi, Graffin, lui dit-il après quelques secondes de réflexion; pour l'honneur de l'uniforme français, je veux et je dois croire aux sentiments que vous prêtez à ces messieurs.

L'Hermite, se dirigeant résolument vers l'endroit où se tenaient les officiers, les aborda franchement en leur tendant la main, que ces derniers saisirent avec autant d'empressement que de respect.

– Mes amis, leur dit-il, je conçois et je partage votre tristesse... croyez que je ferai tout ce qui sera en mon pouvoir pour vous la faire oublier. D'abord, je dois vous remercier tous de l'énergique et vaillante coopération que vous m'avez prêtée pendant le combat et pendant la tempête. Vous avez été ce que vous deviez être... dignes de l'uniforme que vous avez l'honneur de porter. Quant à vos rêves perdus, évanouis, ne désespérez pas encore... les richesses, qu'une fatalité persévérante et inexorable nous a contraints d'abandonner dans la baie de Lagoa, peuvent se retrouver ailleurs. Mon intention est d'aller maintenant croiser sur le banc des Aiguilles, cette route obligée des navigateurs de l'Inde... Une bonne rencontre vous suffira peut-être pour vous dédommager complètement du revers que nous avons subi... Cela est plus que probable... Vous rattraperez ces parts de prise dont la perte vous afflige, et vous serez consolés... Mais moi, messieurs, qui me consolera jamais d'avoir fait mettre, sans utilité, cinquante hommes hors de combat?

Pendant trois jours et trois nuits, la tempête continua avec la même violence; enfin, ce temps écoulé, elle diminua d'intensité, et nous permit de goûter un peu de ce repos dont nous étions privés depuis si longtemps et dont nous avions tant besoin.

VIII

Rencontre du Jupiter
Chasse – Combat – Victoire – Le scorbut
Comment on fait de l'aquarelle sans le savoir
Retour à Maurice

Nous nous trouvions, vers les cinq heures du soir (au moment où l'on allait servir la soupe à l'équipage), à la cape, et sous la menace d'un redoublement de mauvais temps, car nous avions alors atteint les dangereux parages du banc des 8 Aiguilles, lorsque l'aspirant chargé du coup d'œil du soir envoya un gabier de misaine, ne pouvant faire entendre lui-même sa voix à cause du rugissement de la tempête, prévenir l'officier de quart qu'il voyait un navire, au vent à nous, par le bossoir de tribord. Aussitôt des matelots sont échelonnés sur la mâture pour transmettre, télégraphe vivant, les paroles qui vont s'échanger.

– Comment court-il ? demanda l'Hermite, que l'on a été prévenir.

– Il gouverne bâbord amure pour nous accoster au vent en dépendant ! répond l'enseigne Graffin, qui s'était empressé, à la nouvelle de l'approche d'un navire, de monter sur les barres du petit perroquet.

– Gouvernons-nous bien à sa rencontre ?

– Un peu sous le vent, commandant.

– Est-il loin ?

– Non, commandant, on voit son bois lorsqu'il s'élève sur la lame.

– Quelle est sa voilure?

– Il est sous ses huniers, les ris pris, et sa misaine.

– Paraît-il gros?

– Tellement gros, que ce doit être un vaisseau de guerre! répond l'enseigne d'une voix joyeuse et accentuée, qui domine le bruit de la tempête.

Cette annonce, on le devine, produisit une vive impression sur l'équipage.

– Monsieur Fabre, poursuivit le capitaine l'Hermite en s'adressant à l'officier de manœuvre, faites gouverner à la rencontre de ce navire... Très bien!... Tiens bon le souper de l'équipage! Branle-bas général de combat! Passe les manœuvres de combat, et bosse partout!... En haut, largue le petit hunier et le perroquet de fougue!... N'arrivons pas, timonier!

La violence de la tempête et le manque de monde, car nous avions perdu près de cinquante hommes, y compris les blessés, à l'affaire de la baie de Lagoa, rendaient très difficile l'exécution de ces ordres, qui se succédaient avec tant de rapidité; toutefois, l'enthousiasme qui régnait à bord suppléait à la diminution de nos forces, et en un instant les canons furent préparés, les boutefeux allumés, l'enseigne de poupe et les pavillons apprêtés.

Quant à *la Preneuse*, grâce au surcroît de voilures tombées du haut de ses vergues, elle s'élança en ouvrant avec sa proue un large croissant d'écume au milieu des flots.

Bientôt nous pûmes apercevoir le vaisseau ennemi du haut de nos bastingages; un grand silence se fit.

Dans leur course rapide, et voguant à contre-bord, les deux navires se rapprochaient l'un de l'autre à vue d'œil; bientôt ils se croisent : mais le vaisseau ennemi, courant alors grand largue, et se trouvant à mi-portée de canon de nous, laisse arriver, dès qu'il a atteint notre arrière, et vire de bord, lof pour lof, afin de prendre nos amures en nous accostant au vent.

– Vraiment, messieurs, dit l'Hermite en voyant cette évolution, nous ne pouvons refuser de reconnaître à ce navire, quelque amour que nous portions à *la Preneuse*, une marche bien supérieure à celle de la frégate!

Au reste, le doute n'était plus possible : c'était un vaisseau de guerre que nous avions par notre travers; restait à reconnaître sa nationalité.

La tempête, en ce moment, comme si elle eût voulu s'associer par ses fureurs à la scène de carnage qui probablement allait avoir lieu, redoubla de violence. C'eût été un spectacle bien saisissant pour un habitant des villes, que ces deux navires secoués par une mer déchaînée, et qui oublient les dangers dont elle les menace pour ne songer qu'à s'attaquer et à se détruire.

Vingt fois des vagues énormes et irrésistibles nous rapprochèrent à une si petite distance de l'ennemi que nous crûmes à un abordage : si nos prévisions se fussent réalisées, notre perte et la sienne eussent été simultanées et communes; pas un seul homme n'eût probablement survécu pour raconter cette catastrophe.

Enfin, l'Hermite profita d'une demi-éclaircie du temps pour opérer la reconnaissance.

– Hissez notre numéro, dit-il.

Et le numéro monta à la corne.

– A présent, attention.

En effet, à peine le capitaine achevait-il de prononcer ce dernier mot qu'un éclair brilla et qu'une détonation retentit : c'était un coup de canon à boulet que nous adressait ce vaisseau pour assurer ses couleurs anglaises.

Le silence qui régnait déjà à bord redoubla alors, si je puis me servir de cette expression, d'intensité; on n'entendit plus que le bruit sourd des canons retombant lourdement sur le tillac à chaque coup d'anspect nécessité pour le pointage.

– Amène le numéro, hisse le pavillon, et feu partout, s'écria l'Hermite.

Nous nous trouvions si rapprochés de l'anglais que son commandement arriva également à nos oreilles; par un singulier hasard, les deux capitaines prononcèrent le mot *Feu!* en même temps.

Les deux bordées éclatèrent comme un seul coup de tonnerre.

Il paraît que la fatalité qui depuis cinq jours semblait s'acharner après nous n'était pas encore satisfaite de nos désastres; car, bien que nous eussions tiré du côté du vent, la mer embarqua en pleins sabords.

Ce malheur nous démontra jusqu'à l'évidence qu'il y avait impossibilité matérielle à continuer l'action de la batterie.

– Qu'on hale les pièces dedans et qu'on les recharge, dit l'Hermite de cette voix calme et tranquille qui était sa voix de combat. – Vous, monsieur Fabre, poursuivit-il, faites larguer les trois ris de chacun des huniers, et orientez à deux quarts de largue, sous les voiles majeures, la brigantine, la grande voile d'étai et le grand foc!... Quel malheur! mon cher Graffin, continua-t-il en s'adressant à cet enseigne, son favori, d'avoir sous les pieds un navire mauvais marcheur!... Enfin, j'espère que sous cette nouvelle allure, qui lui est la plus favorable, *la Preneuse* pourra se soustraire... n'ayez pas cet air désespéré, monsieur Graffin... se soustraire, hélas! *momentanément*, entendez-vous, à la poursuite de l'anglais... Car ce serait folie, vraiment, d'engager le combat avec seulement nos canons de gaillard contre ceux de la batterie haute et des gaillards de notre ennemi.

La chasse commencée, le même silence continua de régner parmi notre équipage; on ne prononçait pas un mot qui ne fût strictement nécessaire à l'exécution des ordres donnés par le capitaine. Dès que nous eûmes établi six voiles de plus que notre adversaire, nous le dépassâmes promptement malgré la supériorité de sa marche.

– Il faut espérer, capitaine, dit M. Dalbarade, que si *la Preneuse* continue à se comporter aussi bien, elle finira par échapper à l'anglais.

L'Hermite ne répondit à cette observation, faite en guise de question, que par un mouvement de tête exprimant, sinon une négation, du moins un doute complet.

– Je crois que vous vous trompez, monsieur Dalbarade, s'écria vivement l'enseigne Graffin, si l'anglais ne nous rejoint pas c'est qu'il ne trouve probablement pas le moment propice pour engager le combat avec des chances certaines de succès... Mais soyez bien persuadé qu'il nous regarde comme sa proie... Après tout, on a vu des Anglais se tromper! ajouta M. Graffin en souriant d'un air joyeux.

Une des qualités, ou, pour être plus exact, la qualité essentielle de *la Preneuse* était celle de bien porter la voile; aussi le capitaine profita-t-il, autant qu'il put, de cet avantage pour l'en surcharger. Bientôt le navire, couché sur le flanc de bâbord, laboura la mer, de bout en bout de sa longueur, avec ses canons de gaillard. Nos mâts courbés outre mesure menaçaient de se rompre à chaque tangage. Le froissement des agrès, le sifflement aigu du vent à travers les cordages, le grincement d'un grand nombre de pièces de la carène, mises en jeu par l'agitation du navire, enfin le craquement des affûts des canons que l'on s'efforçait de fixer au milieu du tillac, formaient un discordant et sinistre concert rendu plus triste encore par un crépuscule presque aussi sombre que la nuit.

Pour surcroît d'ennui, les blessures mal bouchées de la carène, malheureux souvenirs de la baie de Lagoa, laissaient pénétrer la mer dans la cale et nécessitaient constamment l'emploi des quatre pompes. Ce travail, aussi pénible qu'indispensable, achevait de briser l'équipage déjà accablé de fatigue; mais personne ne songeait à se plaindre, il s'agissait du salut commun.

Ce fut à ce moment que le médecin du bord vint trouver l'Hermite, qui se promenait sur la dunette.

– Capitaine, lui dit-il d'une voix émue, si vous ne changez pas l'allure du navire, je ne puis plus répondre d'un seul de mes blessés... leur position est atroce; jetés à chaque instant hors de leurs couchettes par les secousses de la frégate, ils roulent d'un bord à l'autre de l'entre-pont, dans d'épouvantables souffrances; plusieurs sont déjà morts.

– Assez, docteur, assez, s'écria l'Hermite en l'interrompant d'un ton de douleur profonde. Ne me déchirez pas ainsi inutilement le cœur, et n'affaiblissez pas mon courage! Dieu qui m'entend et voit clair dans mon âme, sait que je n'hésiterais pas à sacrifier ma vie, s'il le fallait, pour sauver ces malheureux... mais à bord de *la Preneuse*, en ce moment, je ne puis être un homme... je dois rester capitaine...

Le docteur, habitué au service et connaissant l'Hermite, s'inclina devant lui et s'éloigna sans répondre; il s'attendait, sans nul doute, au refus qui accueillit sa prière, mais il avait dû, lui aussi, obéir à ce que son devoir lui ordonnait de faire.

Soit que le vaisseau anglais comptât sur sa marche supérieure, soit que, pour ne pas s'exposer à des avaries, il fût déterminé à ne pas augmenter sa voilure tant qu'il nous tiendrait en vue, toujours est-il qu'il se laissait tellement gagner de vitesse par *la Preneuse*, que l'équipage commençait déjà à concevoir l'espoir de lui échapper. La bourrasque s'était un peu calmée.

Le capitaine, entouré de ses officiers, s'entretenait avec eux de notre position. Si par instant il s'associait à leur espérance, c'était avec un tel accent de doute, que son approbation équivalait presque à une négation formelle.

– Au surplus, messieurs, leur dit-il enfin, mes instructions s'opposent formellement à ce que j'attaque à forces inférieures!... me le permettraient-elles, que j'hésiterais peut-être en ce moment... Oui, j'hésiterais... car ce vaisseau se trouve près de son port, tandis que plusieurs centaines de lieues nous séparent de l'île de France...

Oui, mais fuir une seconde fois, fuir toujours dans cette croisière... C'est affreux! Ah! s'écria-t-il après un léger silence et en écartant par un geste de tête saccadé et nerveux les boucles de sa chevelure blonde que le vent ramenait sans cesse devant ses yeux, je sens que si j'avais ma liberté d'action, mon amour-propre blessé de Français et de marin me ferait oublier toute prudence... Oh! pour deux heures de combat je donnerais dix ans de ma vie...

L'Hermite, après avoir prononcé ces paroles avec une ardeur concentrée, tira de sa poche un papier plié qu'il avait paru chercher avec impatience et inquiétude; il le lut à la lumière de l'habitacle, et le resserra ensuite soigneusement :

– Capitaine, dit le lieutenant Rivière en abaissant sa longue-vue, je n'aperçois plus l'anglais.

Aussitôt tous les yeux, toutes les longues-vues de nuit se dirigèrent vers le point de la boussole qui excitait nos alarmes : le vaisseau anglais avait disparu!

Une fois que ce fait fut bien constaté, à l'unanimité, par tous les officiers, le capitaine ordonna de laisser arriver vent arrière, pour faire fausse route, et de paqueter, tant bien que mal, les voiles au plus vite.

L'obscurité qui nous enveloppait alors était si profonde, que nous ne pouvions presque plus distinguer le faîte de notre mâture; or, il était bien permis de croire que si nous n'apercevions plus l'ennemi, quoiqu'il eût ses huniers établis et qu'il nous présentât le travers, à plus forte raison la frégate, mise alors à sec de voiles et placée de bout, était devenue pour lui invisible. L'espoir commença à rentrer dans le cœur de l'équipage.

Néanmoins, et en dépit de toutes les chances favorables, à un mouvement de tête que fit l'Hermite en descendant de la dunette et à un singulier regard qu'il jeta du côté où devait se trouver l'ennemi, je restai convaincu, tant j'avais confiance dans l'infaillibilité de notre commandant, que nous n'étions nullement hors d'affaire.

Dcux heures étaient sonnées depuis près de vingt minutes, lorsque la lune, dissipant les vapeurs lointaines de l'Est, se montra radieuse. Tous les regards se tournèrent spontanément vers l'ennemi, et toutes les bouches laissèrent échapper une expression de joie en ne le voyant plus à l'horizon. Presque au même instant, l'Hermite, placé en observation avec son lieutenant en pied, près du couronnement, appela l'officier de manœuvre.

– Comme je m'y attendais, monsieur Fabre, dit-il tranquillement, la lune nous a trahis. Voyez, le vaisseau nous chasse encore dans notre fausse route!

– Hélas! c'est vrai, commandant! Il a le cap sur nous et il conserve toujours la même voilure qu'au commencement de la chasse! Je parierais qu'il n'a pas perdu un seul détail de notre manœuvre.

– Allons, dit l'Hermite en s'avançant à grands pas vers le bord intérieur de la dunette, orientez sous la même allure que précédemment.

Il fallait être, comme l'était l'Hermite, un sublime esclave du devoir, pour oser reprendre cette allure; car l'énorme poids de la voilure forçait si puissamment la frégate à chaque tangage, sa proue était submergée à une hauteur si effrayante, son gouvernail perdait tellement de son action, que nous nous trouvions exposés à un danger imminent.

Tout le monde à bord faisait à part soi ces tristes réflexions, quand un effroyable craquement dans la mâture vint suspendre les travaux de l'équipage. Les gabiers s'empressèrent d'abandonner leurs postes.

– C'est le bout-dehors de misaine qui est cassé! héla tout de suite le lieutenant en pied.

– Y a-t-il des hommes atteints? demanda vivement l'Hermite.

– Non, capitaine, personne.

– Alors ce n'est rien, rentrez la bonnette.

En ce moment, l'espar brisé, obéissant au battement répété de la bonnette, blessa plusieurs travailleurs et s'en fut déchirer la misaine. Un mouvement de confusion, presque d'épouvante, suivit ce malheur; mais à la voix si puissante sur lui de l'Hermite, l'équipage retrouve bientôt son zèle et son sang-froid : en moins d'une heure et demie, la voile arrachée de sa vergue est remplacée et active de nouveau la marche de la frégate.

Pendant le cours des travaux nécessités par ces avaries – il était alors trois heures et demie –, la tourmente s'était apaisée; le navire, remis un peu en équilibre, fatiguait moins et gouvernait mieux.

L'équipage, libre de son temps, examinait avec une anxieuse attention notre chasseur, dont la voilure, éclairée à pic à son sommet, par la lune approchant du zénith, prenait de loin l'aspect d'un immense glaçon couvert de neige.

L'Hermite, voyant *la Preneuse* en bonne position, et n'ayant plus à s'inquiéter de la manœuvre, invite les officiers et l'équipage à profiter de l'intervalle qui les sépare encore de l'heure du combat pour prendre un peu de repos. Des surveillants sont placés aux drisses et aux écoutes, et il reste seul sur le pont avec son lieutenant en pied Dalbarade.

Assez longtemps, absorbés tous les deux par leurs pensées, ils se promènent sans prononcer une parole : enfin M. Dalbarade, dont le caractère violent, tyrannique même, avait parfois besoin d'une victime, rompt le silence en s'adressant à un quartier-maître :

– Éveillez-moi cette carogne à grands coups de corde, s'écria-t-il en lui désignant un malheureux matelot qui, chargé de surveiller la drisse du grand perroquet, avait cédé au sommeil irrésistible produit par la fatigue, et s'était assoupi.

– Arrêtez, dit l'Hermite, je vais réveiller moi-même cet homme.

Le capitaine, se penchant alors vers le coupable, appuya doucement sa main sur son épaule : celui-ci ouvrit tout de suite les yeux.

– Mon ami, lui dit l'Hermite, je ne pourrai donc plus avoir désormais confiance en toi!... Comment, tu dors!... et l'ennemi est là... Laisse là ton poste, puisque tu n'as pas assez de courage pour faire céder ta fatigue au devoir... et va-t'en.

– Capitaine, dit le matelot ému de la bonté de son commandant et en joignant ses mains par un mouvement naturel et irréfléchi, plein de désespoir et de prières, je suis dans mon tort... mais, voyez-vous, je ne sais pas comment ça s'est fait... enfin, laissez-moi à mon poste, je vous en prie... et si je me rendors, eh bien, qu'on me fusille!

– Je veux bien te pardonner cette fois; mais souviens-t'en.

– Ah! capitaine, si jamais je...

Le matelot, embarrassé probablement pour achever sa phrase, se donna un énorme coup de poing sur la tête et se tut : ce coup de poing valait plus qu'un long discours.

– Lieutenant Dalbarade, reprit l'Hermite sans songer probablement que je me trouvais derrière lui à la barre et que je l'écoutais, vous êtes trop dur envers l'équipage... Je ne veux pas attribuer votre conduite à un caractère cruel, et j'aime mieux la rejeter sur l'excès de zèle que vous déployez dans l'accomplissement de vos devoirs! Mais, croyez-moi, le premier devoir d'un chef est d'abord de se faire aimer de ses subordonnés, car c'est seulement au moyen de cet attachement qu'il peut obtenir d'eux ce dévouement qui rend l'impossible possible et permet d'accomplir de grandes choses.

M. Dalbarade ne répondit pas; mais, à la façon dont il

se pinça ses lèvres, je compris que la remontrance du capitaine était inutile et perdue [1].

La lune disparut bientôt pour faire place à l'aube du jour; il était alors près de cinq heures.

L'Hermite, exténué de fatigue, s'était assis sur l'affût d'un obusier; tantôt, il examinait avec inquiétude la mâture de la frégate, pliant comme un roseau sous l'effort des voiles, actuellement toutes établies; parfois il jetait un regard sur le vaisseau anglais, qu'il apercevait à chaque tangage par les fenêtres de la dunette, puis il retombait ensuite dans ses réflexions; enfin, vaincu par la nature, il appuya sa tête sur sa main et finit par s'endormir.

Midi sonnait, et l'ennemi ne se trouvait plus qu'à une portée de canon sur notre arrière. L'équipage, respectant le sommeil de son capitaine, avait observé, en opérant les préparatifs du combat, un profond silence, lorsque l'Hermite, comme si un pressentiment l'eût averti que l'heure solennelle du combat allait sonner, ouvrit tout à coup les yeux et d'un bond se mit sur pied.

Son premier regard fut pour le vaisseau ennemi : en le voyant si près de la frégate, un sourire joyeux s'épanouit sur son visage : peut-être voulait-il inspirer de la confiance à l'équipage, peut-être aussi, et cette supposition est tout à fait en rapport avec son caractère, éprouvait-il une joie sincère en pensant qu'il lui allait être enfin permis tout en obéissant à ses instructions, de couvrir notre fuite prolongée d'un peu de gloire. Il fit appeler ses officiers sur la dunette et leur communiqua son intention de passer avec eux une revue de l'équipage. Ce projet fut aussitôt mis à exécution.

Les vides qu'il remarqua dans plusieurs postes importants l'attristèrent d'abord en lui rappelant nos désastres de la baie de Lagoa. L'Hermite était peut-être le capitaine

1. En effet, M. Dalbarade fut assassiné, quelques années plus tard, par un soldat qui croyait avoir à se plaindre de lui.

qui exposait le plus impitoyablement ses hommes pendant le combat, mais l'action terminée, son devoir accompli, il ressentait l'affliction profonde d'un bon père de famille frappé dans ses enfants.

Pendant l'inspection, il expliqua minutieusement aux canonniers la manière dont il voulait que l'artillerie fût servie; puis trouvant dans son cœur et dans la connaissance qu'il possédait de son équipage de ces à-propos qui, dans la bouche d'un chef, enflamment ou soutiennent les esprits, il ne remonta sur le pont qu'après avoir fait passer dans l'âme de tous l'enthousiasme dont il était lui-même animé.

Cette revue – imposante et paternelle tout à la fois –, terminée, trois hourras simultanés et éclatants retentirent sur le pont en l'honneur de l'Hermite.

– A présent, messieurs, reprit-il en s'adressant à ses officiers, veuillez écouter, je vous prie, avec la plus grande attention, le plan de combat que je veux mettre à exécution. Jusqu'à présent, la manière de combattre, toujours uniforme, toujours la même, consiste à commencer par une volée et à finir par un coup de canon : je ne prétends pas en discuter le mérite. Seulement, dans la position difficile mon Dieu! presque désespérée dans laquelle nous nous trouvons, nous devons sortir des règles ordinaires de la guerre : une tactique nouvelle peut seule nous sauver! Je vais mettre en pratique une théorie que je médite depuis longtemps. Écoutez-moi bien. D'abord, je compte faire tout mon possible pour enlever ce vaisseau à l'abordage... Nous serons à peine un homme contre deux, j'en conviens... Mais n'oubliez pas, messieurs, que nous sommes des Français!... Dans tous les cas, afin de donner le change à l'anglais et d'effrayer son monde, on dirigera la première volée, chargée à trois boulets ronds, entre les deux batteries, au pied de son grand mât; les autres volées, à deux boulets, seront pointées dans la même direction, mais à fleur d'eau, de manière à pouvoir couler et démâter à la fois, mais surtout couler... A cet effet, j'approcherai du vaisseau autant que possible... je ne veux pas perdre un coup, et il faut, ceci est pour nous une question de vie ou de mort, que nous parvenions à établir à sa flottaison une brèche inétanchable... Or, en supposant, au pis-aller, que nous logions un quart de nos boulets par bordée... Eh bien! je vous garantis moi, que nous n'en tirerons pas quatre sans savoir à quoi nous en tenir sur notre destinée... A présent, mes amis, à vos postes; transmettez ponctuellement mes instructions à l'équipage, et que les armes d'abordage soient sous les mains des combattants. Quant à vous, messieurs, attendez mes ordres avec patience, recevez-les avec confiance, et faites-les exécuter avec énergie.

Pendant que l'Hermite passait sa revue et donnait ses instructions, le vaisseau anglais s'était approché à trois quarts de portée. Notre commandant fit aussitôt jouer les quatre canons de retraite : peu après, plusieurs trous angulaires apparurent dans les voiles du 64 et prouvèrent que nos artilleurs avaient pointé avec leur justesse habituelle.

Quoique le feu durât depuis près de vingt minutes, et que le vaisseau anglais ne fût guère plus éloigné alors de nous que d'une petite demi-portée de canon, il ne daigna pas répondre à notre attaque.

– Il paraît, capitaine, dit le lieutenant Rivière en reparaissant tout à coup par l'écoutille de la batterie, que l'anglais nous ménage. Il craint d'abîmer sa prise... future. Peut-être bien attend-il qu'il soit par notre travers pour nous sommer de nous rendre.

– Nous rendre! répéta vivement l'Hermite en se redressant de toute sa hauteur sur son banc de quart, allons donc! il est impossible que l'anglais ait une telle opinion de nous! Il craint tout bonnement de retarder sa marche en nous tirant en chasse... Quant à nous rendre, reprit-il après une seconde de silence, ce malheur, il est vrai, peut arriver... les hasards des combats sont si imprévus que l'homme, dans son orgueil, a tort de croire pouvoir les dominer par son génie... mais enfin si cette humiliation nous est réservée... je n'y assisterai pas... je puis vous en donner ma parole.

En ce moment, l'officier de manœuvre vint avertir le capitaine que le vaisseau laissait arriver.

– Très bien! dit l'Hermite, il veut nous envoyer sa bordée en poupe, et il a raison... Seulement, il n'y réussira pas. Laissez arriver aussi, et ripostons à sa bordée par la nôtre.

Quand les deux navires furent presque vent arrière et que les boulets purent se croiser, un épais nuage de fumée, précédé d'une trombe de flamme et d'une effroyable détonation, les ensevelit tous les deux dans ses chaudes vapeurs.

Les boulets de l'ennemi dirigés sur la mâture de la frégate ne lui occasionnèrent que de légères avaries : quant aux nôtres, nous ne pûmes voir l'effet qu'ils produisirent.

Une fois la bordée partie, le vaisseau revint au vent et recommença à poursuivre la frégate. Nous imitâmes sa manœuvre, et la chasse continua comme auparavant, c'est-à-dire *la Preneuse* tirant en retraite et le vaisseau se rapprochant toujours d'elle, en silence, sans paraître se soucier ou même s'apercevoir des petits accidents que de temps à autre notre feu lui causait.

Deux fois, seulement, le capitaine anglais espérant probablement forcer la frégate à l'attendre, au moyen de la chute de quelques-uns de ses mâts, nous envoya deux nouvelles bordées, qui furent rendues par nous, comme les premières, sans résultat majeur. Enfin, les navires en vinrent à ne plus se trouver qu'à une demi-portée de fusil tout au plus : les servants de nos pièces apercevaient les servants ennemis à travers les sabords.

– Mon Dieu! s'écria tout à coup l'Hermite lorsque la faible distance qui nous séparait des Anglais eut encore diminué de moitié, auriez-vous entendu mes vœux? L'événement que j'ai tout fait pour amener se réaliserait-il? Oh! non, ce serait trop de bonheur, je n'ose y croire!... Messieurs, continua-t-il en appelant les officiers les plus proches de lui, venez, je vous prie.

Cinq ou six officiers, le lieutenant en pied Dalbarade et l'enseigne Graffin en tête, accoururent aussitôt.

– Messieurs, leur dit l'Hermite, ce n'est pas un conseil que je veux vous demander, car ma résolution est prise; ce que je désire, c'est que, le cas de ma mort échéant, vous puissiez expliquer ma conduite et ne laissiez pas planer sur ma mémoire un soupçon de désobéissance ou de légèreté. Mes ordres, des ordres précis et formels, m'ordonnent de fuir continuellement devant toute force supérieure, de n'accepter le combat qu'à la dernière extrémité, vous entendez, qu'à la dernière extrémité... c'est-à-dire lorsque j'y serai contraint. Or, en ce moment, nous sommes seulement chassés, et je dois, pour me conformer à mes instructions, fuir encore... Mais fuir en ripostant timidement, sous toutes voiles, au feu de l'ennemi, c'est exposer, que dis-je, vouer la frégate à un incendie certain, inévitable... Je ne puis me courber devant cette idée... Ce serait lâcheté, ce serait folie!... Êtes-vous de mon avis?

– Oui, capitaine, s'écria avec enthousiasme l'enseigne Graffin, ce serait lâcheté et folie!

Les autres officiers s'empressèrent d'appuyer de leur approbation l'opinion émise par l'enseigne.

– Merci, messieurs, leur dit l'Hermite, dont la noble figure resplendit de joie, merci, à présent je ne crains plus rien... arrive qui arrive, ma mémoire aura des défenseurs... Oui, plus j'y réfléchis, et plus je suis convaincu qu'au point où en sont les choses, je ne puis ni ne dois agir autrement! Il faut savoir prendre conseil des circonstances. Les grands succès dépendent souvent des coups d'audace... Osons donc!

L'Hermite fit une légère pause; probablement après un dernier moment de réflexion suprême :

– Bas le feu! reprit-il de sa voix vibrante. Les canons de retraite en batterie! Tout le monde à son poste! et cargue les perroquets, cargue les basses voiles et hale bas le grand foc et les voiles d'étai!

Dès que le 64 s'aperçut que *la Preneuse* lui présentait

le combat sous les huniers seulement, il s'empressa d'imiter sa manœuvre; et offrant à nos coups, à vingt-cinq toises au plus de distance, son flanc de tribord, il nous héla d'amener nos couleurs.

– Feu partout! fut la réponse de l'Hermite, et une ceinture de flamme s'échappa de nos sabords.

Comme l'espérait notre intrépide et habile capitaine, et il avait certes fait tout son possible pour provoquer cet événement, le vaisseau, fier de ses avantages et surpris au dépourvu par la brusque témérité de notre manœuvre, ne put, malgré toute la promptitude possible, diminuer de voiles assez à temps pour nous maintenir bord à bord; entraîné justement par la supériorité de sa marche, il dut nous laisser de l'arrière.

A travers les masses de fumée qui roulaient entre lui et nous, nous apercevions la sommité de sa mâture, qui nous indiquait, par la vitesse de son déplacement, et la faute qu'il avait commise, et l'immense parti que nous devions en tirer.

Quant à l'Hermite, une telle métamorphose s'est opérée en lui qu'il n'est plus reconnaissable. Une auréole de gloire rayonne, pour ainsi dire, sur son front radieux et inspiré. De temps en temps, il lève au ciel ses yeux brillants d'enthousiasme et humides de reconnaissance.

– Messieurs, s'écrie-t-il avec transport, c'en est fait! L'ennemi n'était pas préparé comme nous à diminuer de voiles!... Maintenant, il a beau masquer les siennes... il est trop tard... Voyez, il nous dépasse!... Il est tombé dans le piège que je lui tendais... Aucune puissance humaine ne pourrait m'empêcher maintenant de lui passer en poupe ou de l'aborder... La barre dessous, timonier! s'écria-t-il alors d'une voix tremblante de joie, en haut tout le monde! à l'abordage! Hissez les grappins!...

Et la frégate, venant du lof, met le cap sur le travers de son ennemi; le feu de la mousqueterie commence.

– Commandant, s'écrie Dalbarade, il va encore trop de l'avant. Nous ne pourrons pas l'aborder.

– Peut-être, dit l'Hermite. Après tout, j'aime autant lui passer en poupe.

Enfin les deux navires se croisent et sont prêts à se heurter : la mer resserrée entre leurs flancs rejaillit sur les combattants placés sur le pont; mais ses humides et fraîches caresses ne tempèrent en rien la fureur de ces hommes que le feu du carnage anime. La poulaine de la frégate semble s'abaisser humblement devant la poupe orgueilleuse du vaisseau qui la domine. Du haut de ce retranchement, les Anglais stimulés par le danger, car ils commencent à comprendre à qui ils ont affaire, excités surtout par la haine nationale, encouragés par la voix de leurs chefs, tuent, en poussant des cris de défi et de joie, nos gens placés à découvert sur les gaillards.

Des deux côtés, les matelots, armés jusqu'aux dents, répartis dans le gréement, accrochés à toutes les saillies des navires, attendent, l'œil flamboyant, l'injure à la bouche, les joues pourpres de rage, le moment de l'abordage. Nos hommes maudissent, en accompagnant leurs regrets, pour les adoucir un peu, de coups de fusil et d'espingole, la distance qui les sépare encore de l'anglais.

Hélas! *la Preneuse*, trahie de nouveau par sa marche, au lieu d'atteindre avec sa poulaine l'embelle de son ennemi pour l'aborder favorablement, touche seulement son couronnement du bout de son beaupré. Dès lors plus d'espoir d'en venir à l'arme blanche. Nos gréements retentissent des imprécations poussées par nos matelots, dont cette vaine tentative a comblé la fureur.

Le Jupiter (c'est alors seulement que l'on découvre le nom du vaisseau anglais, écrit sur son arrière), *le Jupiter* nous dépasse de l'avant!

– Envoyez-lui la volée en poupe maintenant, pointez sur son gouvernail, et ne tirez qu'à coup sûr... entendez-vous...

qu'à coup sûr... enfants! hèle l'Hermite aux canonniers à travers les cris des deux équipages.

L'abordage n'a pas lieu, et cependant au bruit des tambours et des fanfares, aux rugissements de nos matelots cloués vifs sur le pont par les grandes piques des Anglais, on croirait les deux navires aux prises. La rage atteint chez nous son apogée.

Non seulement la fusillade continue, ardente et serrée, à bout portant; mais il y a des matelots qui, ne trouvant pas de quoi satisfaire leur haine en appuyant le doigt sur la gâchette de leur arme, jettent leurs mousquets sur le pont, et, se saisissant de tous les objets les plus meurtriers qui leur tombent sous la main, les lancent sur l'ennemi, en les accompagnant d'imprécations inconnues jusqu'à ce jour. Tout à coup un horrible craquement vient dominer le tumulte de la bataille et calmer un peu les esprits : c'est notre boute-hors de clin foc qui se rompt contre la dunette du *Jupiter* et qui tombe à la mer avec sa voile!

Malgré cette avarie *la Preneuse*, continuant sa course avec précision, lâche d'enfilade et à bout portant sa volée dans l'arrière du vaisseau. L'effet de cette volée est immense; elle massacre les équipages des deux batteries du *Jupiter*, le désempare de son gouvernail et de ses voiles, mutile et disperse les magnifiques sculptures de sa superbe poupe, et fait voler en éclats ses yoles élégantes. Son accastillage tombe en morceaux, et bientôt la poupe du vaisseau offre à l'œil l'entrée d'un gouffre obstrué par des débris.

– Chargez maintenant à deux boulets ronds, reprend aussitôt l'Hermite d'une voix impassible.

La Preneuse ayant envoyé vent devant, nous l'avons déjà dit, pour aborder *le Jupiter*, et par conséquent ayant aussi masqué en passant sur son arrière, abat alors sur bâbord, laisse arriver ensuite, et profitant de l'état d'immobilité dans lequel notre terrible canonnade a réduit *le Jupiter* en le désemparant de ses huniers, lui lâche une seconde volée en poupe qui réussit presque aussi bien que la première.

Les avaries du vaisseau anglais, quoique considérables, sont bientôt réparées. *La Preneuse*, maîtrisée par l'infériorité de son sillage, qui l'empêche de bien manœuvrer, doit renoncer à l'espoir d'envoyer à l'ennemi d'autres volées d'enfilade. Elle vient donc lui présenter bravement son flanc de bâbord.

Les Anglais, exaspérés par leurs désastres, et nos matelots enflammés d'enthousiasme, ne sont plus des hommes. Le feu recommence avec une violence effrénée. Les bordées éclatent avec la vivacité d'une fusillade... On ne voit plus rien... on n'entend plus!... Partout de la fumée et de la flamme. L'ivresse est revenue!... Bientôt les batteries sont inondées de sang! Les cadavres des gabiers, frappés de mort à leur poste de combat, tombent avec un son mat et lourd sur le tillac : personne n'y fait attention. Quelques matelots blessés, épuisés de fatigue, sont cramponnés aux cordages et implorent des secours. Vaines prières! Est-ce qu'on a le temps de s'occuper d'eux? On se bat, et les pauvres diables, ouvrant enfin leurs mains crispées par un dernier effort, tombent et disparaissent au fond de la mer! Nos voiles se déchirent; nos vergues, nos mâts volent en éclats : qu'importe! on se bat!

L'Hermite, le seul homme probablement à bord de la frégate qui n'ait rien perdu de son sang-froid, est toujours droit et immobile sur son banc de quart. Il me semble, en passant près de lui, que je vois le dieu des batailles. De temps en temps sa voix nette et vibrante se mêle au bruit du canon et redouble encore l'ardeur de l'équipage.

– Hardi, courage, mes enfants, s'écrie-t-il, la victoire est à nous! Canonniers, deux boulets ronds à chaque coup, mais rien que deux boulets!...

Cette voix, je le répète, soutient les forces de nos hommes; notre feu, loin de se ralentir, augmente plutôt, si cela est possible, de vivacité : celui de l'anglais, surtout dans sa batterie basse, faiblit. Après tout, il faut être juste! nos volées en poupe lui ont fait tant de mal! notre pointage actuel, concentré en un seul point, est si terrible!

Par la dérive du 64, qui nous masquait le vent, les deux navires se trouvaient alors très rapprochés. *Le Jupiter*, parvenu à réparer quelques-unes de ses avaries majeures, commençait à mieux gouverner, tandis que *la Preneuse*, placée sous le vent à lui, et désemparée de ses voiles, ne pouvait, malgré le désir et la volonté de l'Hermite, tenter d'en finir à l'arme blanche.

Toutefois, nos marins se consolent de ce malheur en se répétant qu'ils creusent le tombeau de leurs ennemis.

Le capitaine, impatient, malgré son sang-froid, cherche sans cesse à distinguer, à travers les bouillonnements des lames et les tourbillons de fumée, ce qu'il nomme notre *brèche de sauvetage*.

Le mot, répété par cent bouches, fait fureur et obtient un succès prodigieux dans la batterie : il fait redoubler les pointeurs de soins et d'adresse, et maintient leur justesse de tir.

– Commandant, s'écrie M. Fabre empoignant un cordage et sautant du bastingage sur le banc de quart, nous tenons l'anglais. Sa flottaison est entamée. Regardez, je vous en prie, au pied de son grand mât, en arrière de son échelle!

– C'est vrai, monsieur, vous avez raison, répond l'Hermite en serrant la main de son lieutenant avec transport. Puis, d'une voix émue cette fois par la joie : Courage, enfants! Bravo! visez toujours au même endroit!

Pendant une heure le feu continue avec la même précision, le même acharnement. L'Hermite, l'œil ardent et inspiré, ne quitte plus du regard la brèche du *Jupiter*. Il lui faut, je le devine, une grande force de volonté pour ne pas laisser éclater la joie qui l'anime. Ce moment doit être le plus beau de sa vie. Ses officiers l'entourent en observant un profond silence : ils respectent son bonheur. Enfin, l'Hermite se retourne vers eux :

– Messieurs, leur dit-il d'une voix calme et tranquille, nos boulets ont enfin rempli leur mission : une autre brèche se forme à côté de la première; il y a maintenant plus de cinquante coups visibles dans un rayon de dix pieds. Je crois donc pouvoir assurer, sans braver la fatalité, que nous sommes vainqueurs. Annoncez, je vous prie, cette nouvelle dans la batterie.

Les officiers s'empressent d'obéir à cet ordre; une minute ne s'est pas encore écoulée quand des cris de joie, plus furieux peut-être encore que ceux qui ont retenti pendant le combat, s'élèvent jusqu'aux cieux et prouvent que l'équipage partage les transports de son chef. Alors se passe une scène dont le souvenir est aussi vivant pour moi aujourd'hui que s'il ne datait que d'hier.

Les Anglais se sont enfin aperçus qu'une submersion presque immédiate les menace. Quelques minutes d'inertie ou de faiblesse de leur part, et c'en est fait; tous ils devront périr. Bientôt nous apercevons, à travers les lueurs et la fumée du canon, des matelots du *Jupiter* qui, escaladant ses bastingages, se précipitent sur son flanc mutilé, mais toujours tonnant, afin d'essayer de réparer la mortelle avarie que nous avons faite. Ces malheureux, s'affalant en dehors par des cordages, essayent de clouer des planches, d'enfoncer à coups de masse des tampons, des matelas, des monceaux d'étoupe! Mais, hélas! chacun de ces hardis travailleurs doit subir une mort affreuse. Les uns broyés, littéralement parlant, par nos boulets, couvrent de hideux et sanglants débris la muraille du *Jupiter*. Les autres, blessés mortellement, tombent et disparaissent subitement dans le nuage d'écume que soulèvent nos boulets. D'autres, plus malheureux, enfin, atteints aussi par notre feu, sont parvenus à saisir un cordage, et traînés pendants et mutilés le long du sillage du *Jupiter*, qu'ils empourprent de leur sang, poussent des cris déchirants de détresse et appellent à leur secours! Leurs cris aigus tranchent sur le bruit sonore du canon et parviennent jusqu'à nous, mais nous y restons insensibles! Bien plus encore, nous dirigeons spécialement notre feu sur eux et sur ceux qui essaient de les sauver. A chaque coup de mousquet une bouche se tait, un cadavre tombe. Il faut que ces hommes meurent; car leur dévouement pourrait sauver *le Jupiter*, et *le Jupiter*, l'Hermite le veut, doit périr!

Notre commandant, spectateur attentif et impassible de cette scène de carnage, s'adresse de nouveau à ses officiers :

– Jamais, messieurs, leur dit-il, les Anglais ne parviendront à étancher cette brèche sans changer d'armures... Cela est humainement impossible... S'ils n'avisent un autre moyen de salut, avant un quart d'heure d'ici *le Jupiter* coulera en ne laissant sur les flots, comme seuls souvenirs de sa grandeur et de sa force passée, que quelques débris humains et sanglants... Qu'on prépare nos canots pour les sauver.

Pendant dix minutes, les Anglais s'obstinent à leur œuvre impossible : encore quelques secondes, et la prophétie de notre capitaine va être accomplie!

Tout à coup l'Hermite pâlit, et poussant une espèce de rugissement, lui d'ordinaire si calme et si impassible, frappe avec fureur de son pied son banc de quart, et s'écrie les yeux fixés sur *le Jupiter :*

– Mais, il laisse arriver! il éventre son grand hunier et oriente sous toutes les voiles possibles au plus près! Orientez aussi les nôtres, enfants... Et voyons si, désireux de venger ses désastres, il nous permettra d'achever notre victoire en acceptant l'abordage...

L'équipage, qui en ce moment abandonnerait volontiers toutes ses parts futures de prise pour en venir aux mains, car il a soif de carnage, exécute cette manœuvre avec une rapidité et une précision qui tiennent du prodige.

Le Jupiter, après avoir pris un peu d'air sous cette allure et nous avoir dépassés sur l'avant de quelques centaines de toises, loin de se prêter à une rencontre qui dépend de lui seul, envoie vent devant armure sur tribord pour mettre sa brèche hors des atteintes de la vague et de notre artillerie... et prend la fuite devant nous...

De son côté la frégate victorieuse prend les mêmes amures, bouline au plus vite les lambeaux de ses voiles et poursuit, sous une risée, hélas! de plus en plus mollissante, l'ennemi, qui se sauve en tirant sur nous, en retraite.

– Efforts inutiles! s'écrie l'Hermite d'un ton désespéré; car cet homme, que l'attente d'une catastrophe terrible et presque inévitable a trouvé impassible et froid, ne peut contenir son dépit devant une victoire qui lui échappe: efforts inutiles! *Le Jupiter* nous a déjà gagnés de l'avant d'une demi-portée de dix-huit! Monsieur Fabre, faites arriver vent arrière et lâchez-lui notre bordée d'adieu!... Qui sait si le ciel, qui nous a si fort protégés jusqu'à présent, ne permettra pas que nous le démâtions avec notre dernier boulet?...

L'exécution de cet ordre ne se fait pas attendre, mais la précipitation avec laquelle il est exécuté en empêche tout l'effet; *le Jupiter* continue de fuir.

– Ah! le lâche! s'écrie l'Hermite, qui, les narines gonflées par la colère et les yeux flamboyants, suit d'un regard désespéré le vaisseau qui nous gagne de plus en plus de vitesse; ah! le lâche! Ce capitaine mériterait d'être dégradé honteusement!... Quoi! il commande à un vaisseau, à un équipage nombreux, tout frais, qui n'a été décimé, comme nous à Lagoa, par aucune rencontre antérieure à celle-ci, et il fuit... et il fuit devant une frégate délabrée, devant une poignée d'hommes... le lâche!

Mais quelques secondes suffisent pour rendre l'Hermite au sentiment de la raison et à celui des convenances.

– J'ai eu tort de m'exprimer ainsi que je viens de le faire sur le compte d'un officier supérieur de marine. Messieurs, reprend-il en s'adressant à ses officiers, oubliez, je vous en prie, mes paroles, ou ne les attribuez qu'à mon dépit... *Le Jupiter* s'est bravement conduit! Qui pourrait prétendre le contraire?... Si, contre toutes les probabilités, il a été vaincu, la cause en est au hasard des combats...

– Hum, commandant, je vous demande pardon, s'il a été vaincu c'est qu'il avait affaire à vous, s'écrie Graffin, qui, les cheveux encore en désordre, les yeux encore animés par le feu du combat, et le sourire sur les lèvres, était magnifique à voir; et la preuve de cela c'est que si, au lieu de commander *la Preneuse,* vous eussiez été à bord du *Jupiter, le Jupiter,* au lieu d'être en fuite, serait occupé à présent à amariner *la Preneuse.* Capitaine, je regrette, pour cet instant, que vous soyez mon supérieur, mais, ma foi, tant pis, tout le monde sait que l'enseigne Graffin n'est ni un courtisan ni un flatteur : eh bien! vous vous êtes conduit comme un héros! N'est-ce pas, messieurs?

Les officiers que M. Graffin interrogeait appuyèrent l'opinion de l'enseigne avec une chaleur pleine d'enthousiasme. L'Hermite, dont la modestie égalait le génie et l'intrépidité, embarrassé de cette espèce d'apothéose, ne savait quelle contenance tenir, et regardait d'un air de reproche l'enseigne Graffin, en admiration devant lui. Cette petite scène intime me parut après les horreurs d'un combat, d'un effet saisissant.

– Je vous remercie, leur répondit enfin l'Hermite, de la confiance que vous avez en moi, car cette confiance m'est précieuse sous tous les rapports. Quant à ma conduite d'aujourd'hui, vous en exagérez infiniment trop le mérite. Ce que j'ai fait, tout autre capitaine, surtout en pouvant s'appuyer sur un corps d'officiers semblable au mien, l'eût fait comme moi. Nous avons été heureux, voilà tout. Mais, hélas! ajouta-t-il en jetant un triste coup d'œil sur le pont inondé de sang, que des matelots étaient occupés à laver, combien nous payons cher notre gloire stérile! Ah! si du moins la capture du *Jupiter* dédommageait la France de ce sang versé!

L'Hermite se tut alors, et baissant la tête il resta pendant quelques instants plongé dans de tristes et douloureuses pensées qui se reflétaient, comme dans un miroir, sur son noble et franc visage.

– Ah ! messieurs, dit-il enfin en s'adressant de nouveau à ses officiers, quelle terrible responsabilité que celle qui pèse sur un commandant de navire ! Si j'eusse obéi à mes instructions en combattant sous voiles, *la Preneuse* n'appartiendrait plus à la France et nous serions en ce moment au pouvoir de l'Anglais !... Oui, mais vous me direz que notre audace nous a sauvés... C'est vrai... Seulement, je vous avoue qu'en songeant au blâme qui m'eût accueilli si nous eussions échoué, et cela n'était que trop possible, je suis encore tout effrayé de mon bonheur !... Enfin, grâce à votre intelligent et intrépide concours, grâce à celui de l'équipage, nous sommes vainqueurs...

La chasse continuait toujours, et malheureusement la distance qui séparait les deux navires s'agrandissait de plus en plus, lorsqu'un des boulets lancés en retraite par *le Jupiter* vint froisser un de nos mâts.

L'Hermite, qui depuis quelques instants était resté plongé dans de sombres réflexions, appela aussitôt son lieutenant en pied.

– Monsieur Dalbarade, lui dit-il d'une voix légèrement émue, faites cesser le feu, nous allons retourner continuer notre croisière.

Cet ordre, auquel personne ne s'attendait, produisit une immense impression sur l'équipage ; un grand silence se fit, qui dura jusqu'à ce que M. Fabre, visiblement affecté lui-même, fît servir pour regagner le point d'où *le Jupiter* nous avait forcés de nous éloigner : alors une rumeur désapprobatrice, ainsi qu'une traînée de poudre qui s'enflamme, courut d'un bout à l'autre de la frégate.

– Capitaine, est-il donc possible que nous renoncions à poursuivre l'ennemi ? s'écria M. Graffin en se faisant involontairement, emporté par sa fougue naturelle, l'écho du désappointement général causé par cet ordre.

– Oui, monsieur, lui répondit froidement l'Hermite, cela est possible!...

– Mais, capitaine!...

– Silence! monsieur; je n'aime pas certaines questions, lui dit l'Hermite d'un air sévère.

La rougeur de la colère, peut-être bien encore de la douleur, empourpra les joues du jeune enseigne, qui s'inclina sans ajouter une parole. Une larme, séchée aussitôt, amortit l'éclair de son regard en passant rapide et presque invisible sur ses yeux; M. Graffin éprouvait un vrai culte pour son capitaine.

L'Hermite, sans avoir l'air de s'apercevoir de cette scène muette, se mit alors à se promener sur la dunette. L'irrégularité de son pas saccadé montrait, quoique son visage ne décelât qu'une complète impression d'indifférence, l'émotion intérieure qui l'agitait. Enfin, s'adressant à ses officiers, qui, silencieux et immobiles, semblaient désespérés et se tenaient à l'écart :

– Hélas! messieurs, leur dit-il, je conçois votre désappointement, et je ne puis vous en vouloir. Monsieur Graffin, je reconnais que votre question, déplacée au point de vue de la discipline, était un cri du cœur, et je vous excuse. Vous êtes, Graffin, plein de sève et d'avenir. Jamais officier n'a été plus brillant et plus intrépide que vous; mais permettez-moi, en considération de mon expérience et de mon âge, de vous donner un conseil. L'homme de guerre, quel qu'il soit, qui ne sait pas se vaincre lui-même, ne saura jamais vaincre l'ennemi. Retenez bien ceci. Cette vérité, qui peut vous sembler banale, est tout bonnement le secret des grands hommes : c'est à elle qu'ils doivent d'être devenus ce qu'ils sont! Quant à moi, messieurs, eh! mon Dieu, je sais bien que mon devoir, mon devoir apparent, au moins, serait de poursuivre l'ennemi. Croyez que j'ai été obligé de me raisonner moi-même plus énergiquement que vous ne pourriez le faire, avant de me résoudre à renoncer à ce projet. Réfléchissez cependant un peu sur les suites probables de cette poursuite. Pour la gloire, qui rejaillirait sur moi tout seul, d'avoir donné pendant quelques heures la chasse à un vaisseau de 64, j'expose la frégate à être démâtée. Un malheureux boulet, rien qu'un seul, qui nous abattrait un mât, messieurs, suffirait pour nous ravir la victoire que nous venons de payer si cher... Cette idée me fait peur.

Ces explications bienveillantes que l'Hermite, connaissant l'attachement qu'ils lui portaient, voulait bien donner à ses officiers, firent revenir tout de suite ceux-ci de leur mauvaise humeur, et, se répandant dans l'équipage, ne tardèrent pas, l'excitation du combat s'étant un peu calmée, à être également appréciées des matelots.

L'Hermite, après avoir pourvu aux plus urgents besoins du navire, désirant connaître le nombre des victimes que lui coûtait le combat avec *le Jupiter*, ordonna l'appel général.

Je ne puis exprimer l'émotion poignante qui se peignait sur son visage lorsque les hommes qu'il affectionnait ou qu'il estimait particulièrement ne répondaient pas à leur nom. Du reste, domptant sa douleur le plus longtemps possible, il subit cette rude épreuve à plus de moitié; enfin n'en pouvant plus et ne voulant pas laisser deviner sa noble faiblesse, dont tout le monde s'était aperçu sans qu'il s'en doutât, il se retira dans sa cabine en affectant une indifférence bien loin de son cœur... Je parierais, sans crainte de perdre, qu'une fois seul, cet homme qui levait le front si haut devant les hasards des combats et qui, mettant la gloire de la France avant tout, savait le moment opportun venu, sacrifier impitoyablement le sang de son équipage, je parierais, dis-je, qu'une fois seul il pleura.

Les quelques jours qui suivirent notre victoire s'écoulèrent tristes et sombres pour tout le monde. Le grand nombre de blessés que nous avions à bord rendait le service plus pénible. Le manque de provisions, du moins relativement parlant, qui nous imposait déjà de dures privations, le mauvais temps ordinaire qui continuait de durer et ne cessait un instant que pour faire place à ces terribles tempêtes, l'effroi des anciens navigateurs, qu'apportaient les vents du S.-E. dans ces redoutables parages, augmentaient nos fatigues et commençaient à amener la maladie à bord de la frégate.

La fatalité qui jusqu'alors semblait s'être acharnée après nous était loin de se ralentir. En vain nos vigies examinaient-elles avec soin l'horizon, pas une voile ne se montrait! Et cependant nous nous trouvions, au point de vue de l'intérêt, dans les meilleurs parages possibles, dans une latitude forcément fréquentée par tous les vaisseaux dont la course s'étend au-delà de l'équateur! L'équipage, rendu plus superstitieux encore par cette longue série de malheurs, commençait à prétendre que le navire était maudit. Chacun se rappelait une circonstance néfaste qui avait précédé notre départ de l'île de France pour cette croisière. L'état moral des hommes empirait de plus en plus chaque jour.

Une seule idée nous soutenait : celle que bientôt nous voguerions vers l'île de France! Alors, que de projets de bonheur réalisés! Cette fois, ce ne sont plus des orgies que rêvent les matelots; plus de barriques d'eau-de-vie entières servies en guise de bols de punch, plus de séduisantes mulâtresses ou quarteronnes, non; mais de l'eau glacée, et des fruits à discrétion, des légumes savoureux, de la verdure! Chaque jour cependant la réalisation de ces rêves reculait : le capitaine semblait ne plus songer à l'île de France : nous croisions toujours.

Si les jours étaient tristes et sombres, combien la nuit l'était plus encore! Une tempête continuelle, enveloppée d'épaisses ténèbres : pas un moment de repos. Bientôt deux fléaux vinrent mettre le comble à la mesure de nos maux et jeter la terreur parmi l'équipage : le scorbut et la gangrène se déclarèrent tout à coup à bord avec une violence extrême.

Le scorbut, que tout le monde connaît de nom sans savoir au juste quels affreux ravages il exerce, est, sans en excepter aucune, pas même la peste, la plus affreuse de toutes les maladies.

Le quatre-vingt-neuvième jour depuis notre départ de l'île de France, car nous comptions tous, dans notre anxieuse impatience, les jours à mesure qu'ils s'écoulaient, je me trouvais sur la dunette, à mon poste habituel, lorsque le lieutenant Rivière, se détachant d'un groupe d'officiers, s'en vint droit à l'Hermite, qu'il salua profondément :

– Parlez, monsieur, lui dit celui-ci; que désirez-vous?

– Capitaine, reprit M. Rivière, je suis chargé par mes camarades, de vous demander, au nom de la bienveillance que vous avez toujours daigné nous témoigner, si notre croisière doit se prolonger encore bien longtemps. Ne croyez pas au moins, capitaine, se hâta de poursuivre M. Rivière, que ce soit une vaine curiosité ou un sentiment de faiblesse qui nous pousse à solliciter de vous une réponse à ce sujet, non; mais chaque jour nous assistons au désespoir et à l'accablement de l'équipage; chaque jour, en visitant les blessés et les malades, nous sommes assaillis de questions désespérées, et auxquelles nous ne savons que répondre... pourtant, quelques bonnes paroles d'espoir, si nous étions autorisés à les prononcer, pourraient probablement sauver bien des hommes dont le moral affecté double la violence de la maladie qui les accable... Faut-il donc que nous les laissions succomber ainsi?... Trente hommes sont déjà morts depuis notre combat avec *le Jupiter*.

Le capitaine écouta le lieutenant Rivière, sans l'interrompre, avec la plus grande attention :

– Monsieur, lui dit-il après qu'il eut cessé de parler, je ne puis vous faire personnellement la réponse que vous sollicitez de moi : je dois l'adresser à ceux qui vous ont envoyé me trouver. Venez.

L'Hermite, se dirigeant alors vers le groupe d'officiers qui attendaient en silence l'issue de cette négociation :

– Messieurs, continua-t-il, vous désirez savoir si, oui ou non, je compte continuer notre croisière, ou bien faire route pour l'île de France, n'est-ce pas?

Les officiers s'inclinèrent en signe d'assentiment.

– Eh bien, messieurs, reprit l'Hermite, comme je ne veux passer ni pour un homme inflexible et cruel, ni pour un capitaine despote et entêté, j'agirai selon votre bon plaisir. Seulement, veuillez, je vous prie, avant de vous prononcer sur ce sujet délicat, vous rappeler une chose : c'est que je remets mon honneur, vous connaissant tous pour des gens de cœur et d'intelligence, entre vos mains, c'est que sur moi seul retombera la responsabilité de la décision que vous allez prendre. A présent, voici ma position : jugez avec réflexion, et prononcez-vous ensuite avec franchise. Mes instructions, reprit l'Hermite après une légère pause, sont d'autant plus précises, rigoureuses, que *la Preneuse* étant en ce moment le seul navire que possède la France dans les mers des Indes pour défendre les intérêts de son commerce et tenir en respect l'ennemi, on est en droit d'attendre et de compter beaucoup sur nous.

Mes instructions portent que, tant que des avaries ne compromettront pas d'une façon évidente le salut de la frégate, tant que nous aurons encore assez de munitions pour soutenir un combat, un nombre de canonniers suffisant pour le service des pièces, nous devons tenir la mer. A présent, messieurs, prononcez-vous hardiment! Pensez-vous, en votre âme et conscience, que si demain nous rencontrions l'ennemi, nous en serions réduits à amener nos couleurs sans les défendre; que si le combat s'engageait nous n'aurions pas une chance, au moins minime, d'en sortir victorieux? Quant à moi, je réponds : Non, nous n'en sommes pas réduits à craindre pour l'honneur de notre pavillon; non, nous ne fuirions pas l'Anglais; non, il ne serait pas sûr de nous vaincre!

– L'Anglais nous battre, et nous battre lorsque vous nous commandez! capitaine, s'écria Graffin avec feu et d'un air indigné, c'est là une supposition qu'en croyant même aux choses fabuleuses et impossibles, on ne peut admettre.

– A présent, messieurs, continua l'Hermite sans paraître remarquer l'interruption du jeune enseigne, prononcez-vous; je vous répète que j'accepterai votre décision.

– Capitaine, répondit le lieutenant en pied, nous vous remercions de tout cœur des explications bienveillantes et volontaires que vous avez bien voulu nous donner et de la confiance que vous êtes assez bon pour nous témoigner. Quant à moi personnellement, et je suppose que ces messieurs partagent à présent mon opinion, je trouve que l'honneur et le devoir vous commandent impérieusement de continuer cette croisière...

– Oui, capitaine, répétèrent les officiers en chœur et à l'unanimité, il faut continuer notre croisière.

– Dame, après tout, nous en serons quittes pour nous amuser un peu plus une fois à terre, dit M. Rivière, le seul qui eût conservé toute sa bonne humeur, car, enfin, les instructions du capitaine doivent porter une date... et il faudra bien, tôt ou tard, que cette date arrive... Et vive la gaieté!... Ça n'avance à rien de s'affecter le moral...

Néanmoins, à partir de ce moment, l'équipage n'ayant plus aucun aliment à donner à son imagination, et ne s'attendant plus à chaque instant à faire route pour l'île de France, se laissa aller à une sombre tristesse; le scorbut augmentait chaque jour de violence.

Je me rappelle encore, avec un serrement de cœur, le lugubre et navrant spectacle que présentait chaque matin le pont de la frégate.

Un peu après le lever du soleil, quand le soleil se montrait, on y transportait les malades pour leur faire respirer l'air : c'était hideux à voir.

La plupart des gens attaqués du scorbut avaient le bas de la figure horriblement gonflé! Leurs lèvres béantes, flétries par une salivation continuelle, laissaient percevoir des gencives noires, tuméfiées, des dents longues et tremblantes! Leurs corps, gonflés à partir des extrémités, étaient ordinairement marbrés, surtout dans la dernière période de la maladie, de taches livides et bleuâtres.

Les malheureux atteints de ce terrible mal, pâles comme des cadavres, maigres comme des squelettes, et brisés par la douleur, attendaient avec impatience, mais sans avoir souvent la force de se plaindre, l'heure solennelle de la délivrance et de l'éternité! Ceux à qui une constitution robuste ou un moral énergique laissait la vigueur de la pensée s'occupaient à calculer froidement le temps qui leur restait encore à vivre. La façon dont ils opéraient ce calcul était certes plus infaillible que n'eût pu l'être le diagnostic du plus habile médecin; ils marquaient chaque soir, au moyen d'une ficelle, les progrès de l'envahissement du fléau; et édifiés ainsi sur sa rapidité, ils pouvaient prédire, à quelques heures près, le moment où le gonflement, atteignant le cœur, devait les étouffer.

Un matin, le capitaine, en allant prodiguer ses consolations aux malades, trouva étendu sur le gaillard d'arrière un contremaître, jeune homme de tête et de cœur, qu'il affectionnait particulièrement, et qu'il destinait dans sa pensée, disait-on, à devenir plus tard officier. L'infortuné, atteint depuis plus d'une semaine du scorbut, était alors dans un horrible état. L'Hermite lui adressa d'une voix émue quelques paroles de consolation.

– Merci, capitaine, pour vos bontés, lui répondit l'infortuné. Mais l'espoir ne m'est plus permis, l'enflure est arrivée jusqu'aux hanches. Je n'ai plus heureusement pour longtemps à souffrir.

– Bah! mon ami, il ne faut pas se laisser abattre ainsi!... Voyons, réfléchissez, que puis-je faire pour vous?

– Rien, capitaine... rien...

Et comme l'Hermite insistait :

– Eh bien! capitaine, lui répondit le jeune contremaître, puisque vous tenez absolument à m'être agréable... éloignez-vous de moi... et ne me parlez plus jamais... C'est tout ce que je vous demande.

Ces paroles, qui eussent été grossières sans le ton d'accablement et de désolation avec lequel elles furent prononcées, firent une vive impression sur l'Hermite.

– Et pourquoi désirez-vous que je ne vous parle plus jamais, mon ami? demanda-t-il au mourant.

– Parce que... j'ai peut-être tort de vous avouer cela, capitaine... mais je souffre tant, oh! je souffre tant, que vous m'excuserez... parce que, en songeant que de votre volonté seule dépend notre retour à l'île de France, un mot de vous nous rendrait le bonheur et la santé. Eh bien, votre vue me fait mal... Oh! pardon, je ne voudrais ni vous offenser ni vous causer la moindre peine... mais, c'est vrai, votre vue me fait mal...

A cette réponse du contremaître, l'Hermite leva les yeux au ciel, et, abandonnant le gaillard d'arrière, s'en fut, sans prononcer une parole, s'enfermer dans sa chambre.

Le lendemain, vers midi, l'Hermite retourna voir le malheureux contremaître.

– Mon ami, lui dit-il, vous êtes trop faible en ce moment pour que je puisse imputer à mal votre langage d'hier. Ayez du courage. Dans quelques minutes d'ici, votre sort va se décider. Si mes lettres d'expédition, dont je ne puis prendre connaissance qu'aujourd'hui, 30 octobre, à midi, me permettent de retourner à l'île de France, j'en serai plus heureux que vous-même... Car, si vous souffrez chacun pour votre seul compte, moi je souffre pour vous tous... Si mes instructions veulent que nous continuions à croiser! eh bien! nous croiserons... Le devoir avant tout!

Ces paroles de notre capitaine, qui se répandirent aussitôt à bord avec la rapidité de l'éclair, produisirent une vive impression sur l'équipage. Un silence plus profond encore, certes, que celui qui eût précédé un combat, régna sur le pont; tous les yeux, fixés avec anxiété sur la porte de la dunette, attendaient la sortie du capitaine. Enfin l'Hermite se montra. Il tenait à la main un large pli ministériel déchiré à l'entour du cachet. On eût entendu en ce moment à bord de la frégate le bruit produit par la chute d'une feuille desséchée; les cœurs ne battaient plus.

Cependant, heureux présage, ses yeux ne se détournent plus des regards inquiets qui l'interrogent; son front resplendit, si je puis m'exprimer ainsi, d'une expression de suprême bonté; on commence à espérer! mais si l'on allait se tromper! ce coup serait trop cruel! il faut attendre; les secondes semblent longues comme des heures! Enfin l'Hermite se dirige vers l'officier de quart, M. Raoul : il ouvre la bouche, il va parler; les respirations sont suspendues.

– Monsieur, lui dit-il, veuillez envoyer un aspirant sur les barres du grand perroquet, pour examiner attentivement s'il n'aperçoit aucun navire en vue.

M. Raoul s'empressa de faire exécuter cet ordre, et l'Hermite se mit à se promener sur la dunette; seulement au sourire joyeux qui entrouvre ses lèvres, à l'air de contentement intérieur qu'il semble éprouver, l'espoir commence à gagner l'équipage. L'aspirant revient bientôt en annonçant qu'aucun navire n'est visible à l'horizon.

– Alors, monsieur, dit l'Hermite en s'adressant à l'officier de quart, nous pouvons nous diriger vers l'île de France; notre croisière est finie!

Une fois cette annonce officielle, des transports de joie éclatent de toutes parts; les mourants se croient convalescents; les malades, guéris; ceux qui ne sont pas atteints du scorbut ou de la gangrène ne songent plus qu'une longue traversée nous reste à faire, qu'ils peuvent encore devenir les victimes de ces deux affreux fléaux; non, ils rêvent déjà aux joies de l'arrivée et pensent à toutes les jouissances que va leur procurer l'île de France. Cependant il en est bien plus d'un parmi eux dont les pieds ne doivent plus jamais fouler la terre! Nos désastres passés sont loin d'avoir désarmé la fatalité qui nous poursuit; ce qui nous est réservé est bien pis, hélas! que ce que nous avons déjà souffert!

Notre retour à l'île de France fut long et pénible : une chaleur étouffante et des calmes plats et presque continuels, le seul ennemi que nous n'eussions pas encore éprouvé pendant cette malheureuse croisière, allongèrent beaucoup la traversée. Par surcroît de malheur, les rats de la cale ayant percé un assez grand nombre de pièces d'eau, il fallut se résigner à subir l'affreux supplice de la soif, supplice rendu plus intolérable encore par les rayons de lave que le soleil versait sur nous.

J'étais un jour, accablé par cette température de fournaise, sur le point de m'endormir dans un coin du pont, lorsque l'enseigne Graffin vint me trouver.

– Garneray, me dit-il en souriant (M. Graffin souriait toujours), descendez dans ma cabine, j'ai à vous parler en particulier.

Je me hâtai d'obéir, assez intrigué de savoir quelle communication cet officier pouvait avoir à me faire.

– Garneray, me dit-il lorsque nous fûmes seuls, les officiers ont décidé que vous exécuterez, en secret, pour être offerts au capitaine, nos combats de la baie de Lagoa et du *Jupiter :* vous sentez-vous de force à nous dessiner quelque chose de présentable? Quant aux positions des navires et aux explications dont vous pourriez avoir besoin, nous nous chargeons de vous les fournir. Dans la baie de Lagoa, vous choisirez pour sujet le moment où près d'être atteints par le brûlot nous quittons le mouillage. Pour *le Jupiter,* nous désirons quatre positions : c'est-à-dire quatre tableaux. Cela vous convient-il?

– Je suis à vos ordres, monsieur, et je ferai de mon mieux, vous pouvez en être persuadé : j'espère réussir.

– Voilà une modestie de bon augure; et comment exécuterez-vous ces tableaux?

– Au lavis en couleur (c'était ainsi que l'on appelait alors l'aquarelle), lui répondis-je, inspiré par une arrière-pensée qui fit bondir mon cœur de joie.

– Très bien. Vous travaillerez chez nous pour que personne ne vous dérange ni ne vous surprenne! Avez-vous tout ce qu'il vous faut!

– Oui, monsieur... en fait de papier, pinceaux et couleurs... Seulement, l'eau me manque.

– Ah! parbleu! s'écria M. Graffin en souriant, vous ne manquez pas au moins de rouerie pour votre âge! Le lavis exige-t-il beaucoup d'eau!

– C'est selon la manière de l'artiste, monsieur... moi, malheureusement, je lave beaucoup... je lave sans cesse... Je suis capable d'user deux carafes en un jour.

– Je vais tâcher de me les procurer... Mais songez que cette munificence vous oblige à beaucoup de talent... Si, après avoir tant bu, je veux dire tant lavé, vous ne réussissez pas, prenez garde, vous pourriez avoir à vous repentir de votre bonne aubaine d'aujourd'hui...

Cinq minutes plus tard, j'étais en possession, trésor inestimable et inespéré, de deux carafes pleines; je laisse au lecteur la liberté de décider si mon papier les but à lui seul.

En huit jours, pendant lesquels je n'eus plus soif, mes dessins furent terminés; je demanderai la permission de ne pas parler des éloges qu'ils me valurent. L'Hermite, touché de cette attention délicate, en remercia vivement ses officiers et m'invita à sa table.

Plus de vingt ans après, le capitaine l'Hermite, devenu baron et vice-amiral, rappelait, en riant, ce dîner au peintre Garneray, son ancien matelot et alors son ami.

IX

Déception – Trahison – Rencontre de l'ennemi Chasse – Naufrage – Combat – Destruction de la Preneuse *– L'Hermite est fait prisonnier*

Le 10 décembre fut un bien beau jour pour nous : un peu avant la tombée de la nuit, nous vîmes éclore à l'horizon, entre nous et le soleil couchant, la silhouette bleuâtre de notre terre promise! Je ne puis dire les transports joyeux que cette vue excita parmi l'équipage : ils tenaient de la folie! Un matelot en perdit, littéralement parlant, la raison.

Une fois la situation de la frégate bien reconnue, on orienta la voilure de manière à pouvoir entrer au Grand-Port [1] le lendemain matin, si par hasard la colonie se trouvait bloquée.

La navigation de cette nuit fut douce et paisible; les regards des hommes de garde se portaient avec autant d'anxiété que de vigilance vers la terre, afin de bien s'assurer qu'aucun signal, nous annonçant un danger, ne nous était fait. Au sommet des mornes, l'on ne voyait briller que des feux isolés et tremblants, ceux des habitations des colons et des planteurs.

1. Ce port est situé au vent de l'île. – Il est impossible à un croiseur d'empêcher un navire d'y pénétrer, s'il se trouve à son entrée à la naissance du jour et qu'il n'ait pas été chassé d'avance.

Le 11, au point du jour, et je crois que peu de matelots avaient dormi la nuit qui venait de s'écouler, *la Preneuse* hissa son numéro pour se faire reconnaître. Quelques instants après, les vigies des montagnes apprenaient au gouverneur notre arrivée et notre position, c'est-à-dire que nous nous trouvions à trois lieues du Grand-Port, faisant route pour le port N.-O. ou Maurice. A dix heures le vent du large avait remplacé la brise de terre, et nous voguions bon frais vers la capitale des Îles, quand soudain deux voiles, masquées jusqu'alors par la côte, apparurent à nos yeux.

Toutes les longues-vues du bord se dirigèrent avec empressement, on me croira sans peine, vers ces deux navires, et restèrent longtemps braquées sur eux; l'équipage attendait en silence le résultat des observations de ses officiers. M. Graffin fut le premier qui prit la parole.

– Ma foi, capitaine, dit-il, je ne sais si je me trompe, mais il me semble de toute évidence, au contour des formes de ces deux bâtiments, à l'élévation de leur mâture, à la symétrie de leur gréement, à la sévérité de leur installation, et par-dessus tout à la promptitude qu'ils viennent de déployer en se couvrant de voiles, que ce sont deux vaisseaux de ligne... ce qui ne laisse pas d'être assez contrariant... car nous avons tous envie de nous distraire un peu à terre... Bah! après tout, on se distrait aussi pas mal avec les Anglais...

– En effet, messieurs, s'écrie bientôt après l'Hermite en s'adressant à ses officiers, M. Graffin ne se trompe pas... ces navires sont véritablement deux vaisseaux anglais! N'êtes-vous pas de cet avis?

– Oui, capitaine, répondent tous les officiers, ce sont des vaisseaux anglais : le doute n'est pas possible.

Cette apparition a frappé l'équipage comme un coup de foudre, lorsqu'il a vu les vaisseaux pincer le vent dans l'intention de nous couper le chemin.

– Quoi! s'écrie l'Hermite, auriez-vous donc peur, enfants,

des Anglais! Ils sont plus forts que nous, pensez-vous; eh! mon Dieu, tant mieux! Nous aurons moins le regret de fuir devant eux si nous parvenons à leur échapper, et plus de gloire à acquérir si le combat devient inévitable.

– Changeons-nous de route, capitaine? demanda M. Dalbarade.

– Non, monsieur; car à la faveur du vent du S.-E., en ce moment bien établi, nous pouvons espérer d'échapper à ces vaisseaux en nous réfugiant sous le canon des forts du Port. Mais quoi! continue l'Hermite avec amertume en s'adressant aux officiers, il existe, probablement depuis quelque temps déjà, une croisière anglaise établie en vue de la colonie, et l'on ne nous a pas avisés de sa présence par des signaux de nuit! Cela est un fait aussi honteux qu'incroyable! un fait qui, je l'avoue, jette des doutes dans mon esprit et justifie cette rumeur publique, à laquelle j'aurais rougi d'ajouter foi jusqu'à ce jour, que l'espionnage anglais enveloppe en entier d'un vaste réseau l'île de France.

L'Hermite, humilié en songeant à une trahison française, abaisse tristement son regard et garde le silence. Je ne sais si je me trompais, mais il me sembla que, pour la première fois depuis que je le connaissais, je le voyais abattu et découragé devant le danger. Qui sait s'il n'éprouvait pas un de ces navrants et prophétiques pressentiments auxquels sont surtout sujets les hommes d'élite!

Vers midi, on acquit la triste certitude que les deux vaisseaux qui nous chassaient avaient sur nous l'avantage d'une marche supérieure. *La Preneuse* approchait le *Coin de Mire*, situé à égale distance entre le Grand-Port et le Port Maurice.

– Monsieur Dalbarade, dit le capitaine à son lieutenant en pied, faites gouverner entre le Coin de Mire et la côte, afin que nous puissions entrer dans le chenal; cela raccourcira pour nous le chemin du port, tout en nous éloignant de l'ennemi. Je sais que le chenal est peu fréquenté par les vaisseaux de haut bord; toutefois, l'on n'y connaît pas d'écueil... Notre position nous commande impérieusement d'en tenter le passage.

Cette manœuvre était en effet hardie; mais comme avec l'Hermite, moins qu'avec tout autre capitaine encore, on obéissait et on ne discutait pas, on l'exécuta à l'instant.

Chaque homme gagne sa place de service et deux officiers se mettent en vigie sur les bouts des basses vergues. Un grand silence règne à bord : on jette les plombs de sonde des deux côtés du navire, et le chant monotone des sondeurs est le seul bruit qui retentisse sur *la Preneuse.*

Bientôt l'équipage se dédommage de son silence en poussant un cri de joie. La frégate vient de franchir la passe sans le moindre incident : nous avons gagné une lieue sur l'ennemi! Que Dieu nous accorde encore deux heures de vent de S.-E., et nulle puissance humaine ne pourra plus nous empêcher de jeter l'ancre au mouillage à bout de bordée.

Le désespoir, et pour être plus exact le sombre abattement qui s'était emparé de l'équipage à l'apparition des deux vaisseaux, commence à se dissiper; déjà nous laissons en poupe la majeure partie des eaux qui séparent le Coin de Mire du port Maurice; naviguant par huit brasses sur une mer d'émeraude, et serrant le vent autant que possible sous les risées odorantes qui découlent des agrestes collines que nous côtoyons, et dont la physionomie pittoresque et mobile change à chaque instant d'aspect, nous sentons, en respirant ces pénétrants parfums, l'espoir nous revenir au cœur; nous nous croyons presque déjà à terre. Cela ne nous empêche pas toutefois de rivaliser avec nos chasseurs à qui portera, d'eux ou de nous, le plus de toile.

Bientôt nous voyons à découvert les redoutables forts de l'île aux Tonneliers, qui protègent la rade, et nous sommes au milieu de la baie du Tombeau, chantée par Bernardin de Saint-Pierre, quand tout à coup la brise, jusque-là vive et régulière, s'éteint complètement.

Ce contretemps répand de nouveau la consternation

parmi nos hommes. Chacun se désespère en voyant la frégate si près de terre, livrée aux chances périlleuses d'un calme plat. Pendant la durée du flot, qu'allons-nous devenir? Telle est la question que chacun se pose avec anxiété, sans pouvoir la résoudre. Cependant on espère que le vent reprendra vigueur, mais on l'espère faiblement; nous avons été déjà si rudement traités par la fatalité, que nous n'osons plus compter sur aucune bonne chance. Et dire que si nous avions eu une heure de plus de vent, nous étions sauvés!...

Hormis les huniers, toutes les voiles sont suspendues à leur cargue; les hommes placés à la manœuvre attendent, dans un morne silence, que la brise s'élève d'un côté ou de l'autre. L'attention de l'Hermite est partagée entre les soins du navire et les mouvements de l'ennemi, qui, favorisé par le souffle mourant du S.-E., s'approche de nous. Cependant la distance qui le sépare de nous est trop considérable pour que nous ayons à redouter ses attaques avant quelques heures; oui, mais la marée monte, mais le flot nous drosse vers le rivage : qu'allons-nous devenir?

Un dernier sujet de crainte préoccupe surtout l'équipage : l'Hermite, les yeux brillants et abattus tout à la fois, le teint décoloré, les traits altérés, est évidemment sous le coup d'une grave maladie ou du moins d'un violent malaise; comment sortirons-nous de notre position critique sans le secours de son génie? Tous les yeux suivent et épient avec anxiété ses moindres mouvements. On devine le combat intérieur que livre en lui la nature au sentiment de la gloire! Plusieurs fois il est obligé de s'appuyer contre les bastingages, mais chaque fois il se redresse de toute la force de sa sublime énergie. Quant à moi, j'ai confiance; je me dis que tant que l'ennemi sera en face de nous, l'Hermite l'emportera sur la fièvre qui le consume! Ah! si nous n'avions pas besoin de lui, si nous ne nous trouvions pas en danger, je suis certain que la maladie le tiendrait déjà terrassé sur son lit de souffrance.

Depuis dix minutes *la Preneuse* était dans une inaction

complète, lorsque, par un effet prévu, au reste, mais sur lequel nous n'osions plus compter, tant nous désespérions de notre chance, le calme gagnant le large vint suspendre aussi la marche de nos ennemis. Cet événement est célébré par nous comme un triomphe; car désormais, de quelque côté que souffle la brise, les Anglais ne pourront plus nous empêcher de nous mettre sous la protection des batteries de la côte. Seulement si le calme continue, un autre danger nous menace : nous serons forcés de mouiller sur un fond de madrépores tranchants (ou corail) qui, en quelques heures, couperont nos câbles; dans ce cas, nous échouerons à une demi-lieue de terre et nous tomberons infailliblement entre les mains des Anglais.

L'Hermite, je ne dirai pas troublé, mais au moins agité, fixait un regard inquiet vers le ciel et interrogeait les nuages, quand une subite rafale venant tout à coup du large, masque nos voiles et nous menace, tant nous étions près de terre, de nous jeter à la côte.

La sonde donnait alors dix brasses, le fond diminuait de plus en plus, et comme nous étions sans pilote côtier, notre position s'aggravait à chaque nouvelle minute.

– Une seule manœuvre peut nous sauver, dit l'Hermite en s'adressant à M. Dalbarade; faites mouiller de suite l'ancre de jet au large; on embarquera son grelin à l'embelle, pour nous contretenir dans l'abatée que nous allons faire vers la terre; et prenant alors bâbord amure, nous courrons au large pour revirer ensuite vers le port si la risée continue à souffler du même point. Aussitôt les voiles mises en ralingue, derrière poussent rapidement le navire vers la terre, l'ancre de jet fait bonne tête; mais, nouveau sujet d'alarme, la sonde ne donne plus alors que sept brasses! Il ne nous reste donc que quinze pieds d'eau environ sous la quille, pour parcourir un fond que nous ne connaissons pas et qui diminue progressivement d'une façon effrayante.

Bientôt, cependant, la frégate, après avoir décrit une

longue courbe vers le rivage, commence à cingler au large. Bon espoir et patience. Encore quelques minutes de cette route, puis on revirera pour entrer ensuite vent arrière dans le Port Louis; mais, hélas! malgré tant de précautions, *la Preneuse* a été entraînée très près de la côte. A peine les voiles sont-elles boulinées, qu'un froissement subit de la quille fait battre tous les cœurs et renverse nos espérances.

Un seul cri, poussé spontanément par tout le monde, retentit sur le pont : « Nous touchons! »

– Silence! commande l'Hermite.

Les coups de talon que donne la frégate se succèdent avec rapidité et font vibrer la mâture; l'avant du navire tourne vers la terre et sa marche est arrêtée : le vent fraîchit du large.

En quelques minutes la population de l'île accourt de toutes parts et couvre partout le pourtour de la baie.

– Messieurs, dit l'Hermite, qui dans ce moment critique oublie le mal qui l'accable pour ne plus s'occuper que du salut de la frégate, nous ne devons maintenant songer qu'à une seule chose : tirer le meilleur parti possible de notre position. Il faut tenter par tous les moyens de forcer la frégate à présenter le travers au large, de manière qu'elle puisse se défendre.

En conséquence, les voiles sont aussitôt serrées et les embarcations mises à la mer. On aperçoit alors l'énorme pâté de corail qui enchaîne la carène du vaisseau. La chaloupe va mouiller au large une ancre de bossoir.

– Tout ce que je demande, messieurs, dit l'Hermite en s'adressant à ses officiers, c'est de pouvoir combattre! Combattre est ici toute la question! que notre malheur, qui retombe sur la France, ne soit pas au moins tout à fait gratuit; profitons-en pour maltraiter de telle façon l'ennemi qu'il soit forcé de lever sa croisière. Vous me direz que nous avons affaire à des forces supérieures écrasantes! Qu'importe! N'est-ce pas à quelques lieues à peine de cette même place où nous nous trouvons, que *la Cybèle* et *la Prudente,* il y a de cela quatre ans, firent abandonner le champ de bataille et lever la croisière aux vaisseaux anglais *le Diomède* et *le Centurion!* Je vois dans ce rapprochement un présage de bon augure! Je ne vous recommanderai pas le courage, messieurs, je vous connais et je vous estime tous trop pour cela, mais je vous prêcherai la confiance. La confiance est la moitié du succès.

L'Hermite parlait encore quand une embarcation, accostant la frégate, y déposait un des aides de camp du marquis de Sercey, M. Olivier.

– Capitaine, dit ce dernier en s'adressant à l'Hermite, l'amiral, en ce moment sur le débarcadère, m'envoie vous demander quels sont les secours dont vous avez le plus pressant besoin.

– Je manque de tout, un simple coup d'œil suffira pour vous convaincre de cette vérité, lui répond l'Hermite, mais je ne demande qu'une chose : des combattants! J'aurais désiré communiquer avec l'amiral Sercey pour prendre ses ordres; je regrette de ne pouvoir quitter mon poste pour aller le trouver sur la plage. Veuillez lui présenter mes excuses.

– Capitaine, dit en rougissant un peu M. Olivier, l'amiral vous donne carte blanche.

– L'amiral me donne carte blanche! Veuillez, en ce cas, monsieur, ajouter aux excuses que je vous ai prié de lui transmettre, l'expression de ma profonde reconnaissance. Carte blanche! c'est-à-dire que l'on me permet de vaincre avec ma frégate désemparée, deux vaisseaux anglais!... Je n'ai certes pas à me plaindre!

L'Hermite s'arrêta alors devant la contenance embarrassée de l'aide de camp; puis, après un court silence, il reprit en changeant complètement de ton :

– Monsieur Olivier, je vous charge de faire enlever du bord tous les blessés, tous les malades, et de m'envoyer tout de suite des canonniers, des vivres frais et de l'eau. Allez.

L'aide de camp s'inclina et s'empressait d'obéir; mais l'Hermite, le cœur ulcéré, se retourne vers lui, et d'une voix que j'entends encore :

– J'espère, monsieur, lui dit-il, que l'amiral nous fera l'honneur d'assister, du débarcadère, au combat qui va avoir lieu : sa présence ne peut manquer de doubler la force de l'équipage!

L'Hermite, affranchi de toute entrave à ses volontés, ordonne alors que l'on se prépare à jeter à la mer tous les objets du bord qui pourraient gêner ou seraient inutiles pendant le combat à outrance qui va se livrer.

A ce commandement, chacun se met à la besogne; mais, hélas! les hommes nous manquent, et les renforts que l'on nous envoie, expédiés à pied, du port N.-O., sont obligés de faire un long circuit pour nous rejoindre et ne nous arrivent que lentement. Notre équipage supplée au manque de bras par son zèle et son ardeur, seulement ses efforts affligent notre capitaine, car il craint qu'au moment de la lutte nos hommes, trop fatigués, n'y puissent plus prendre une part aussi active; et c'est surtout sur son équipage que l'Hermite compte pour sortir à l'honneur de la France de notre position critique, presque désespérée.

Bientôt la mer montante touche à sa plus haute élévation, le vent du S.-E., qui nous a manqué au moment suprême où il pouvait nous sauver, succède à la brise du large; et les vaisseaux anglais, lancés d'abord vers nous avec vitesse, louvoient maintenant pour rallier la côte.

Une crainte terrible tourmente en ce moment tous les esprits : on redoute que la frégate, jusqu'alors en équilibre, quoique vacillante et asséchée par le reflux, tombe vers le large et rende, par ce malheur, la défense complètement impossible.

Enfin tout est prêt, l'ordre est donné pour opérer un allègement général : on jette à la fois hors du bord tous les canons du gaillard, tous les objets inutiles au service de l'artillerie; on défonce les pièces d'eau; leur contenu se répand dans la cale, que nos quatre pompes vident au fur et à mesure; on vire en même temps sur l'ancre de bossoir, et les charpentiers attaquent à grands coups de hache le pied des mâts chancelants au tangage. Bientôt ces géants des forêts, sapés à la base, privés d'appui et poussés à la mer par les rafales, s'inclinent avec de longs craquements et tombent en soulevant des montagnes d'écume.

Par malheur le grand mât et celui de misaine, déracinés les premiers, arrachent avec une telle violence le mât d'artimon, encore debout, qu'il parcourt, semblable à une irrésistible avalanche, le gaillard d'arrière, tuant et blessant sur son passage plusieurs hommes virant au cabestan, pour aller ensuite se rompre sur les passavants de tribord. L'Hermite est violemment précipité du haut de son banc de quart sur le tillac.

– Virez à force, virez toujours, mes amis, s'écrie-t-il en se relevant avec peine et en cherchant son porte-voix échappé de ses mains meurtries et ensanglantées; virez encore, enfants!... Je ne suis pas blessé... courage!... La frégate évite, et les Anglais ne l'auront pas.

En effet, les moyens mis en jeu avaient été calculés avec une si grande exactitude, que, cédant à la fois aux efforts du cabestan et du délestage, *la Preneuse* présente alors au large sa double ceinture de canons.

Un hourra salue cette heureuse réussite, car à présent que le combat est un fait décidé, inévitable, nos hommes ne songent plus à leurs rêves, à leurs projets; ils ne pensent qu'à se montrer dignes de l'Hermite et à se venger sur les Anglais des malheurs de notre croisière.

Bientôt les canons de la batterie de bâbord remplacent ceux des gaillards de tribord : en ce moment le chef de timonerie Huguet annonce que la mer commence à baisser.

– C'est bien, répond tranquillement l'Hermite, nous sommes prêts.

Puis s'adressant à messieurs Dalbarade et Rivière :

– Faites hisser le reste des pièces de la batterie, leur dit-il, moi je vais travailler avec messieurs Fabre, Raoul, Graffin, Viellard et Breton à accorer la frégate du bord du large.

L'équipage continue à rivaliser de zèle en exécutant, de concert et avec un entrain merveilleux, les travaux d'urgence. La mer, unie comme un étang, laisse la frégate immobile. L'Hermite, oubliant et la fièvre qui le dévore, et les graves contusions que la chute du mât d'artimon lui a occasionnées, se multiplie dans les embarcations où sont réunis les charpentiers et les hommes d'élite, pour faire établir sous ses yeux les béquilles destinées à maintenir *la Preneuse* dans une position verticale.

Malgré le zèle des travailleurs, malgré la puissante excitation que leur causent les conseils et les exhortations de leur capitaine, et qui les fait doubler de promptitude dans l'exécution de ces préparatifs, à peine notre nouvelle batterie est-elle installée sur les gaillards et les passavants de tribord, qu'un épais nuage de fumée déchiré par la flamme nous annonce que les Anglais sont à portée de canon et que le combat commence.

– Ma foi, Garneray, me dit en souriant M. Graffin en passant près de moi, j'espère que vous devez être content. Voici une nouvelle commande de tableaux que vous apportent les Anglais. Cette fois-ci, ce ne sera plus avec de l'eau, mais bien avec du vin généreux que nous arroserons vos productions. Examinez donc, avec attention, comment les choses vont se passer. Quant à moi, ajouta M. Graffin en se frottant les mains d'un air joyeux, je crois que ça sera vraiment joli!

Un sujet de tableau, qui eût été, certes, préférable, pour un peintre de talent, à la reproduction des volcans enflammés qui allaient vomir leurs flammes et leur lave, c'était M. Graffin lui-même.

Ce jeune homme à l'œil hardi et brillant, au front resplendissant d'une noble et chevaleresque audace, au sourire doux et joyeux pendant le combat, présentait certes un motif d'étude d'un effet saisissant. M. Graffin, selon son habitude, avait dans la prévision d'un amarinage ou d'une lutte à l'arme blanche apporté le plus grand soin à sa toilette. Sa maxime était que pour soutenir dignement l'honneur de la France on devait se montrer avec tous ses avantages à l'ennemi.

Il était environ trois heures lorsque le feu commença.

L'effectif des forces de *la Preneuse*, y compris les renforts que nous avons reçus, se compose d'environ deux cents hommes.

A bâbord, du côté du rivage, et par conséquent à l'abri du feu de l'ennemi, stationnent la chaloupe consacrée aux blessés et à la réserve des marins et quelques légères embarcations destinées à entretenir les communications avec la terre.

Bientôt nous voyons briller les uniformes des artilleurs français sur les pointes de la baie; on y installe précipitamment des batteries pour nous venir en aide. A cette vue, l'Hermite ne peut s'empêcher de lever les épaules d'un air de pitié.

– Ces canons de petit calibre nous seront inutiles... ils sont hors de portée.

En effet, ces pièces ne tardèrent pas à ouvrir leur feu et je pus me convaincre, pendant une éclaircie de fumée, que leurs boulets n'arrivaient pas jusqu'aux vaisseaux; n'importe : nos hommes de la batterie ignorent ce fait, et cet appui qu'ils croient posséder à terre stimule leurs efforts et augmente leur confiance. Au reste, jamais combat ne s'est engagé avec plus de vivacité que celui que nous livrons en ce moment. Les renforts que nous avons reçus veulent se montrer dignes de notre équipage; nos hommes ont une revanche à prendre sur les Anglais pour nos désastres de la baie de Lagoa : tous savent que le pourtour de la baie est recouvert par la population entière de l'île de France, que des milliers d'yeux épient leur contenance, comptent leurs coups, contemplent leurs prouesses. La rage, la vengeance et l'amour-propre sont en jeu. On se fera tuer jusqu'au dernier; on ne se rendra jamais.

Au reste, notre position est loin d'être désespérée. Maintenant que *la Preneuse* est immobile sur sa quille et sur ses appuis, à portée de recevoir des secours de toute espèce, elle peut soutenir dignement le feu des quatre-vingts canons de gros calibre qui vomissent sans relâche sur elle la flamme et le fer. Et puis, l'Hermite, avant de commencer le combat, nous a prévenus que tant qu'une des vingt-trois pièces de 18 qui arment notre frégate-citadelle pourra faire feu nous n'abaisserons pas nos couleurs nationales : il faut donc, pour nous vaincre, que l'ennemi nous démolisse sur place.

Depuis deux heures que dure la canonnade, nos hommes sont admirables de zèle et d'ardeur : aveuglés par la fumée, accablés par une chaleur brûlante, ils ont jeté bas leurs vêtements, et ressemblent à des démons dansant dans une fournaise. La plupart, en glissant sur les cadavres de leurs camarades gisant dans la batterie, se sont relevés couverts de sang : c'est affreusement beau à voir.

Que cette fois la fatalité reste neutre, et nous sommes définitivement vainqueurs, car notre tir, dirigé avec une rare adresse, a déjà depuis deux heures causé les plus grands ravages à l'ennemi. Par moments même le feu des Anglais s'arrête pendant quelques secondes; les vaisseaux doivent se consulter entre eux pour savoir s'ils continueront un combat dont les conséquences peuvent être si désastreuses pour eux en cas d'insuccès, et leur donner un si mince avantage en cas de réussite.

L'Hermite se tient presque constamment dans les porte-haubans de tribord, pour surveiller l'état des appuis qui soutiennent la frégate : plusieurs, que l'on ne peut remplacer, sont, hélas! brisés par les boulets anglais; mais notre capitaine cache, sous l'air de la plus profonde indifférence, cette découverte qui le désole, et que nous n'apprendrons que plus tard.

Une seule fois j'ai un soupçon de ce qui se passe en

surprenant un regard qu'échangent entre eux l'Hermite et Dalbarade; ce regard, quelque rapide qu'il soit, est si plein d'anxiété et d'angoisse, qu'il vaut à lui seul une longue explication. Au reste, nos marins, ignorants de ce qui se passe en dehors du bord, continuent leur feu avec un redoublement d'énergie qui ne se comprend pas et qui soulève les applaudissements frénétiques de la population couvrant le pourtour de la baie et assistant, remplie d'admiration et d'émotion, au sublime spectacle de ce combat.

La voix de l'Hermite, qui, je l'ai déjà dit lors de l'affaire avec *le Jupiter*, tranche par sa netteté sur le bruit du canon, ne cesse de retentir; elle encourage l'équipage et lui promet la victoire! Hélas! n'est-ce pas encore là peut-être un généreux mensonge?

Quant à moi, quoique cette voix m'électrise, ce n'est pas elle qui préoccupe le plus mon attention : ce sont les yeux de l'Hermite! Depuis que j'ai surpris entre M. Dalbarade et lui ce muet échange de désespoir, une crainte vague, quoique poignante, s'est emparée de moi; je m'attends à chaque instant à une affreuse catastrophe. Hélas! l'événement ne tarde pas à donner raison à mes prévisions. Un immense cri de désespoir et de douleur retentit sur la frégate : plus d'espoir; nous sommes perdus! *la Preneuse*, privée de ses appuis, tombe tout d'un coup sur son flanc de tribord en refoulant à grands sillons la mer au loin!

Un moment de confusion et de stupeur inexprimables s'ensuit; nos hommes échappent avec beaucoup de peine à l'eau qui envahit leurs postes, et se réfugient sur le côté de bâbord ou sur la carène; nos batteries sont submergées; nos ponts sont mis à découvert. L'Anglais n'en continue pas moins son feu.

Après ce malheur sans remède, que ni l'intégrité ni le génie ne peuvent surmonter, toute résistance nous est devenue impossible : il ne nous reste plus, comme aux gladiateurs romains, qu'à mourir avec dignité.

– Eh bien! Garneray, me dit en ce moment d'une voix

navrante l'enseigne Graffin, qui comme moi s'est mis à l'abri de la mer sur le flanc de bâbord, voilà donc notre pauvre *Preneuse* à tout jamais perdue! Ah! c'est comme si j'assistais à la mort de ma mère! Bonne frégate! Depuis sa mise à l'eau, je ne l'ai pas quittée d'un jour... Elle va donc tomber entre les mains des Anglais? Oh! non, c'est impossible... L'Hermite est vivant, l'Hermite nous commande, nous ne nous rendrons pas!...

Cependant, comme si notre intrépide et malheureux capitaine ne voulait pas laisser plus longtemps une lueur d'espérance à M. Graffin, celui-ci n'avait pas achevé de manifester son espoir, que l'Hermite envoyait à terre les débris mutilés ou sanglants de son vaillant équipage.

– Abandonner la frégate! s'écrie alors M. Graffin en s'élançant sur le pont, jamais! capitaine... jamais!...

– Monsieur Graffin, lui répond l'Hermite d'une voix sévère, quand je dis : Je veux, il n'y a plus qu'à se taire et à obéir.

– Oui, c'est vrai... c'est juste, capitaine... Mais enfin que va devenir notre pauvre *Preneuse?*

– *La Preneuse*, monsieur, ne craignez rien, ne tombera pas au pouvoir de l'Anglais.

– Que me dites-vous là, capitaine! s'écrie l'enseigne avec une émotion profonde.

– La vérité. Tout est disposé pour incendier la frégate!

– Incendier la frégate, capitaine!... Ah! voilà qui est bien... merci...

Puis, après quelques secondes :

– Mais qui mettra le feu, capitaine?

– Moi, monsieur, qui veux, vous entendez, qui veux rester seul et le dernier à bord. Partez... Une embarcation restera pour me recueillir... Encore une fois, partez! vous dis-je...

– Partir, capitaine! partir lorsque les boulets et la mitraille de l'ennemi pleuvent sur nous!... Partir en vous abandonnant... nous, vos officiers... jamais! s'écrie l'enseigne avec une énergie pleine de sensibilité.

– Non, jamais!... répètent les autres officiers, M. Dalbarade en tête, jamais!...

L'Hermite, en présence de ce dévouement, est attendri : une larme tremble dans ses cils.

– Eh bien, restez, messieurs, répond-il brusquement en se retournant vers son état-major. Au fait, vous êtes dignes de cet honneur.

Les six officiers qui sont près de lui en ce moment le remercient avec effusion de cette permission. Graffin est radieux.

Soit que la réaction produite par les efforts surhumains qu'avait faits l'Hermite pour dompter sa fièvre commençât à se déclarer, soit que la douleur de voir le navire confié à sa responsabilité succomber dans la lutte lui eût causé une angoisse trop vive, soit enfin que la défaite fût sonnée, toujours est-il que l'Hermite, malgré ses efforts, malgré sa volonté de fer, pâlit en cet instant et fut obligé de s'appuyer sur l'enseigne Graffin. Pendant quelques instants il lutte contre la nature, mais enfin ses forces l'abandonnent, il penche la tête, ferme les yeux et s'évanouit.

Toutefois, avant de perdre connaissance, il trouve encore la force, soutenu par l'idée fixe qui le domine, d'ordonner à M. Dalbarade d'incendier *la Preneuse*.

– Monsieur Dalbarade, monsieur Viellard, s'écrie Graffin, aidez-moi à transporter le capitaine dans le canot qui stationne du côté de la terre; pendant ce temps-là, ces messieurs incendieront la frégate.

Hélas! malgré les efforts réunis, non pas seulement de l'enseigne et du lieutenant, mais bien de tous les officiers, auxquels je me suis joint, il nous est impossible, à cause de la trop grande inclinaison de la carène du navire, et de l'immobilité complète de l'Hermite, de le porter jusqu'à l'embarcation qui l'attend. Bientôt cette immobilité de notre pauvre capitaine est remplacée par des spasmes nerveux;

ses officiers désolés le couchent sur le pont, et le contemplent douloureusement en silence...

Les moments sont précieux, les secondes valent des heures. M. Dalbarade, après avoir rapidement consulté ses collègues, se décide, avec leur approbation, à faire accoster la yole par la hanche de tribord, qui, comme on le sait, se présente au large du côté de l'ennemi. Malheur! à peine cette frêle embarcation a-t-elle doublé le couronnement de la frégate que mitraillée par le feu des vaisseaux, elle coule à pic, entraînant au fond de la mer dans ses débris ensanglantés les quelques hommes qui la montent.

Une stupéfaction morne et profonde s'empare des officiers : c'est un bien triste spectacle que celui que j'ai devant les yeux; tellement triste même, que je ne songe plus à la pluie de mitraille qui tombe à l'entour de nous!

L'Hermite gît étendu du côté de terre entre le banc de quart et le tillac. L'enseigne Graffin, agenouillé près de lui, soutient sa tête. De temps en temps le noble jeune homme secoue par un brusque mouvement du col les larmes qui obscurcissent sa vue, et qu'il ne songe pas, tant son désespoir est grand, à cacher; puis il fixe alors d'un œil ardent les vaisseaux ennemis, dont on n'aperçoit, à travers un épais rideau de fumée, que les sommets des mâts, et une expression de rage indicible dilate ses narines, relève sa lèvre supérieure et plisse son front.

Oh! s'il lui était donné de monter à l'abordage, personne ne lui résisterait; ce serait un lion déchaîné au milieu d'un troupeau. Mais, non, il lui faut, dans son impuissance, ajouter à son désespoir la cruelle souffrance que lui cause la pensée de cette impuissance! Enfin, n'y tenant plus, il appuie doucement contre le banc de quart la tête de l'Hermite, jette vivement son uniforme sur le pont, et se dirige vers le côté de bâbord.

– Où allez-vous, Graffin? lui demande M. Dalbarade.

– Je m'en vais chercher à la nage une autre embarcation pour remplacer la yole coulée, répond-il.

– C'est une idée. Allez!

A peine M. Graffin a-t-il fait deux pas, qu'il s'arrête subitement en portant vivement la main sur son cœur.

– Vous êtes blessé, lui crie M. Raoul.

– Oh! ce n'est rien, répond-il en voulant continuer sa route.

Mais ses forces trahissent sa volonté, il recule et tombe à côté de l'Hermite. Un flot de sang coule à gros bouillons de sa poitrine, qui a été frappée en plein par un biscaïen.

Alors se passa une scène navrante, et que je n'oublierai jamais.

L'Hermite, phénomène inexplicable de ce mystérieux fluide sympathique que l'on ne connaîtra jamais, au moment même où l'infortuné Graffin s'affaisse près de lui, ouvre les yeux en l'appelant par son nom : il était privé de connaissance lorsque le fatal biscaïen a frappé l'enseigne, et il sait que l'enseigne est blessé!

– Me voici, capitaine, près de vous, répond l'héroïque jeune homme en essayant d'affermir sa voix. Ce n'est rien... ne faites pas attention... une politesse des Anglais, qui, sachant l'horreur qu'ils m'inspirent, me dispensent d'une visite chez eux...

M. Graffin, qui a prononcé ces mots avec effort, tout en essayant de sourire, s'arrête épuisé.

– Pauvre ami! dit l'Hermite, qui attire par un mouvement paternel la tête du malheureux contre sa poitrine.

Dès ce moment le capitaine est vaincu; l'homme bon et excellent jusqu'à l'abnégation a triomphé de lui : l'Hermite pleure comme un enfant.

– Ce n'est rien, commandant, répète Graffin, qui s'oublie pour consoler l'Hermite : une égratignure... j'en guérirai... et je prendrai ma revanche... sous vos ordres... La voix du pauvre blessé devient de plus en plus faible : cependant il parvient à dominer sa faiblesse et reprend bientôt, en s'arrêtant péniblement à chaque parole qu'il prononce :

– Au fait, capitaine, à quoi bon vouloir vous tromper?

ma blessure est trop indiscrète pour pouvoir être dissimulée. Oui, je vais mourir... c'est vrai... J'ai une grâce à solliciter de vous... ne me refusez pas... Laissez-moi poursuivre sans m'interrompre... Je voudrais... être enseveli dans les couleurs nationales... là, à cette même place où je suis... au banc de quart. Je voudrais... je voudrais que l'on me laisse sur la frégate... Me le promettez-vous?

– Oui, Graffin!... vos derniers souhaits seront fidèlement et religieusement exécutés, répond le capitaine, je vous le jure...

– Merci... capitaine... Oh!... si jamais... si jamais... vous voyez ma bonne mère... dites-lui... que... que... je suis tombé... comme doit tomber un officier français... la face tournée vers l'ennemi... que j'ai pensé à elle, que je n'ai pas souffert!...

L'enseigne s'arrêta un moment, puis reprit en se retournant vers les cinq officiers ses collègues :

– Merci, messieurs, de l'amitié que vous m'avez toujours témoignée... Au fait, j'étais réellement un bon... un bon garçon... J'ai bien l'honneur... de vous saluer...

L'infortuné jeune homme en prononçant ces derniers mots essaya de sourire, mais ses traits, contractés par la souffrance, trahirent sa volonté. Quelques soubresauts nerveux agitèrent son corps, et sa tête s'affaissa sur le pont tandis qu'il murmurait encore :

– Les couleurs nationales... ma mère... capitaine... *la Preneuse!*

Il était mort!

– Monsieur Dalbarade, dit l'Hermite, je ne me sens pas bien; peut-être vais-je rejoindre notre camarade... Promettez-moi que vous exécuterez à la lettre ses dernières volontés.

Le capitaine ferma alors les yeux pendant quelques secondes, puis relevant tout d'un coup brusquement la tête :

– Dalbarade! s'écria-t-il en essayant de se dresser sur ses pieds, je vous le répète pour la dernière fois : accordez-moi donc la grâce d'incendier la frégate, d'amener le pavillon et de m'abandonner aux soins des Anglais, qui ne peuvent tarder à vous amariner. Vous ne pouvez plus rien pour moi, messieurs... sauvez-vous, je vous en conjure!

Nous croyons inutile d'ajouter que cette dernière recommandation de l'Hermite ne pouvait influer et n'influa en rien sur la généreuse détermination prise par ses officiers; pas un d'eux ne songea à le quitter, seulement on amena le pavillon.

Depuis la mort de Graffin, le feu des Anglais avait cessé; peut-être fut-il frappé par leur dernier coup de canon.

A peine quelques minutes s'étaient-elles écoulées, que j'aperçus un groupe d'embarcations anglaises qui se dirigeaient à force de rames vers nous; je m'empressai de me jeter au milieu de quelques matelots qui étaient tombés frappés à mort à la même place.

Le spectacle que présentait la frégate était alors aussi triste que terrible. Les bastingages étaient presque rasés; le pont, labouré par les boulets, était jonché de cadavres affreusement défigurés, de débris humains ensanglantés; enfin, au pied du banc de quart, M. Rivière, à genoux, aidé de l'enseigne Fabre, du lieutenant Dalbarade et de l'aspirant Viellard, soutenait le capitaine dans ses bras, tandis que le médecin de la frégate lui prodiguait ses soins; à côté de l'Hermite, et la tête inclinée, comme s'il dormait d'un paisible sommeil, reposait le cadavre de Graffin!

Tel était le sublime et lugubre tableau qui apparut aux Anglais quand leur lève-rame m'annonça qu'ils venaient amariner *la Preneuse.*

Au moment même où les ennemis mirent le pied sur la frégate, l'Hermite ouvrit les yeux, et, puissance irrésistible d'une âme fortement trempée, parvint, malgré sa faiblesse, à se dresser debout.

Le chef de l'expédition s'avança vers lui, puis, s'arrêtant à deux pas, il remit vivement son poignard dans le fourreau; et, retirant son chapeau, il s'inclina profondément, et d'un air où le respect et l'admiration se lisaient clairement, devant l'Hermite.

– Capitaine! lui dit en assez bon français l'officier anglais, qui, le voyant couvert du sang de Graffin, le crut grièvement blessé, croyez à toute la douleur que j'éprouve de vous trouver dans un tel état... Veuillez, je vous en supplie, me faire l'honneur de disposer de moi selon vos désirs... je viens me mettre à vos ordres.

– Je vous remercie, monsieur, lui répondit l'Hermite touché de cette délicatesse et de ce bon procédé.

Puis, d'un signe de main il l'avertit qu'il était prêt à le suivre.

Alors l'Hermite, soutenu par ses officiers et par ceux des vaisseaux anglais, qui s'empressent autour de lui, parvient jusqu'au cutter du général.

Avant de pousser au large, l'officier commandant, dont la voix arrive jusqu'à moi, lui demande ses ordres relativement à l'officier qu'il a vu à ses côtés.

– Il a désiré, répond l'Hermite, que ses restes subissent le sort de *la Preneuse*, qu'il n'a pas quittée un seul jour depuis sa mise à l'eau.

– Mais j'ai l'ordre de la brûler, s'écrie l'Anglais.

– En ce cas, messieurs, dit l'Hermite en s'adressant à son état-major, remontez à bord et ensevelissez le corps de notre bien-aimé camarade dans nos couleurs nationales... Dépêchez-vous... je vous en prie... je souffre beaucoup.

En effet, pendant le temps que dura cette triste opération, la tête de l'Hermite resta constamment cachée dans ses mains. Quand le cutter se mit en marche, il jeta un dernier et suprême regard d'adieu à sa pauvre frégate; mais cette fois aucune émotion ne perçait sur son visage : des yeux ennemis l'observaient.

Je crois devoir rapporter ici, pour ne pas entraver la marche de ce récit, les particularités suivantes, dont je n'eus naturellement connaissance que plus tard :

Lorsque l'Hermite arriva devant les vaisseaux anglais, l'on y savait déjà, par les signaux, qu'il se trouvait dans le cutter et qu'il était blessé ou malade.

A cette nouvelle, l'amiral Pelew (depuis lord Exmouth) [1] fait hisser, en signe d'honneur, le pavillon français à la tête du mât de misaine des deux 74; puis, dès que le cutter se trouve le long de son bord, un cartahu descend de la grande vergue et amène aux pieds de l'Hermite un fauteuil artistement gréé. Enlevé doucement par cet appareil, le noble prisonnier se trouve bientôt sur le passavant du vaisseau commandant où l'attendait l'amiral.

L'Hermite s'avance alors péniblement au milieu des officiers du bord, qui tous, le chapeau à la main, sont rangés en haie sur le gaillard d'arrière.

– Capitaine, lui dit sir Édouard Pelew en le saluant, permettez-moi de serrer votre main... la main du plus vaillant homme de guerre, je le déclare hautement, qui à ma connaissance soit au monde.

L'Hermite s'incline et lui présente son épée.

– Je l'accepte, s'écrie noblement l'amiral, comme celle d'un héros, elle ne me quittera jamais...

Puis retirant alors la sienne et l'offrant à l'Hermite :

– Je ne puis, continua-t-il, vous offrir en échange que celle d'un bon et loyal marin... Veuillez, je vous en prie, la conserver en souvenir de l'estime profonde que vous m'inspirez.

L'amiral Pelew, après avoir prononcé ces paroles avec âme, prie l'Hermite de s'appuyer sur son bras, et le conduit dans un magnifique appartement qu'il lui a fait préparer et qui est contigu au sien.

Je demanderai à présent au lecteur la permission de revenir à mon humble personne, restée à bord de *la Preneuse*.

Ne désirant pas plus être fait prisonnier par les Anglais

1. Edward Pellew, vicomte d'Exmouth (1757-1833).

que brûlé vif, j'attendis que le cutter qui emportait l'Hermite fût éloigné de quelques brasses de la frégate; puis je m'affalai à la mer par le côté de bâbord. Comme j'étais excellent nageur, que l'eau était tiède et tranquille, la terre pas trop éloignée de moi, je ne me serais nullement préoccupé de ma position sans une fort désagréable pensée qui me vint à l'esprit : celle que je pourrais bien rencontrer des requins. Or, je l'avoue, cette perspective m'épouvantait beaucoup : aussi ne fut-ce pas sans un vif plaisir que je me hâtai de grimper dans une embarcation qui cherchait les blessés et qui me recueillit.

X

A terre
Rencontre surprenante
L'Hermite est rendu à la liberté
Il est porté en triomphe

Lorsque nous abordâmes sur la plage, je fus, quoique mon grade de simple matelot à bord de *la Preneuse* n'eût rien qui pût motiver une semblable réception, l'objet d'une véritable ovation. On m'entourait, on m'accablait d'offres de services; l'un me proposait sa maison, celui-ci de l'argent, celui-là des habits; c'était à qui obtiendrait de moi une marque d'attention, une parole, un sourire. Le fait est que cette brillante conduite de *la Preneuse* avait excité au plus haut point l'intérêt des habitants en notre faveur, et que chacun d'eux, nous considérant tous comme des héros, mettait son amour-propre à tâcher d'accaparer le plus humble d'entre nous pour lui faire raconter les épisodes du combat.

Troublé par toutes ces amabilités bruyantes, je ne savais à qui répondre, lorsqu'à la vue de M. Montalant, le constructeur de navires dont j'ai déjà parlé, qui accourait à moi les bras ouverts, toutes mes incertitudes cessèrent. Je le suivis à sa maison.

Une fois qu'il m'eut habillé, de pied en cap, avec ses effets, qu'il m'eut fait prendre un bon repas et dormir une heure ou deux, il me demanda le récit détaillé des événements qui s'étaient passés à bord de *la Preneuse*. La nuit était venue, et plusieurs visiteurs et surtout beaucoup de visiteuses, que ma présence avait attirés, encombraient le salon de M. Montalant; ce fut devant un brillant et nombreux auditoire que je commençai ma narration, qui, je dois l'avouer malgré ma modestie, obtint un immense succès. J'en étais arrivé au récit de la mort de M. Graffin, et je voyais des larmes briller dans tous les yeux, je crois bien que j'étais aussi un peu attendri moi-même, lorsque la porte du salon s'ouvrit et qu'un nouveau visiteur entra.

A l'aspect d'un jeune homme de vingt-deux à vingt-cinq ans, qui se présenta avec d'excellentes manières, et s'en fut saluer le maître et la maîtresse de la maison, un vif mouvement de dépit ou de contrariété se manifesta parmi l'assemblée.

Le nouveau venu comprit tout de suite la gêne que causait sa présence, et jeta, en rougissant, un regard rapide autour du salon : il m'aperçut aussitôt.

– Monsieur, dit-il! en s'adressant à mon ami Montalant avec un accent qui trahissait son origine anglaise, j'aperçois ici, si je ne me trompe, un des combattants de *la Preneuse* que j'ai vu débarquer tantôt sur la plage. Seriez-vous assez bon pour vouloir bien me faire l'honneur de me présenter à lui?

M. Montalant s'empressa d'obéir à ce désir, et s'avançant, suivi du jeune homme, vers moi :

– Monsieur Green, dit-il, je vous présente M. Garneray, l'un des marins de *la Preneuse*... Monsieur Garneray, M. Green, lieutenant de vaisseau au service de Sa Majesté Britannique.

Nous nous saluâmes, l'officier et moi; et celui-ci m'adressant aussitôt la parole à haute voix et de façon à pouvoir être entendu de tout le monde :

– Je crains bien, monsieur, me dit-il, d'être arrivé ici en importun, au moment où vous racontiez le combat d'aujourd'hui... Que ma présence, je vous en conjure, ne vous fasse pas suspendre votre récit. La France et l'Angleterre, quoique rivales, possèdent toutes les deux d'assez riches souvenirs de gloire pour n'avoir rien à s'envier. Quant à la conduite du capitaine l'Hermite et à l'héroïsme montré par votre équipage, ce sont là des faits évidemment si glorieux, que vous ne pouvez me blesser en rien dans ma fierté nationale en les retraçant devant moi. Je ne suis pas anglais seulement, monsieur, je suis aussi homme de guerre, et les belles actions trouvent toutes et toujours un écho dans mon cœur.

Le lieutenant Green, après avoir prononcé ces paroles, qui furent parfaitement accueillies par l'assemblée, s'assit près de moi et me donna à comprendre, par son air grave et recueilli, qu'il était prêt à m'écouter : je repris mon récit interrompu.

Lorsque j'eus terminé au milieu de l'attendrissement général, M. Green se retournant vers moi :

– Vous ne vous doutez probablement pas, monsieur, me dit-il, que nous sommes déjà des connaissances. Oh! n'interrogez pas vos souvenirs. Vous ne m'avez jamais vu, c'est vrai; mais nous nous sommes déjà trouvés l'un et l'autre en présence dans la baie de Lagoa.

– Quoi! vous étiez sur l'un des navires que nous avons attaqués dans la baie de Lagoa? m'écriai-je avec une certaine émotion, car le souvenir de ce désastre m'impressionnait encore.

– Que vous avez attaqués, non pas; seulement, vous souvenez-vous qu'avant le commencement de l'action une goélette vous passa en poupe?

– Parfaitement, monsieur; cette goélette nous parut même posséder un très petit nombre de matelots.

– Cela se conçoit : j'avais fait, car c'était justement moi qui commandais cette goélette, cacher l'équipage. J'étais envoyé par le capitaine de la corvette pour avertir les autorités anglaises du cap de Bonne-Espérance de votre présence dans ces parages et de votre audacieuse agression... C'est à cette mission, que je remplis avec bonheur, que vous devez, ne m'en voulez pas pour cela, d'avoir eu *le Jupiter* à combattre. Je dois à présent vous avouer loyalement qu'au Cap on ne craignait qu'une chose en envoyant ce vaisseau contre vous, c'est qu'il ne pût vous rejoindre... Quant à votre capture, elle n'était pas même le sujet d'un doute. Jugez donc du sentiment de dépit et d'admiration tout à la fois que nous ressentîmes en voyant revenir, quelques jours plus tard, *le Jupiter* battu et coulant bas. Depuis lors, le nom de l'Hermite avait grandi parmi nous de toute la hauteur de cet exploit... Le combat d'aujourd'hui le met à tout jamais au premier rang.

– Pardon de ma question, monsieur, dis-je au lieutenant Green, me serait-il permis de vous demander, sans indiscrétion, si notre feu vous a occasionné quelque dommage dans la baie de Lagoa?

– Je vous répondrai avec ma franchise habituelle : Oui, votre attaque nous a été funeste. A peine aviez-vous mis à la voile, que le vaisseau de la Compagnie a coulé bas. Quant à la corvette et au baleinier, ils n'étaient guère en meilleur état : c'était à peine s'il leur restait assez de monde pour manœuvrer, tant vous aviez décimé leurs équipages. Ils ont eu toutes les peines imaginables à regagner le Cap. Ah! sans l'heureuse tempête du lendemain, qui vous a probablement, du moins nous l'avons pensé ainsi, empêchés de revenir, nous étions obligés de nous rendre à discrétion. C'est là, pour vous, un bien beau fait d'armes!...

– Mais comment se fait-il donc, monsieur, lui demandai-je en ne voulant pas insister devant tant de loyauté et de franchise sur des événements qui devaient lui être pénibles, comment se fait-il donc, monsieur, que j'aie l'honneur de vous voir en ce moment à l'île de France?

– J'ai été surpris, dans une embarcation, en venant reconnaître la côte, je suis prisonnier de guerre sur parole...

Une semaine s'était écoulée depuis que l'Hermite était à bord du vaisseau amiral anglais. Chaque jour des embarcations envoyées avec le drapeau parlementaire allaient s'enquérir de l'état de sa santé. Il me serait impossible d'exprimer l'intérêt qu'inspirait à tous les habitants de l'île de France le sort du noble prisonnier. On avait offert, par souscription, de payer une somme énorme pour sa rançon. Inutile d'ajouter que l'amiral Pelew n'avait pas même daigné consentir à discuter cette proposition.

Quant à moi, grâce à la généreuse hospitalité de M. Montalant, qui m'avait attaché, en qualité de dessinateur, à son atelier de construction, je menais une vie qui sans le désir dont j'étais tourmenté de reprendre la mer eût été tout à fait heureuse.

Un matin que je me promenais, selon mon habitude quotidienne, sur la plage, je vis les deux vaisseaux anglais, après s'être ralliés ce jour-là de meilleure heure qu'à l'ordinaire, se présenter devant la rade, hors de la portée des forts, puis, munis tous les deux d'insignes parlementaires, mettre en panne.

Bientôt une embarcation se détache du vaisseau amiral, tandis que des coups de canon, tirés successivement par chaque croiseur, à intervalles égaux, amènent toute la population de la ville sur le rivage. Les uns prétendent que ces coups de canon nous sont adressés en signe d'adieu; d'autres qu'ils constituent une bravade; enfin, chacun se livre à ses suppositions.

Pendant ce temps-là l'embarcation que j'ai vue se détacher du vaisseau amiral continue d'avancer vers le rivage; bientôt elle attire tous les regards. On distingue derrière les rameurs des uniformes d'officiers qui ne sont point ceux de la marine anglaise, des uniformes qui ressemblent aux nôtres. Tous les cœurs battent; la même pensée, rapide comme l'éclair, a parcouru toute la foule, et chacun spontanément, sans se faire part de son espoir, se précipite vers l'embarcadère.

L'embarcation n'est plus qu'à une vingtaine de brasses de terre, lorsque, du groupe des officiers réunis sur son arrière, se lève un homme qui se découvre et salue la foule. Plus de doutes, c'est lui! à sa chevelure blonde, à ses yeux bleus et doux qui respirent l'audace et la bonté, à sa contenance noble et martiale, on doit le reconnaître : c'est l'Hermite!

Alors une acclamation répétée par les échos de la baie s'élève, immense et délirante, vers les cieux; les forts, aux aguets, mêlent aussitôt la grande voix du canon aux joyeuses clameurs de la foule : c'est un hymne bruyant, un triomphe improvisé et véritable, à rendre jaloux un roi!

Enfin le canot accoste, abritant les premiers rangs des spectateurs sous ses couleurs parlementaires. Le quai disparaît sous le flot des assistants; on se pousse, on se jette à l'eau pour voir de plus près le héros que la générosité de sir Pelew rend à la France.

L'Hermite veut s'élancer sur la plage, mais son pied ne la touche pas; saisi au milieu de son élan par cent bras enthousiastes, il est enlevé sur un pavois improvisé avec des avirons, et malgré les efforts que lui fait tenter sa modestie, malgré ses prières, malgré sa résistance, il est porté en triomphe au milieu des cris de joie de son nombreux cortège vers le palais du gouvernement.

Quant à moi, l'un des premiers je l'ai reconnu, le premier je l'ai salué d'un cri parti du cœur lorsqu'il est descendu à terre; il m'a remarqué et il m'a souri; peut-être m'eût-il appelé par mon nom s'il n'eût été occupé à se dérober aux empressements de la foule; je me suis trouvé heureux de cette reconnaissance et de ce sourire, mais hélas! ma joie est tempérée, en remarquant que des six officiers restés si noblement avec leur capitaine, trois manquent en ce moment à l'appel. Deux ont été retenus prisonniers par sir Pelew pour servir à constater la destruction de *la Preneuse,* le troisième est l'enseigne Graffin!

XI

Je retrouve l'Hermite – Partie de campagne
Rencontre de Kernau – Quelques-unes de ses facéties
Empoisonnement de l'Hermite – Mort de Kernau

Depuis quelques jours que l'Hermite était à terre, j'avais déjà été à deux reprises lui présenter mes respects, et chaque fois il m'avait reçu avec une bienveillance toute particulière, cela était au reste fort naturel, car en dehors de notre connaissance commencée à Rochefort, à la table de mon cousin Beaulieu-Leloup, j'étais le seul homme de l'équipage qui eût assisté, en ne voulant pas abandonner la frégate, à la mort de l'infortuné Graffin; l'Hermite, j'en suis persuadé, me tenait compte de ce souvenir!

– Mon cher Louis, me dit un matin mon excellent ami M. Montalant, je pars dans la journée pour mon habitation de la Poudre-d'Or, qui est située, comme vous le savez, à cinq ou six lieues de la ville; je compte que vous voudrez bien m'y accompagner. J'espère y rester une semaine. Acceptez-vous?

– Avec le plus grand plaisir.

– Ma foi, reprit M. Montalant après une légère pause, je voulais vous ménager une surprise, mais à quoi bon? pourquoi vous priver encore pendant cinq ou six heures d'un bonheur que vous pourriez goûter dès à présent? Sachez donc, mon cher Louis, que le capitaine l'Hermite a bien voulu accepter l'invitation que je lui ai faite, afin de l'aider à rétablir sa santé délabrée, de venir passer quelques jours dans mon habitation de la Poudre-d'Or. Vous pourrez le voir et causer avec lui tout à votre aise.

Je remerciai le bon M. Montalant avec effusion, puis, deux heures plus tard, enfourchant un petit cheval du Cap qu'il avait fait seller pour moi, je me dirigeai vers son habitation; quant à lui, il était déjà parti depuis une heure, en voiture, avec le capitaine l'Hermite.

Si, depuis que j'avais quitté mon père, il y avait plus de deux ans, au bout de l'allée des Veuves, à Paris, j'étais devenu, d'un enfant peu expérimenté, un quasi-marin, cela ne m'avait pas rendu meilleur écuyer que n'eût pu l'être un collégien, car, je l'avoue, je n'avais jamais encore de ma vie monté à cheval.

Je ne sais s'il faut attribuer à mon inexpérience, ou bien à la vivacité de ma monture, peut-être, plutôt encore à ces deux causes réunies, les mésaventures qui m'arrivèrent pendant mon petit voyage, toujours est-il que deux fois je fus désarçonné.

Ma bête, fière probablement de ces premiers avantages, augmentait de plus en plus de vivacité, tandis que moi, humilié de ces défaites et voulant prendre ma revanche, je redoublais d'opiniâtreté. De ce manque complet d'entente cordiale entre le cavalier et la monture résulta naturellement un assez long retard pour moi. Il était près de quatre heures lorsque je parvins en vue de l'habitation; seulement, soit que mon cheval, furieux de voir qu'en dépit de lui je fusse venu à mes fins, soit que la joie de mon triomphe eût donné trop d'énergie à ma cravache, toujours est-il qu'en passant auprès d'un champ de cannes à sucre il se cabra si subitement et avec une telle violence, qu'il m'envoya voltiger par-dessus sa tête.

Je me relevais, humilié, meurtri et contusionné, lorsqu'un coup rude et inattendu que je reçus sur l'épaule manqua me faire tomber par terre. Je crus, au premier moment, à une attaque, et me rejetant vivement en arrière de quelques pas, je me mis en défense.

En effet, un homme portant un costume de planteur se tenait droit et immobile devant moi.

– Pourquoi m'avez-vous frappé ? demandai-je avec fureur à l'inconnu en m'apprêtant à m'élancer sur lui ; mais celui-ci me tendant les bras :

– C'est du propre, de dire comme ça des mots à son matelot ! me répondit-il. Eh ! embrasse-moi donc, petit... Nom de noms, t'es poussé comme tout... Ça me fait plaisir... là, vrai !...

– Kernau ! m'écriai-je en reconnaissant le Breton.

– Lui-même, vieux, et allons donc ! Fais pas attention si la musique manque : le cœur y est, ça suffit !

Nous nous embrassâmes avec effusion.

– Comment donc se fait-il, matelot, lui demandai-je lorsque je fus un peu revenu de ma surprise, que je te retrouve ici ?...

– Dame ! tu m'y trouves probablement parce que j'y suis !... C'est bête comme tout, ta question, vieux ! Est-ce que la terre n'est pas ronde ? Oui, n'est-ce pas ? Eh bien, alors, qu'est-ce qu'il y a de drôle à ce que deux matelots qui roulent leurs bosses de tous les côtés finissent par se rencontrer sur cette boule ? T'as grandi beaucoup, c'est positif, mais tu n'as pas gagné du côté de l'esprit... Faut croire que ma société t'a manqué...

– Le fait est que je t'ai bien souvent regretté...

– Et moi donc ! d'autant plus que j'ai appris que vous vous êtes fichu de gentilles peignées à bord de *la Preneuse*. Vous avez eu de la chance !

– Et toi, qu'es-tu donc devenu depuis notre séparation à Cavit ?

– Moi, vieux, j'ai eu besoin des bonheurs enbêtants ! Tu te rappelles de la petite Gloria, hein ? Quelque chose d'un peu joli et d'un peu grandement canaille, va ! Et le moine Perez ! Un fainéant qui s'obstinait à me larder de coups de couteau en cachette; oh! cette fois, je l'ai tapé pour de bon... tant pis! Dieu, en ai-je eu de l'agrément et des charges depuis que je t'ai quitté! Je te raconterai cela un jour que nous serons de quart ensemble! Qu'il te suffise pour le moment de savoir que j'ai été condamné à Cavit à être pendu... vieille canaille de Perez, va! Ça me flatte, quand j'y pense, de l'avoir tapé... Oui, vieux, j'ai été condamné à la potence... et sans un brave et excellent général s'il en fut jamais, qu'a bien voulu me trouver drôle et s'intéresser à mes farces, il ne serait plus du tout question du pauvre Kernau aujourd'hui. Mais assez causé sur ce sujet... revenons à toi... Est-ce que tu es devenu un dompteur de chevaux? Quel motif t'amène ici?

– Moi! je suis invité à passer quelques jours à cette habitation que tu aperçois là, devant nous, et où se trouve en ce moment mon capitaine l'Hermite!

– L'Hermite habite dans cette baraque? répéta vivement Kernau avec émotion; tu es sûr de cela?

– Parfaitement! Mais qu'as-tu donc? Tu me sembles tout inquiet, tout agité... Est-ce que quelque danger menacerait mon brave capitaine?

Mon matelot, au lieu de me répondre, grimpa avec l'agilité d'un écureuil le long d'un tamarinier qui s'élevait solitaire près de nous; puis, une fois parvenu au sommet, je le vis examiner avec la plus grande attention le champ de cannes à sucre qui s'étendait à ses pieds.

Enfin, après un brusque mouvement de tête et de bras, qui décelait la plus violente mauvaise humeur, Kernau s'empara d'une branche flexible et se laissa déposer par terre.

– Je n'ai pas vu la casaque blanche! me dit-il avec accablement.

– Qu'est-ce que c'est la casaque blanche! Kernau? Voyons, parle donc!

– Ah! c'est que tout ça est si embrouillé que c'est long et fatigant à dégoiser... enfin qu'importe... je vais essayer...

et puis, deux ça va mieux qu'un... car quand on est deux on est deux...

– Oui, je sais, si on est matelot on l'est, si on ne l'est pas on ne l'est pas... tu vois que j'ai bonne mémoire... Voyons, parle... je t'écoute.

Kernau, avant de me répondre, se haussa sur la pointe des pieds, et regarda de nouveau le champ de cannes à sucre; puis, après cette inspection, probablement sans résultat, il s'essuya le front et s'assit au pied de l'arbre; je me plaçai à ses côtés.

– Avant tout, vieux, me dit-il, je dois t'apprendre comment il se fait que je me trouve en ce moment dans la plantation de M. Montalant; comme je n'aime pas à courir des bordées, je te dégoiserai la chose en deux mots, et tout net : je suis amoureux fou d'un mulâtresse de cette habitation... une fameuse femme tout de même... tu verras... C'est à peine si à nous deux nous pourrions entourer sa taille avec nos bras... elle doit bien peser trois cents livres, la reine de mon cœur... un vrai morceau de roi... quoi!

– Je te crois, mais tout cela ne m'explique pas ton émotion de tout à l'heure, lorsque tu as appris que le capitaine l'Hermite demeurait chez M. Montalant!... Et cette jaquette blanche que tu cherchais avec tant d'inquiétude?

– Minute! On y va. Or donc, j'arrive ce matin, et je vais chercher ma belle dans sa case... Je la trouve entourée d'une dizaine de marmotons... ses enfants... un détail, passons. Or donc, voilà que je l'emmène avec moi... histoire de s'entendre!... Nous nous promenons un bout de temps, et comme ça m'embête de marcher, je lui porte un regard à fond de cœur et lui demande si elle ne voudrait pas me faire un peu l'amitié de s'asseoir à côté de moi... bon... nous nous asseyons... Or, donc, à peine étions-nous casés sur la lisière de ce champ de cannes à sucre que j'en vois sortir un particulier revêtu d'un pantalon de toile grise un peu goudronné, et d'une jaquette blanche... Très bien...

L'individu regarde de tous les côtés d'un air inquiet... plus que ça, même, d'un air canaille; puis voyant qu'il ne voit rien, il se met à siffler un petit air de rigodon en douceur... Bon, que je me dis, voilà un musicien qui possède tout de même un organe bien agréable... lorsque tout à coup j'aperçois un affreux nègre qui sort, celui-là, de je ne sais où, et s'en vient en roulant ses yeux comme un diable et regardant autour de lui d'un air ébouriffé trouver en zigzag le musicien.

– Eh bien, Scipion, que lui dit ce dernier avec un accent *english*, tout à fait *english*, je t'apporte la rack [1] et l'argent... Puis-je toujours compter sur toi?

La peau d'ébène s'empare de la bouteille, en lape d'un seul trait la moitié, et s'essuie la bouche avec le revers de la main.

– Ah! ah! que je dis en voyant ce geste, v'là un garçon qui a des manières et qui connaît la civilité. Faut croire qu'il est attaché en qualité de domestique à l'habitation.

– Après, matelot, va donc plus vite, dis-je à Kernau en l'interrompant avec impatience, je ne vois rien encore dans ton récit qui se rapporte au capitaine.

– Nom de noms, laisse-moi donc tranquille, vieux, tu m'embrouilles... J'y étais, à l'Hermite.

– Eh bien! voyons, continue, alors, je t'écoute.

– Or donc, v'là que la peau d'ébène, après avoir suifé sa poulie avec la rack, dit comme ça à l'*English*, car la jaquette blanche, c'était, je te le répète, un *English*... ça fait pas pour moi un doute... il dit donc comme ça à l'*English*... dans son patois : « Moi prêt... l'Hermite li veni... li pi s'en aller d'ici... moi gagner les vingt autres gourdes... »

– Ah! satanées canailles, que je m'écrie alors, vous allez m'expliquer un peu cette histoire, ou je vous cogne à mort!

Le noir Scipion et la jaquette blanche, en entendant ma

1. Il s'agit bien sûr de l'arack, du reste ainsi orthographié plus loin. (Note de l'éditeur.)

voix, font une drôle de boule... Le premier roule de gros yeux qu'on n'y voit plus que le blanc; le second pâlit, porte vivement sa main sous sa casaque et en retire un pistolet... Quant à moi, je vais pour me jeter sur eux, quand ma mulâtresse, que le tonnerre écrase, m'empoigne dans ses bras, me serre avec fureur... Une Hercule, que cette femme, vieux... Moi, plein d'égards pour elle, je me contente de lui envoyer un simple coup de poing au milieu de la face... Ah ben! oui... c'est tout comme si je chantais!.. Elle n'y fait pas même attention!... Moi, toujours galant, ne voulant pas abîmer cette pauvre petite poule, je lui flanque seulement deux nouvelles gifles, histoire de lui casser quelques dents. Tu crois que ça la calme?... Tout le contraire... ça la rend furieuse. Elle se cramponne à moi, me mord et m'égratigne, tout en répétant : « Moi aimer beau Scipion, moi pas voulé toi batte li. » Dame! que te dirai-je, on est Breton et galant, c'est incontestable, mais ça fatigue, à la longue, d'être égratigné et mordu... Bon!... que j'pense, faut pourtant en finir! Je regarde alors ma belle avec tendresse, et je l'assomme d'un coup de poing sur la tête. Elle ferme l'œil, fait la morte et me lâche!... Bon, j'profite de l'occasion, je me mets d'un bond sur mes pieds et j' vas pour poursuivre ma peau d'ébène et mon *English!* Enfoncé! ils ont disparu... Je cherche, je furète... rien, rien! Et voilà mon histoire!

– Eh bien, matelot, que vois-tu de menaçant dans tout cela pour l'Hermite?

– Ce que je vois de menaçant, mille tonnerres! Tu m'as l'air drôle avec ta question. Ne sais-tu donc pas, vieux, que l'île de France entière est parsemée d'espions anglais?... Il y en a partout... derrière les haies, sous les pierres, dans les champs de cannes à sucre, quoi... je te le répète, partout.

– Je sais en effet que l'Angleterre possède des agents nombreux et entretient des intelligences dans l'île; c'est là un fait malheureusement trop certain et que l'on ne peut mettre en doute. Mais j'en reviens à ma première idée; à quel danger crois-tu donc que soit exposé l'Hermite?

– Est-ce que je le sais, donc? Si je le savais, il n'y aurait plus de danger, pardi!... Je giflerais toutes ces canailles-là que le diable en prendrait les armes! Seulement, quoique je ne sois pas éduqué comme toi, vieux, je n'en ai pas moins pour cela mon petit grain de bon sens tout de même; or, voilà le raisonnement que je me suis fait : L'Hermite vient de fich' des peignées aux *English.* L'Hermite s'annonce comme un gaillard qui deviendra tout au moins un Suffren... Or, la vie d'un homme comme ça, vieux, ça coûte des millions à l'Angleterre... Ça ruine ses établissements, ça bouscule son commerce, ça empoigne ses navires!... Bref, ça l'embête considérablement... Tu es d'accord avec moi là-dessus, n'est-ce pas?

– Oui, il est en effet incontestable que l'Hermite est en ce moment le plus dangereux ennemi que possède la puissance anglaise dans les mers de l'Inde.

– Bon! Or donc, l'*English,* qui calcule un peu bien, se dit : Tiens, voilà un gaillard qui va me flibuster un tas de millions : ne vaudrait-il pas mieux sacrifier dix, vingt, cinquante, cent mille francs même, et garder mes millions? Positivement oui, ça vaudrait mieux! Comprends-tu?

– Ma foi, pas trop! Explique-toi plus clairement.

– Définitivement, t'as beaucoup grandi, mais c'est tout! Quoi! tu ne comprends pas qu'avec cent mille francs on n'a que l'embarras du choix pour trouver un gredin qui vous descende un homme?

– Que dis-tu là? m'écriai-je en frémissant.

– Dame! ce que je pense. Pourquoi donc que cet *English,* déguisé en espèce de planteur, avait ici un rendez-vous avec le nègre Scipion pour lui causer de l'Hermite?... Pourquoi qu'il lui promettait vingt gourdes, mille noms de noms?... Pourquoi qu'il portait un pistolet caché sous sa veste?... Pourquoi qu'en m'apercevant il a pâli et pris la poudre d'escampette?... Tout ça, c'est pas des frimes, quand le diable y serait; ça doit signifier quelque chose!

– Oui. Le fait est qu'en réfléchissant froidement à toutes les circonstances, il y a là un mystère qui mérite la peine d'être approfondi. Je m'en vais de ce pas trouver M. Montalant et lui faire part de mes soupçons... Veux-tu m'accompagner?

– Tiens, pourquoi pas? Je t'aiderai toujours un peu dans tes explications!

Nous arrivâmes en quelques minutes à l'habitation, et le bonheur voulut que M. Montalant se trouvât devant la porte.

– Puis-je vous parler tout de suite, en particulier, mon cher monsieur, lui dis-je; j'ai à vous entretenir d'une affaire on ne peut plus importante, et qui ne souffre pas de retard.

– Volontiers, mon cher ami, me répondit-il. Mais qu'avez-vous donc? Vous m'inquiétez!... Montons dans ma chambre.

Une fois que nous fûmes tous les trois seuls, je m'empressai de prendre la parole, afin de ne pas laisser le temps à Kernau d'embrouiller mon explication, et je racontai de point en point à M. Montalant ce qui venait de se passer. Mon hôte écouta mon récit avec la plus grande attention.

– Mon cher Louis, me dit-il dès que je cessai de parler, les faits que vous venez de me rapporter présentent, je l'avoue, une grande gravité; peut-être, et je l'espère, ne sont-ils que le produit d'un quiproquo; n'importe, il faut que nous remontions à la source de ce complot et que nous l'éclaircissions à tout prix. D'abord commençons par faire comparaître devant nous mon nègre Scipion... Je dois avant tout vous déclarer que ce nègre est le meilleur et le plus intelligent domestique que je possède; celui sur la fidélité duquel je crois avoir le plus de raisons de compter. Après tout, il est malheureusement incontestable que le nègre le plus fidèle n'est qu'un traître, et le plus probe qu'un voleur. Voyons Scipion.

Cinq minutes plus tard, Scipion faisait son entrée dans la chambre.

– Est-ce bien là le même homme dont vous parlez? demanda M. Montalant en s'adressant à Kernau. Le reconnaissez-vous?

– Si je le reconnais! je le crois bien! s'écria le Breton. Il est assez laid pour que l'on puisse s'en souvenir avantageusement!

– Très bien. Voyons Scipion, continua M. Montalant, parle-nous franchement... N'aie pas peur. Si tu m'avoues quelque chose en ta défaveur, je te jure que je ne te punirai point... tu sais que je ne manque jamais à ma parole... Si au contraire tu essaies de me tromper, que tu mentes, je te promets qu'à présent que je suis averti, je te ferai fouetter jusqu'à ce que mort s'ensuive.

– Oh! moussé, moi pas voulé être fouetté... moi parler vrai!

– Quel est cet Anglais avec qui tu t'es entretenu devant le champ de cannes à sucre?

– Li, pas anglais, moussé... li, français...

– Tu ne mens pas? Prends garde!

– Oh! moussé, pourquoi Scipion li mentir : li rien gagné à ça.

– Que te disait cet homme?

– Li été dire moi li avé un beau pantalon blanc à vendre à moussé l'Hermite, si li voulé acheté li vingt gourdes...

– Que me chantes-tu là?

– Moi pas chanter, moussé... moi dire vérité... cet homme li tailleur...

– Quoi! cet homme avec qui tu causais est, dis-tu, un tailleur?

– Oui, moussé... li tailleur... Li dire si moi pouvais faire li acheté un pantalon, vingt gourdes... parce que moussé l'Hermite été perdi tous son zabits, et en manqué... Li tailleur voulé donnérait moi in gourde...

– Et toi, que lui as-tu répondu?

– Moi, moussé, été dire li : Moussé l'Hermite malade, li pas sorti d'ici de longtemps,... toi gagné les vingt gourdes...

– Et puis ensuite, qu'est-il arrivé ?

– Ensuite, moussé, et, en parlant ainsi, Scipion désigna Kernau, ensuite, moussé, li moussé été caché dans cannes avec mulâtresse Eloa, li sorti furié et voulé batté moi, et moi été sauvé... et li tailleur été sauvé aussi... Et puis c'est tout, moussé !

– Est-ce que la mulâtresse Éloa n'est pas ta bonne amie, Scipion ?

– Oui, moussé, aussi à moi !

L'air de vérité profonde et l'assurance dénuée de toute hésitation avec lesquels Scipion avait répondu à cet interrogatoire dissipèrent, je dois l'avouer, complètement mes soupçons. M. Montalant paraissait également tout à fait rassuré.

– C'est bien, Scipion, dit-il enfin au nègre après avoir réfléchi pendant quelques secondes, tu peux t'en aller. Toutefois, si ce tailleur revient, tu me l'amèneras... Crois-tu qu'il revienne ?

– Oui, moussé, li vini encore avec pantalon pour vendre à moussé l'Hermite... Li voulé vingt gourdes et li certain vini encore pour ça sir...

– Eh bien ! messieurs, nous demanda notre hôte après le départ du nègre, que pensez-vous de mon esclave ? Quant à moi, je vous déclare que je ne vois rien dans sa conduite qui soit de nature à éveiller nos soupçons... Il n'y a eu dans tout cela, comme je l'espérais, qu'un malentendu, qu'un quiproquo !

– Nom de noms, ce moricaud m'a l'air, au contraire, malin comme tout à moi ! s'écria Kernau. Que diable, j'ai des oreilles ! Et puis en supposant que je me sois trompé à son baragouin, j'ai encore des yeux ! Or donc, pourquoi qu'ils se sont sauvés à mon approche, ces gueux-là ? Pourquoi qu'il a tiré un pistolet de dessous sa veste, l'*English ?*

Tonnerre, tout ça, c'est pas clair du tout!... Non, c'est pas clair du tout!

– Dame, il n'y a rien d'étonnant, mon ami, que Scipion et le tailleur, en vous voyant apparaître d'une façon si inattendue et si menaçante, aient été effrayés, répondit M. Montalant.

– Bah! si ça avait été des honnêtes gens, ils auraient commencé par se cogner avec moi, et nous nous serions expliqués proprement ensuite, c'est-à-dire non, ils se seraient d'abord expliqués, peu importe. Je suis pas éduqué, moi ajouta Kernau en me lançant un regard plein de reproche sur ce que je ne le soutenais pas, n'importe, j'ai un peu roulé ma bosse et je me connais en malice; on ne me fiche pas dedans avec des blagues... Dieu veuille qu'il n'arrive pas un malheur!

– Je vois, mon ami, que votre rivalité amoureuse avec Scipion vous conduit trop loin dans votre supposition, dit en souriant M. Montalant.

– Ah! vous croyez à des bêtises comme ça, vous! s'écria Kernau en rougissant; eh! bien, vous vous fichez encore pas mal dedans! Est-ce que vous vous figurez bonnement qu'un frère la Côte comme moi n'est pas habitué aux frivolités des mulâtresses et qu'il y fait attention? Merci, je m'en moque pas mal, des mulâtresses, moi, en fait de vrai sentiment! Enfin puisque c'est votre idée, n'en parlons plus... Je me lave les mains de l'avenir... Bonsoir la compagnie.

Mon matelot, après avoir prononcé ces paroles avec une colère concentrée, se dirigeait vers la porte, lorsque M. Montalant l'arrêtant :

– Est-ce que vous nous abandonnerez ainsi, lui dit-il avec bonté, parce que nous ne nous trouvons pas être du même avis? Restez avec votre matelot tant que vous voudrez à mon habitation : vous devez avoir bien des choses à vous raconter. Quant à moi, plus vous demeurerez sous mon toit et plus j'en serai content.

– Au fait, c'est vrai, pourquoi que je ne resterais pas? s'écria Kernau. Oui, positivement, il vaut bien mieux que je ne m'éloigne pas! Pourquoi? Dame, ça ne regarde personne... j'ai mon idée... seulement, comme je ne tiens pas à ce que l'on me gouaille encore... je la garde pour moi. Merci, monsieur, de votre permission, je l'accepte et ne m'en vais plus!

Le lendemain de ce jour je dînai avec l'Hermite. C'était lui qui m'avait fait inviter par M. Montalant. La conversation tomba naturellement sur notre dernier combat et sur la mort de l'infortuné Graffin; à ce souvenir je vis une expression de tristesse profonde se peindre sur le visage de l'Hermite, qui, à partir de ce moment, garda un sombre silence.

L'on venait de servir le dessert et les liqueurs, lorsque l'Hermite, qui ne s'était plus mêlé aux propos des invités que par quelques rares monosyllabes, pâlit tout à coup et fut obligé de se cramponner à la table pour ne pas tomber.

– Qu'avez-vous donc, capitaine, s'écria M. Montalant avec effroi, vous sentiriez-vous indisposé?

– Oui, mon cher hôte, très indisposé, répond l'Hermite avec effort; mais ne vous dérangez pas pour moi... Ce n'est rien... Un peu d'air dissipera sans doute ce malaise.

L'Hermite voulut alors se lever, mais sa faiblesse trahit son courage: il chancela sur ses jambes et retomba lourdement dans son fauteuil. Une pâleur cadavérique couvrait son visage. Tous les convives s'empressèrent autour de lui.

Bientôt une crise nerveuse s'empara de lui et le secoua avec une telle violence que ses dents claquèrent à faire croire qu'elles allaient se briser. M. Montalant, effrayé, s'était empressé d'envoyer chercher le médecin d'une habitation voisine.

Un quart d'heure, qui nous parut long comme une journée, tant l'état de l'Hermite empirait de seconde en seconde, s'écoula au milieu d'un silence général que troublaient seuls ses cris étouffés.

Enfin, le docteur arriva; il était temps: l'infortuné capitaine, tordu par une souffrance qui devait être atroce, se roulait par terre, en proie à d'affreuses convulsions.

Le docteur s'avança vers lui, lui prit le pouls, considéra attentivement les traits de son visage; puis tirant une fiole d'une petite valise portative passée à son bras, il en fit respirer quelques gouttes au pauvre malade, qui reprit presque aussitôt connaissance.

– A quelle cause attribuez-vous cette subite indisposition, capitaine? lui demanda-t-il.

– Je ne sais, docteur, répondit l'Hermite, mais on dirait que je suis empoisonné...

– Et si cela était, en auriez-vous le moral affecté, capitaine? demanda le docteur.

– Vous savez bien que non, monsieur, répondit l'Hermite avec effort, je vous prierais seulement de me dire franchement le temps qu'il me resterait à vivre, afin que je puisse prendre mes dispositions dernières.

– Eh bien, capitaine, oui, vous avez été empoisonné! s'écria le docteur avec véhémence, oui, l'on a voulu vous assassiner!... Mais, ne craignez rien... je crois pouvoir répondre de vous... Il ne me semble pas que tout soit désespéré.

– Faites, monsieur, répondit tranquillement l'Hermite, cela ne me regarde pas!

A ce mot d'empoisonnement, un cri spontané de surprise et de désespoir avait été poussé par tous les convives.

– Ce qui m'afflige, docteur, dit l'Hermite, c'est qu'il y ait un homme au monde qui ait pu m'en vouloir à ce point... J'espérais n'avoir pas d'ennemis.

– Ce n'est pas un homme, mon capitaine, c'est un singe malfaisant...

– C'est ça! s'écria en ce moment, à la porte du salon, une voix rude et émue.

Tous les regards se tournèrent vers l'interpellateur, et

je vis Kernau, dont l'énorme poing droit s'abaissait en ce moment sur la tête d'un grand nègre qu'il tenait de sa main gauche, à moitié terrassé. L'esclave poussa une espèce de mugissement étouffé et tomba lourdement à terre. Je reconnus Scipion.

On transporta l'Hermite dans sa chambre. Nous étions tous plongés dans la consternation. Quant à Scipion, que l'homérique coup de poing de mon matelot avait privé de connaissance, on lui lia étroitement les membres et on le jeta dans la geôle de l'habitation. Un serviteur blanc fut mis de garde à la porte de sa prison.

Dès que je me trouvai seul avec Kernau je m'empressai, comme on le pense, de lui demander de quelle façon il était parvenu à découvrir le coupable de l'abominable empoisonnement de l'Hermite.

– Nom de noms! fallait pas être bien malin pour ça, me répondit-il d'un air modeste. Depuis ma rencontre avec le moricaud dans le champ de cannes à sucre, je ne l'ai pas perdu de vue un instant... Or donc, lorsque tantôt notre brave capitaine est tombé de table, j'ai vu la peau d'ébène, que je guettais du coin de l'œil, se frotter d'abord joyeusement les mains, puis se diriger ensuite tout doucement vers la porte de sortie. Bon, que je me suis dit, t'es trop pressé et t'as l'air trop content de toi, pour que tu ne sois pas au moins un peu coupable... Attends un peu... Et sans perdre de temps j'empoigne alors mon drôle par la gorge et le serrant avec délicatesse : C'est toi qui as empoisonné l'Hermite, que je lui crie à l'oreille, je vais t'assommer!... Là-dessus, voilà le Scipion qui d'abord se trouble et puis finit par me proposer dix piastres, si je consens à garder le silence... Ah! satané gredin, que je pense, cette dernière canaillerie-là va te valoir un fameux atout!... Attends un peu! Sur ce je le traîne à la porte du salon, et je cogne... comme t'as vu... Seulement, j'étais tellement vexé, que j'ai pas mis toute l'attention possible pour lui allonger ce coup de poing... Je rageais trop... Et voilà comment ce double gueux vit encore!... Mais assez causé pour le moment... Au revoir, matelot.

– Où vas-tu donc ainsi? demandai-je à Kernau en le voyant se disposer à sortir.

– Ah! quant à ça, ça ne te regarde pas... T'es éduqué plus que moi, mais je suis plus malin que toi... Laisse-moi terminer, sans t'en mêler, mes affaires.

Kernau, après cette réponse, sortit tout en sifflant un petit air de fandango; une réminiscence, sans doute, de son séjour à Cavit.

Je passai, ainsi que tout le monde de l'habitation, le reste de la nuit sur pied. L'état du capitaine empirait d'heure en heure, cependant, le médecin qui ne le quittait pas prétendait qu'il répondait de lui : en effet, lorsque le soleil se leva, l'épouvantable crise que, depuis près de dix heures, l'Hermite subissait avec une résignation de martyr, se calma peu à peu, et il finit par s'endormir d'un sommeil léthargique.

J'allais me jeter sur mon lit pour prendre un moment de repos, lorsque, je me rappelle encore cet événement comme s'il ne datait que d'hier, je vis Kernau pâle, défait, se soutenant à peine, qui se dirigeait vers la porte de l'habitation. Il s'appuyait sur un bâton noueux retenu à son poignet par une attache de cuir; je me précipitai vers lui.

– Qu'as-tu donc, matelot? lui demandai-je en le saisissant dans mes bras pour l'empêcher de tomber.

– Ce que j'ai, vieux, me répondit-il en essayant de sourire... mais pas grand-chose... une prune anglaise, que je ne puis pas digérer, dans le corps... Ah! ne me serre pas si fort, vieux, tu me fais mal... je me sens ce matin douillet comme tout...

Mon pauvre matelot, en parlant ainsi, retira sa main gauche, qu'il appuyait sur sa poitrine, et me montra une affreuse blessure.

– C'est l'*English* qui m'a pistoletté, le chenapan! continua-t-il en me faisant signe de ne pas l'interrompre. C'est mesquin, je le sais... que veux-tu! on ne peut pas attendre de politesse d'un espion... Après tout, faut avouer que je lui ai fendu un peu le crâne... Cré nom, je me sens faignant... assois-moi par terre...

– Attends-moi, matelot, lui dis-je avec émotion après avoir obéi à son ordre, je m'en vais chercher des secours.

– Pas la peine, vieux, je suis cuit... n, i, ni, c'est fini! Ah! nom de noms... tout de même je boirais bien quelque chose... Ah! pardieu... on dirait... on dirait... que je vas tourner l'œil... Je ne vois plus clair... C'est y bête... Je suis donc une poule!... Dis donc, Louis... Ho... holà... moi qu'avais tant de choses... de blagues... à te raconter... Ça tombe mal...

Mon pauvre matelot prononça encore quelques paroles inintelligibles; puis bientôt ses membres se roidirent dans une convulsion suprême. Je me penchai sur lui et je saisis sa main dans la mienne; elle était froide : Kernau venait de rendre le dernier soupir!

Je ferai grâce au lecteur de l'émotion que me causa cette mort. Je dois dire toutefois que le lendemain, dans la journée, l'on retrouva à cinq cents pas au plus de l'habitation de M. Montalant, le cadavre de l'espion ou du matelot anglais, enfin de l'homme à la jaquette blanche, car ce mystère ne fut jamais expliqué, étendu dans un champ de cannes à sucre; l'inconnu avait eu le crâne défoncé d'un coup de bâton.

Quant au nègre Scipion, quoiqu'il eût été solidement garrotté et qu'un serviteur fût resté toute la nuit de garde à la porte de sa prison, on s'aperçut avec étonnement, le lendemain matin, en entrant dans sa geôle, qu'il s'était débarrassé de ses liens. Il était couché tout de long par terre et semblait dormir. Une bouteille d'arack, à moitié vide, reposait près de lui.

Lorsqu'on voulut le faire lever, on le trouva mort. Le reste de l'arack contenu dans la bouteille fut porté au médecin, qui déclara que cette liqueur était empoisonnée. Comment cela avait-il eu lieu? On ne l'a jamais su, et comme je ne fais pas un roman ici, et que je me contente de retracer les faits dont j'ai été le témoin, dans toute leur véracité, je me vois forcé, quitte à déplaire au lecteur, de laisser ces événements sans explication aucune.

Pendant quinze jours on craignit pour la vie de l'Hermite. Cependant, soit que le poison eût été attaqué à temps, soit que la constitution du rude et vaillant capitaine eût pris le dessus, toujours est-il qu'après un traitement bien suivi de deux semaines il entra en pleine convalescence.

Quant à moi, je crois inutile de mentionner que pendant tout le temps de sa maladie je le veillai constamment et ne le quittai pas d'une minute. L'Hermite, quelque naturelle qu'ait été ma conduite en cette circonstance, m'en garda toujours une vive reconnaissance. Au reste, quoique notre brave capitaine fût sorti victorieux de cette épouvantable lutte avec le poison, la victoire ne fut pas pour lui sans désastres. Vingt ans plus tard, lorsque je le retrouvai préfet maritime à Toulon, il se ressentait encore profondément de cette affreuse secousse : ses mains crispées et ses jambes tremblantes, dont il pouvait à peine se servir, témoignaient, hélas! d'une façon irrécusable de la terrible puissance du poison que composent les Noirs.

Le capitaine l'Hermite, une fois rétabli, retourna à la ville, où son entrée fut presque un triomphe. Reconnaissant, je l'ai déjà dit, outre mesure, des soins que j'avais été assez heureux de pouvoir lui prodiguer, il ne se passait guère une journée sans qu'il me fît venir. Il s'intéressait à mes progrès dans le dessin avec une sollicitude toute paternelle qui stimulait mon ardeur et me faisait redoubler d'efforts. Au reste, ce fut seulement dans cette espèce de demi-intimité, relativement à nos âges et à nos grades, que je pus apprécier tout ce qu'il y avait en lui de grandeur d'âme et de sublime simplicité. Je me rappelle encore une conversation que nous eûmes un jour.

Il s'agissait de l'état de sa santé si sensiblement altérée par le sinistre événement dont il avait été la victime.

– Combien l'homme est insensé dans son orgueil ! dit-il. Lorsque son sang circule librement dans ses veines, qu'il sent de la vigueur dans sa poitrine, de l'élasticité dans ses nerfs, il se vante, il défie le hasard, le monde entier lui appartient; il se croit invincible; mais qu'un esclave idiot verse quelques gouttes de suc d'une plante nuisible dans la coupe de cet homme, que la maladie le touche du bout de son aile, qu'une fièvre, même ordinaire, s'asseye à son chevet, et le voilà qui tremble et qui divague; l'action la plus simple à accomplir devient pour lui un obstacle qu'il n'ose essayer de franchir; il ne croit plus à rien, il a peur de tout. Moi qui vous parle, n'ai-je pas un instant, à bord de *la Preneuse*, lorsque la fièvre me minait, jeté la raillerie sur mon chef, sur l'amiral Sercey ! Et pourtant ce marin compte de beaux combats ! Ah ! quelle triste chose que l'homme ! En quelle pitié la foule prendrait souvent tous ces héros qui lui imposent et qu'elle admire, si elle pouvait descendre au fond de leur cœur !

XII

Voyage à Bombetoc
Bienveillance de l'Hermite à mon égard
Le capitaine Cousinerie – Mon ambassade
Costumes bizarres – Culte de l'amour – Supplice
La reine de Bombetoc – Esclavage, inégalité, fraternité
Je suis mystifié – Départ

Le capitaine l'Hermite, poussant pour moi la bonté jusqu'à ses dernières limites, presque jusqu'à la paternité, m'avait présenté en qualité de peintre, ce qui faisait oublier ma position de simple matelot, au gouverneur de la colonie, le général Malartic. J'étais toujours invité aux fêtes qui se donnaient au *gouvernement*, comme on disait dans la colonie.

Ce fut à l'une de ces fêtes que le général Malartic m'aborda d'un air affable et me dit :

– Monsieur Garneray, sachant tout l'intérêt que vous porte le capitaine l'Hermite, je me suis occupé de vous, et je crois pouvoir vous assurer que, d'ici à fort peu de temps, vous sortirez de votre inaction actuelle, qui non seulement doit vous peser, mais nuit aussi à votre éducation maritime.

En effet, le lendemain, le capitaine me fit appeler de bonne heure chez lui :

– Garneray, me dit-il, j'ai une bonne nouvelle à vous annoncer, vous allez sous peu de jours reprendre la mer.

– Oh ! merci, capitaine ! m'écriai-je.

– Attendez, pour me remercier, que j'aie fini. Vous allez, dis-je, reprendre la mer en qualité de lieutenant !

– De lieutenant, capitaine! répétai-je avec stupéfaction et me croyant presque le jouet d'une mystification.

– Oui, de lieutenant, reprit l'Hermite en souriant, mais entendons-nous bien, de lieutenant d'un navire de commerce; c'est-à-dire que vous serez le dernier officier du bord; n'importe, à votre âge, il vous serait difficile de prétendre à mieux. Voici le fait; mais, auparavant, avez-vous jamais entendu parler de la reine de Bombetoc? Cela m'éviterait d'entrer dans de longues explications.

– Oh! oui, capitaine, bien souvent. Tout le monde sait, à l'île de France, que les États de cette souveraine occupent la plus grande portion de la partie ouest de Madagascar; seulement, personne ne peut rien dire de positif sur son compte. On raconte d'elle des choses incroyables.

– Eh bien, il est probable que sous peu vous saurez à quoi vous en tenir sur toutes ces choses. Écoutez-moi bien : les négociants de l'île de France se sont cotisés entre eux pour fréter et envoyer un navire dans ces parages peu connus. Le but de cette expédition est de conclure, si moyen il y a, un traité de commerce avec cette reine. Le général Malartic, reconnaissant tout l'avantage que peut avoir pour la colonie une semblable tentative, a bien voulu associer le gouvernement pour une assez forte part dans l'armement de ce navire, se réservant toutefois de choisir lui-même le capitaine et les officiers qui feront partie de cette expédition. C'est ce qui fait que je puis disposer d'une place de lieutenant pour vous. Rendez-vous donc immédiatement chez M. Cousinerie, votre capitaine, à qui je vous ai déjà recommandé.

Je remerciai de tout mon cœur l'excellent l'Hermite, et je me hâtai de courir à la demeure de mon nouveau chef.

Il me serait difficile d'exprimer la joie que je ressentais en songeant que non seulement j'allais bientôt me retrouver sur un pont de navire, mais que ce navire était destiné à une entreprise hardie, probablement féconde en aventures et en mystères.

Le capitaine Cousinerie, que je trouvai à table en train de déjeuner et qui me força de prendre place à ses côtés, était un excellent garçon, rond de manières et de langage.

– Mon ami, me dit-il en voyant ma joie, il ne faut pas vous réjouir ainsi d'avance. La traversée que nous allons entreprendre n'est pas longue, c'est vrai, mais elle est assez dangereuse, puisqu'il s'agit pour nous d'entrer dans le canal de Mozambique. Après tout, cela doit vous être égal... et à moi aussi ça m'est égal! La question n'est pas là. Le terrible de la chose, c'est que le climat de Bombetoc vous trousse proprement un vigoureux marin en deux heures de temps! Là-bas, à ce que l'on prétend, un coup de soleil est plus dangereux encore pour un Européen qu'un coup de fusil... Car on revient quelquefois, souvent même, d'une balle, et jamais d'un coup de soleil!... Autre agrément : ceux qui résistent à la fièvre et à la chaleur ne peuvent pas toujours supporter la rosée malsaine de la nuit, et il y a dix à parier contre un qu'en revenant à l'île de France nous ramènerons avec nous la moitié de notre équipage aveugle... Ah! mon Dieu, c'est tout comme j'ai l'honneur de vous le dire... On ferme l'œil le soir, histoire de se reposer... et on ne peut plus l'ouvrir le lendemain! C'est pas long, comme vous le voyez! Après tout si je vous préviens des petits inconvénients de notre voyage, ne croyez pas que ce soit pour vous détourner de partir... nullement. Vous me plaisez assez, et j'aime autant vous avoir qu'un autre lieutenant... j'aime mieux même, car le capitaine l'Hermite vous estime... et pour être bien dans les papiers du capitaine, il faut le mériter... Et puis vous vous êtes déjà fiché de bonnes peignées avec les Anglais, or il peut se faire, il est même certain que nous serons un peu contrariés par les naturels, et je préfère des gaillards accoutumés aux dangers à des fainéants propres seulement à la manœuvre.

– Merci, capitaine, de la bonne opinion que vous voulez bien avoir de moi, je ferai de mon mieux pour la justifier.

– Et l'occasion ne vous manquera pas... car j'oubliais de vous avertir de ceci : c'est que je compte justement vous envoyer en ambassade auprès de cette mystérieuse reine.

– Je vous suis on ne peut plus reconnaissant, capitaine, de cet honneur!

– Vous avez tort, mon garçon, c'est pas pour vous avantager que je vous charge de cette mission. Ah! mon Dieu, non. Voici pourquoi : c'est que, comme nous ne sommes que trois officiers à bord, moi, mon second et vous, et que de nous trois vous êtes probablement celui qui vous connaissez le moins à la manœuvre, je préfère, si mon ambassadeur doit succomber dans sa mission, que ce soit vous, le moins utile au *Mathurin*... c'est le nom du navire... Comprenez-vous?

– Parfaitement, capitaine; seulement vous me permettrez de faire de mon mieux pour que, malgré mon inutilité relative, je puisse rendre encore à mon retour quelques services à bord...

– Oh! quant à cela, je ne demande pas mieux, parbleu!

Huit jours après cette conversation je prenais congé de mon excellent ami M. Montalant et du capitaine l'Hermite.

Ce dernier voulut me donner quelques bons conseils que j'écoutai avec reconnaissance, puis avant de me quitter il me serra la main :

– A bientôt, je l'espère, mon ami, me dit-il.

Mais il était dans ma destinée vagabonde de ne jamais pouvoir réaliser les « au revoir » que l'on m'adressait. Je ne me retrouvai avec mon brave et excellent capitaine que près de vingt ans après! Douze années de voyages et huit de prison sur les pontons anglais!

Enfin le moment de l'embarquement arriva : notre départ fut presque un événement, car tous les habitants de l'île de France, intrigués par les récits extraordinaires qui se colportaient sur le compte de la reine de Bombetoc, désiraient vivement connaître le fin mot de l'énigme. Qui sait si dans cette mission, dont le commerce et le gouvernement faisaient à demi les frais, la curiosité n'entrait pour la plus grosse part?

La goélette *le Mathurin*, fin voilier et solide navire, se conduisit, favorisée au reste par les vents, fort bien envers nous. Après une assez courte et rapide traversée, nous entrâmes à toutes voiles dans la vaste baie de Bombetoc, et nous fûmes jeter l'ancre au fond d'une petite anse à pointes basses qui se déployait devant le petit village de Mazangaïe.

Il était alors environ cinq heures du soir.

Le village de Mazangaïe, situé au nord d'une rade immense, est habité par des Arabes, ainsi que l'annonce l'architecture basse et massive de ses maisons, dont la blancheur éclatante, encadrée par une végétation riche et puissante, attire de loin le regard.

Ce village, avantage sérieux pour nous, bordait une rive à l'abri de la violence des tempêtes, si communes dans ces parages.

Nous étions tous appuyés sur les bastingages, occupés à regarder ce joli panorama, lorsque nous vîmes une grande pirogue se diriger vers nous.

– Ah! voici un des gros bonnets de la localité qui vient probablement nous rendre visite, nous dit le capitaine Cousinerie; il faut le recevoir avec tout notre savoir-vivre et capter son amitié par notre exquise politesse. Mousse, va-t'en chercher une bouteille d'arack.

Le capitaine achevait à peine de prononcer ces paroles lorsque la pirogue accosta *le Mathurin;* cette pirogue, montée par une quinzaine de rameurs, nous parut sculptée avec beaucoup d'art.

Deux hommes, qui méritent certes chacun à part une courte description, en sortirent aussitôt et montèrent sur le pont de notre navire.

Le premier, et le moins remarquable des deux, avait de trente-cinq à quarante ans. Cheveux crépus, visage cuivré, taille bien prise et moyenne. Il portait pour tout costume deux pagnes : l'une enveloppait ses reins de plusieurs plis, l'autre se drapait artistement autour de sa tête.

Le reste de son corps présentait une nudité complète, moins toutefois son genou droit, auquel était attachée une espèce de torsade de rideau dont les extrémités soutenant deux espèces de glands en laine retombaient contre les mollets.

Le second personnage était certes la chose la plus curieuse du monde qu'il fût possible d'imaginer; il représentait le grotesque absolu atteignant jusqu'au sublime. D'une stature démesurément haute, on eût pu se servir de son corps, tant sa maigreur était complète, pour un cours d'anatomie. Au haut de ce corps, qui ne finissait plus, était juchée une petite tête, presque chauve, assez semblable à celle d'un coq.

Quant au costume de ce ridicule personnage, il dépassait les bornes du possible. Par-dessus la première pagne qui lui servait de jupon, et par-dessous la seconde, qu'il drapait en guise de manteau, se voyait un vieil habit de soie rayée noir et lilas, bordé d'effilés, taillé à la Louis XV et constellé de larges boutons à médaillons; cet habit, qui devait être toute une histoire, me parut un poème! Sur la tête du géant se pavanait un tricorne déformé, il est vrai, mais surmonté, en compensation, d'un plumet haut de trois pieds! Quant à ses jambes, complètement nues, elles étaient battues par un fourreau renfermant une vieille épée ridicule, défroque probable de quelque acteur de province, qui soulevait sans cesse les basques de son habit de la façon la plus drolatique que l'on puisse imaginer.

Enfin, suprême raffinement de luxe, des éperons énormes en cuivre, qui dataient au moins du temps de Ferdinand et d'Isabelle, étaient attachés comme des ergots à ses pieds nus. C'était à ne pouvoir le regarder en face sans éclater de rire.

Il s'approche du capitaine Cousinerie en faisant résonner

ses éperons, puis pliant jusqu'à deux pieds du pont son épine dorsale :

– Capitaine, lui dit-il en assez bon français que je demanderai au lecteur la permission de ne pas transcrire ici textuellement, vous voyez en moi un noble portugais. Je me nomme Carvalho.

Quelque peu intelligible que fût le français du noble portugais, nous n'en fûmes pas moins ravis de l'entendre; car il suffisait, et au-delà, pour nous servir à communiquer avec les Malgaches ou habitants de Madagascar.

Sa seigneurie Carvalho, désignant alors par un geste respectueux l'homme qui l'accompagnait, s'inclina de nouveau plus profondément encore que la première fois, et reprit :

– Je vous présente un des grands dignitaires de la gracieuse reine de Bombetoc! Cet homme est le sous-roi de Mazangaïe!

– Ah! cet homme est un grand dignitaire de la couronne, et de plus un sous-roi, répondit le capitaine, alors je m'en vais lui présenter mes respects.

M. Cousinerie, après avoir prononcé ces paroles, s'avança vers l'illustre personnage, et lui offrant un verre d'arack apporté par le mousse :

– Ça vous va-t-il, Majesté? lui dit-il.

A l'empressement avec lequel le vice-roi se saisit du verre, on eût pu croire qu'il comprenait parfaitement le français.

– Ah ça! reprit le capitaine en voyant le vice-roi boire avec avidité, est-ce que Sa Majesté ne craint pas de se mettre dans un état inconvenant?

– J'ai bien soif, capitaine! s'écria en ce moment d'un ton mélancolique et suppliant le noble portugais.

– C'est juste, il en reste encore. Prenez!

Le seigneur Carvalho ne se fit pas prier pour accepter cette invitation : il se précipita sur l'arack avec l'avidité d'un tigre qui s'élance sur sa proie.

– Jusqu'à présent, nous dit le capitaine, ces gens boivent plus qu'ils ne parlent. Il faudra cependant bien que ce faux Portugais nous donne des renseignements.

Une fois que le vice-roi et l'interprète eurent vidé le contenu de leur verre, ils nous accompagnèrent dans la cabine.

– C'est extraordinaire capitaine, dit ce dernier, combien votre arack m'a altéré... j'en voudrais bien encore un peu!

– Possible, mon cher monsieur Carvalho; mais moi je ne puis y consentir. Faisons un marché. Vous allez d'abord répondre avec sincérité et clarté aux questions que je vais vous adresser; puis une fois que je n'aurai plus de renseignements à vous demander, je vous laisserai vous griser tout à votre aise. Cela vous convient-il?

– J'aimerais mieux commencer par me griser d'abord, capitaine...

– Non, après les explications, ou pas du tout!

– Alors, interrogez-moi vite... Mais, pardon, avant que nous commencions cette conversation faites servir une nouvelle bouteille à Sa Hautesse le sous-roi... Quand il ne boit pas, il est en colère; et quand il est en colère, on ne peut plus venir à bout de lui.

– A présent, monsieur Carvalho, reprit Cousinerie après que le mousse, sur un signe de lui, eut placé un cruchon plein de liqueur devant le sous-roi, causons un peu, si vous voulez, mais causons bien.

– A quelle distance du village de Mazangaïe est située la ville de Bombetoc?

– A environ vingt-quatre miles anglais, capitaine.

– Quelle espèce de femme est madame de Bombetoc?

– Oh! capitaine! un astre, un soleil...

– Et les habitants de cette capitale?

– Les gens les plus vertueux du monde.

– Ainsi il ne se commet jamais de crime à Bombetoc?

– Oh! au contraire: l'empoisonnement y est très fréquent, et les meurtres journaliers.

– Croyez-vous que si j'envoyais en députation à la reine quelques-uns de mes gens ils courraient des dangers?

– En allant, non, capitaine; en revenant c'est possible.

– Et pourquoi leur retour présenterait-il plus de difficulté que leur aller?

– Parce que, capitaine, s'ils reviennent à bord sans s'être entendus avec la reine, les indigènes songeront peut-être à se fâcher de ce que des étrangers aient résisté aux prétentions de leur belle souveraine; mais ajouta le Portugais après une légère pause, voulez-vous me promettre, capitaine, que vous allez me laisser me griser tout à mon aise, et je vous donne un bon conseil?

– Parle, j'y consens.

– Eh bien! capitaine, attendez que le sous-roi soit revenu à la raison; car je vois à ses gestes embarrassés et à ses yeux brillants qu'il commence à être heureux, et demandez-lui alors qu'il vous donne une escorte d'honneur, dont je ferai partie, pour vous accompagner auprès de notre souveraine. De cette façon, vous êtes assuré d'une réception digne de vous! Puis-je boire, à présent?

– Oh! tant que vous voudrez, seigneur Carvalho.

Une demi-heure après cette conversation le vice-roi et l'interprète étaient ivres morts sous la table.

Le lendemain matin, nous avions toutes les peines du monde à les réveiller l'un et l'autre; cependant, grâce à quelques vigoureux coups de pied, nous en vînmes à bout.

Le vice-roi nous répéta le conseil que nous avait déjà donné le Portugais, d'aller trouver la reine; seulement il se servit à ce sujet d'une expression qui nous surprit tous extrêmement et dont nous ne pûmes jamais avoir l'explication : il nous dit, en prononçant ces mots avec un véritable accent parisien, que la reine serait heureuse de nous recevoir dans son *Louvre.* Cela nous donna à penser que quelques Français avaient déjà dû pénétrer dans le royaume de Bombetoc avant nous! Le vice-roi nous recommanda ensuite de ne pas oublier de nous munir d'un riche présent pour sa souveraine : que quant à lui il se contenterait d'un fusil et d'un petit tonneau d'arack.

En retour, il nous permit de disposer de sa pirogue et de ses gens. Le marché fut accepté.

– Garneray, me dit alors le capitaine Cousinerie, le moment fatal et glorieux est arrivé pour vous! Prenez, à votre choix, deux hommes de l'équipage; armez-vous jusqu'aux dents, et que Dieu vous protège! Si l'on vous attaque, tapez dur. Quant à la conduite que vous aurez à tenir auprès de la reine, je vous laisse carte blanche. S'il faut absolument, pour les intérêts de la France, que vous soyez galant, je vous autorise à manquer à cette dame tant soit peu de respect. Enfin, agissez selon les circonstances.

Une heure après avoir reçu ces instructions, je partais avec deux matelots : l'un nommé François Poiré, et l'autre Bernard, pour ma glorieuse ambassade. Inutile d'ajouter que le capitaine m'avait chargé de quelques étoffes de soie, de menus articles de bimbeloterie et de quelques bouteilles de liqueur pour les offrir à la reine.

L'on venait de sonner midi et le vent soufflait favorable, lorsque je descendis dans la pirogue du vice-roi.

Je dois ajouter que ce haut dignitaire avait stipulé outre ses autres conditions, qu'il resterait à bord jusqu'à notre retour, et que pendant toute la durée de ce temps on lui servirait l'arack à discrétion.

Cette demande me fut agréable, car je pensai que s'il eût craint pour notre sûreté, il n'eût point joué ainsi le rôle d'otage.

Après avoir traversé la baie, nous débarquâmes dans un petit village appelé aussi Bombetoc. Là comme dans tous les pays habités par les Noirs, les enfants jetèrent des cris aigus en nous apercevant, et les femmes s'enfuirent avec épouvante. Cette panique dura autant que notre passage; car à peine fûmes-nous éloignés de quelques centaines de pas, que l'essaim féminin se mit pour ainsi dire à notre poursuite et nous accompagna assez longtemps, à respectueuse distance, afin de satisfaire sa curiosité.

Une fois hors du village, nous entrâmes dans une plaine de sable à peu près mouvant, longue d'environ une lieue, et dont le parcours nous fut extrêmement pénible; par moments nous nous enfoncions jusqu'aux genoux.

Cette plaine nous conduisit jusqu'à une espèce de village.

L'interprète Carvalho nous apprit que ce que nous prenions pour un village était justement la capitale d'un sous-royaume. En effet, le puissant monarque de cette magnifique sous-souveraineté s'avança bientôt à notre rencontre.

Me reconnaissant dès le premier coup d'œil pour le chef de l'escorte qui marchait derrière moi, il me tendit cordialement la main, et d'un air aimable :

– *Finar, sacato; encor cabar?* me dit-il.

L'interprète se hâta de me traduire ces mots qui signifiaient : « Bonjour, l'ami; comment vont les procès? »

– Répondez-lui, Carvalho, que je me porte fort bien, et que je n'ai jamais eu de procès, dis-je à l'interprète.

– Le sous-roi vous félicite de n'avoir jamais eu de procès, me répondit Carvalho, et il désire savoir quelle est votre qualité.

– Parbleu! je suis ambassadeur de la grande nation française. Bah! dites-lui, quoique nous soyons en république, que je suis l'envoyé du roi de France... Il comprendra mieux.

Cette réponse me valut de la part du monarque malgache une invitation pressante à venir prendre mon repas dans son palais. J'acceptai avec plaisir.

Le *Louvre* de mon nouvel ami était une simple cabane, et même une cabane fort délabrée. Quant à mon dîner, il se composa d'une espèce de ragoût de poule fort pimenté, et d'une boisson d'une force extrême et d'un goût très désagréable, qui ressemblait un peu à du mauvais hydromel.

Seulement une surprise agréable, à laquelle je ne m'attendais pas, fut l'apparition de la sous-reine, charmante amboulame [1] d'une véritable beauté de traits et dont les grands yeux pleins de flamme et de passion s'harmonisaient fort bien avec sa carnation blanchâtre.

Je dois avouer, espérant que ces lignes ne parviendront jamais à son époux, s'il vit par hasard encore, que la délicieuse amboulame se conduisit avec une légèreté tant soit peu provocatrice à mon égard, me prenant les mains à la dérobée et me prodiguant, sous les yeux de son trop confiant époux, des marques non équivoques de sympathie.

Aussi ne fut-ce pas sans une certaine hésitation et sans un vif dépit que je me vis forcé d'accepter une longue pirogue armée de rameurs vigoureux et chargée de provisions, que m'offrit le généreux vice-roi, pour continuer mon voyage.

Je ne me vantai pas de ce fait auprès du capitaine Cousinerie à mon retour à bord, mais il est certain que je laissai entre les mains de la belle vice-reine une parcelle des présents que je devais offrir à la souveraine de Bombetoc. Son mari me remercia avec effusion de ma générosité, et me fit promettre de ne pas oublier de venir le voir à mon retour.

En quittant ce village, nous eûmes à traverser dans sa longueur une lagune admirable et dont aucune description ne saurait donner une idée.

Encaissée entre de hautes montagnes, cette nappe d'eau, fort large en certains endroits, était parsemée de petites îles boisées, disposées de la façon la plus pittoresque. On eût dit de loin, grâce aux reflets des rayons du soleil qui allaient se perdre dans ces bouquets de verdure, de colossales émeraudes. Les rives de la lagune étaient garnies d'arbres gigantesques, aux formes bizarres et imprévues;

1. On nomme ainsi une certaine race de l'intérieur. Les amboulames ont les cheveux droits et lisses comme les Européens et sont souvent blancs.

puis, au milieu des branches touffues de ces géants de la nature végétale, une innombrable quantité de singes de toutes les formes, grandeurs et couleurs, se poursuivaient en jouant avec des élans prodigieux.

– Expliquez-moi donc, seigneur Carvalho, dis-je à mon interprète assis à mes côtés, comment il se fait que le sous-roi que nous venons de quitter m'ait demandé en m'abordant, et avant toute autre chose, où j'en étais de mes procès ?

– Parce que les procès sont pour les Malgaches les plus terribles événements qui puissent leur arriver !

– Ah bah ! est-ce qu'il y aurait dans le royaume de Bombetoc des huissiers voleurs et des avocats bavards comme en France ?

– Je ne connais pas, seigneurie, ce que c'est que des huissiers, mais je puis vous assurer que quelque dangereuse que soit cette chose, elle présente bien moins de périls que la façon dont on juge ici les procès.

– Ah bah ! tiens, au fait, puisque nous n'avons rien de mieux à faire que de causer, mettez-moi donc un peu au courant des mœurs des Malgaches.

– Je ne demande pas mieux, seigneurie : voilà vingt ans que je demeure parmi eux, et personne ne peut les connaître mieux que moi.

– Voyons ! D'abord, puisqu'il en est question, commencez par m'apprendre comment se passent ici les procès.

– C'est bien simple, seigneurie. D'abord les deux parties adverses s'adressent aux vieillards les plus instruits des lois.

– Gratis et sans bourse délier ?

– Cela va sans dire. Alors les vieillards pèsent les raisons qu'on leur donne et prononcent que ne sachant pas au juste lequel des deux adversaires a raison, ils les renvoient l'un et l'autre à l'épreuve du tanguin.

– Qu'est-ce que le tanguin ?

– Le tanguin est un arbre qui produit des pommes extrêmement vénéneuses. Or, une fois la sentence des vieillards rendue, on s'empare des plaideurs et on les attache à un pied solidement fixé en terre. Alors l'empassanguin ou exécuteur prend deux pommes de tanguin, en exprime le jus dans l'eau, et présente la potion ainsi préparée aux deux plaideurs. Celui qui refuse de la prendre est considéré comme coupable et condamné à mort; aussi ni l'un ni l'autre n'hésitent jamais à l'avaler. Pendant qu'ils boivent, l'exécuteur invoque les puissances de l'enfer pour qu'elles fassent connaître la vérité.

– Singulière façon de plaider! Ensuite?

– Ensuite, seigneurie, comme l'effet de ce poison est aussi prompt que terrible, le coupable meurt bientôt, tandis que celui qui avait raison se contente de vomir.

– Ainsi, c'est seulement celui qui avait tort qui succombe? Êtes-vous bien sûr de cela?

– Oh! seigneurie! pourriez-vous mettre une telle chose en doute? Elle est dans la loi.

– Moi! j'y crois! Mais dites-moi, est-ce qu'il n'arrive jamais aux deux plaideurs de mourir?

– Oh! cela se voit chaque jour, seigneurie.

– Eh bien! alors, quel est celui que l'on considère comme coupable?

Cette question sembla embarrasser assez sérieusement le Portugais Carvalho. Cependant, après un moment de réflexion, il prit bravement son parti et me répondit d'un air plein de conviction :

– Alors, seigneurie, c'est qu'ils avaient tort tous les deux!

J'allais continuer cette conversation qui m'intéressait, lorsque je m'arrêtai court à la vue d'un monstrueux caïman dont la tête sortait à fleur d'eau du milieu de la lagune et sur lequel notre pirogue se dirigeait en plein.

Le requin et le caïman ont toujours eu la propriété de m'inspirer une horreur profonde; aussi chaque fois que le hasard m'a mis à même de leur faire la guerre, me suis-je toujours empressé de profiter de ces bonnes occasions.

En apercevant le monstre flottant sur la lagune à quelques brasses de notre pirogue, je me hâtai donc de saisir mon fusil et de le mettre en joue. Le matelot Bernard, assis à mes côtés, suivit mon exemple. François Poiré dormait.

Nous levions déjà, Bernard et moi, notre arme, lorsque le Portugais Carvalho, poussant un cri aigu et plein de terreur, releva vivement les canons de nos fusils.

– Ne tirez pas, seigneuries, s'écria-t-il avec effroi, ne tirez pas, ou je ne réponds plus de vous... Voyez vos rameurs!...

Les piroguiers, immobiles sur leurs avirons, nous regardaient, Bernard et moi, avec des yeux où l'étonnement le plus profond s'unissait à la fureur la plus inexplicable.

– Eh bien! qu'est-ce qu'ils ont donc, ces moricauds, lieutenant? me dit le matelot Bernard.

– Ils ont, seigneurie, se hâta de répondre le Portugais, ils ont de la religion, et ils ne consentiront jamais à laisser tuer un de leurs dieux!

– Comment cela, un de leurs dieux! est-ce que les Malgaches adorent les caïmans? demandai-je.

– Certes, seigneurie! Est-ce que le caïman n'est pas un animal méchant et dangereux? Oui; eh bien, alors on l'adore!

– Drôle de conclusion! Quoi! les Malgaches adorent ce qui leur est nuisible et dangereux?

– Et n'ont-ils pas raison, seigneurie? Chez nous il y a deux dieux : le génie du mal et celui du bien; le premier se nomme Angatch, le second Zanhar...

– Et les caïmans, vous ne les comptez pas?

– Les caïmans sont une émanation de Angatch, comme la maladie, les serpents, tout ce qui est nuisible à l'homme, en un mot, et c'est en cette qualité qu'on les respecte...

– Ah! très bien, je comprends. Ainsi, les Malgaches sont religieux?

– Extrêmement, seigneurie. Quand un Malgache craint

un danger, il adresse des prières à cause de ce danger à Angatch, et lui fait des sacrifices.

– Et le génie du bien, le dieu Zanhar, vous ne m'en parlez pas ?

– Oh ! Zanhar, lui, on ne s'en occupe que rarement.

– Pourquoi cela ? Sa puissance est donc inférieure à celle de Angatch ?

– Non, seigneurie, elle est égale ; mais comme Zanhar est bon et qu'il ne nous fait jamais de mal, il est inutile de se déranger pour lui : toutefois, de temps en temps, on lui adresse par-ci par-là, car il serait capable de se fâcher si on le négligeait trop, un petit souvenir ; on lui sacrifie une poule maigre ou malade... Ça suffit !

– Merci de vos renseignements : je ne tirerai plus, à présent, sur les caïmans qu'en cachette.

Nous étions à peu près, au dire du Portugais, au tiers de notre traversée, car un cap sablonneux qui coupait presque la nappe d'eau en deux arrêtait notre regard et nous empêchait d'apprécier la distance qui nous restait à franchir, lorsque la nuit tomba.

A Madagascar, comme au reste dans presque toutes les terres tropicales, le crépuscule n'existe pas ; les ténèbres succèdent presque au jour sans transition.

Notre pirogue avançait en silence, côtoyant les rives embaumées de la lagune, lorsque, tout à coup, je fus tiré par la subite immobilité de l'embarcation, de la douce torpeur dans laquelle m'avait plongé son balancement cadencé.

– Eh bien ! pourquoi n'avançons-nous plus ? demandai-je à l'interprète.

– Avancer, seigneurie ! y songez-vous ? Seriez-vous donc assez téméraire pour oser songer à entraver la justice de notre belle souveraine ?

– Quelle justice ? explique-toi !

– Ne voyez-vous pas, seigneurie, reprit le Portugais en étendant son doigt devant lui, cette lumière isolée et tremblante dont les rayons se reflètent dans l'eau et qui semble sortir du sein de la lagune?

– Parfaitement. Eh bien, après?

– Eh bien, tant que cette lumière éclairera les ténèbres, nous devrons rester ici, immobiles; car cela signifie que la justice de notre reine n'est pas encore accomplie.

– Expliquez-vous plus clairement.

– Volontiers, seigneurie, mais j'ai bien soif.

Je tendis, pour toute réponse, une bouteille d'arack entamée au Portugais, qui, soit dit en passant, ne laissait pas échapper une occasion favorable pour obtenir de moi quelques gorgées de sa bien-aimée boisson; et j'attendis avec impatience qu'il l'eût entièrement vidée, pour savoir quelle était cette lumière qui, semblable à une digue infranchissable, s'interposait entre l'espace et nous.

– Cette lumière, seigneurie, reprit-il en me rendant ma bouteille vide, est produite par un pot de résine enflammée placé sur la tête d'un condamné à mort... N'entendez-vous pas comme un murmure faible et confus s'élever sur le lac? C'est la foule qui attend en silence l'arrivée des caïmans.

– Comment cela, l'arrivée des caïmans? répétai-je avec terreur. L'homme sur la tête de qui repose cette lugubre lumière est-il donc destiné à devenir la proie de ces monstres?

– Justement. Vous l'avez deviné. Cet homme, attaché solidement à un pieu enfoncé dans la lagune, afin qu'il ne puisse faire le moindre mouvement, et bâillonné avec soin pour que ses cris n'effrayent pas ses voraces bourreaux, sera dévoré tout à l'heure...

Cette explication, je l'avoue, me causa une émotion indicible. François Poiré et Bernard étaient aussi agités que je pouvais l'être moi-même.

– Sacrebleu! lieutenant, me dit Bernard, ce n'est pas au moins que je m'intéresse au moricaud que l'on sert ainsi frais à point aux caïmans... Non, ça m'est tout à fait égal...

Mais pourtant, je voudrais bien le délivrer!... Ah! si nous étions seulement ici avec la moitié de l'équipage...

Bernard allait probablement m'expliquer de quelle façon nous aurions pu, dans ce cas, venir au secours du condamné, lorsque l'interprète le pria, fort respectueusement il est vrai, mais d'une façon qui n'admettait cependant pas de réplique, de baisser le diapason de sa voix, en l'avertissant que ceux qui mettaient obstacle à la prompte exécution de la justice de la reine de Bombetoc s'exposaient à subir le même supplice que celui qu'ils retardaient.

– Ah! les gredins, lieutenant, murmura le matelot furieux à mes oreilles, si nous n'étions pas que trois hommes seulement!...

Bernard, après cette dernière exclamation, garda prudemment le silence. Tous nos regards étaient tournés avec anxiété vers la sinistre clarté destinée à attirer les caïmans, lorsqu'une espèce de vagissement plaintif, qui semblait sortir du fond de la lagune, nous fit tressaillir.

– Voici les caïmans qui viennent pour obéir à notre souveraine, murmura Carvalho à mon oreille.

Mon cœur battit avec violence.

A peine ce cri ou ce vagissement s'était-il fait entendre, que le murmure produit par la population rassemblée sur la rive cessa aussitôt et fit place à un silence solennel.

Cinq à six minutes s'écoulèrent ainsi; puis tout à coup un clapotement assez fort, comme si un combat se fût livré au milieu de la lagune, se fit entendre, et quelques secondes plus tard la lumière tomba dans l'eau et s'éteignit en sifflant. Le condamné venait d'être saisi par un ou plusieurs caïmans. Un frisson me passa par le corps, et je fus obligé de me rappeler et ma position actuelle, et la mission que l'on m'avait confiée et qui me restait à remplir pour ne pas m'emporter imprudemment contre la reine de Bombetoc.

– Voilà qui est fait, me dit alors tranquillement l'interprète Carvalho en se frottant joyeusement les mains. A présent, nous pouvons continuer notre chemin.

En effet, nos rameurs, sans attendre nos ordres, firent voler de nouveau notre légère pirogue sur la surface paisible et argentée de la lagune.

Lorsque nous rangeâmes de près, quelques secondes plus tard, la pointe du cap sablonneux, j'aperçus, à la clarté douteuse de la lune, alors dans son premier quartier, le poteau où l'on avait attaché la victime. Quelques liens coupés par les dents tranchantes des caïmans pendaient encore gonflés de sang dans les eaux rougies de la lagune!

Quant à la population rassemblée sur la rive, il me serait impossible de trouver un mot qui pût rendre la clameur ou le hurlement spontané qu'elle pousa en voyant s'éteindre la lumière posée sur la tête du condamné : on eût dit le cri d'un troupeau de tigres réglé en orchestre par un génie infernal!

– Est-ce que des exécutions semblables à celle-ci sont fréquentes à Bombetoc? demandai-je à l'interprète portugais une fois que je fus un peu remis de l'émotion que m'avait causée l'épouvantable et lugubre scène dont je venais d'être le témoin.

– Elles sont au contraire très rares!... Depuis que les rois malgaches de la côte de Mozambique trouvent à vendre leurs esclaves aux blancs, ils respectent tous les gens condamnés à mort... Car, enfin, de la poudre, des fusils et de l'arack ne sont pas des choses à dédaigner, et que l'on puisse sacrifier au plaisir de nourrir les caïmans avec quelques coupables. L'épreuve du tanguin, si commune jadis, devient ainsi de jour en jour plus rare... Elle a été remplacée par l'épreuve du sang et celle du feu!

– Qu'est-ce que l'épreuve du sang?

– Oh! ce n'est pas grand-chose. Elle consiste à enfoncer dans le bras de l'accusé des épines de raquette [1]. Si le sang

1. Le cactus épineux.

coule, on reconnaît son innocence!... Si les bords de la piqûre restent secs, on le condamne à être vendu comme esclave...

– Cette épreuve est, en effet, préférable à celle du tanguin; en outre, elle doit donner à la justice peu de coupables...

– Mais, au contraire, seigneurie, il est rare que celui qui la subit échappe à l'esclavage.

– Il me semble cependant difficile que l'introduction violente d'une épine, fort pointue et tranchante, dans la chair, n'amène pas sur la peau quelques gouttes de sang.

– Ah! oui, je conçois... mais, c'est que je ne vous ai pas tout dit : l'exécuteur chargé de l'opération est un homme qui connaît parfaitement son affaire... D'abord il commence par tenir le bras du patient levé pendant une minute ou deux, puis il le frictionne fortement pour en faire descendre le sang; ensuite il n'enfonce l'épine que par petits coups, et avec une précaution extrême, entre la chair et la peau... J'ai assisté à plus de mille opérations semblables, et je n'ai pas vu le sang couler plus de dix fois!... Et puis, encore une chose : c'est que si un exécuteur manquait deux ou trois fois de suite son opération, le roi le soumettrait lui-même à l'épreuve... tandis que s'il réussit toujours, son gracieux souverain le récompense...

– En argent, en effets ou en arack?

– Oh! non; les rois ne donnent jamais... Ils nomment l'exécuteur adroit un de leurs ministres.

– Diable! mais vos rois me semblent être d'excellents négociants.

– Je crois bien, seigneurie!... Vous ne pouvez vous imaginer comme ils ont de l'esprit et combien ils s'occupent de leurs sujets.

– Je ne dis pas non; je trouve seulement que pour se procurer des esclaves, ils abusent un peu trop des épines de raquette.

– Vous vous trompez, seigneurie, les épreuves n'ont lieu

que lorsque l'accusé proteste de son innocence, que quand on lui reproche un crime vague et imaginaire; mais il y a des délits qui entraînent avec eux, de droit, la peine de l'esclavage, sans que l'on ait besoin pour cela d'éprouver les délinquants... C'est encore là une bien belle invention de nos excellents souverains...

– Voyons un peu cette invention!

– Elle est magnifique. Vous saurez, seigneurie, que nos rois peuvent se marier et se marient autant que cela leur est possible. Un roi voit passer une femme devant son Louvre; il l'appelle, elle entre, y reste une heure, et quand elle sort, elle a le droit de s'appeler femme du roi!... Elle revient, à partir de ce moment, trouver son époux, jusqu'à ce que celui-ci la répudie publiquement, ce qui n'a pas toujours lieu tout de suite, car on a vu des rois s'attacher à leurs femmes et les garder pendant fort longtemps... quelquefois quinze jours. Une fois le divorce prononcé et publié, cette femme devient inviolable. Malheur à celui qui ose alors lui parler d'amour! Il est tout de suite condamné à l'esclavage!... Or, comme chaque roi possède un millier d'épouses parmi les plus jolies filles, cela lui rapporte chaque année une dizaine de cargaisons de négriers.

L'interprète en était là de sa curieuse conversation, lorsque nous atteignîmes la fin de la lagune. Ce fut à regret que je mis pied à terre : l'air était imprégné de si enivrantes senteurs, la nuit si belle, notre navigation si douce, que j'eusse volontiers consenti à passer le reste de la nuit couché dans le fond de la pirogue. La nappe d'eau que nous venions de franchir avait à peu près cinq lieues. Nous étions donc au moins au milieu de notre voyage.

Le chef du village où nous descendîmes s'empressa, l'annonce de notre arrivée nous ayant devancés, de se rendre à notre rencontre. Il nous accueillit à merveille, et s'empressa de nous emmener dans sa case, où nous attendait un repas à peu près pareil à celui que nous avait déjà donné le sous-roi, mari de la charmante amboulame.

Je m'empressai de reconnaître sa gracieuse hospitalité en lui faisant don d'une bouteille d'arack. Je ne rapporterai pas la joie que lui causa ce présent, car cette joie se témoigna d'une façon tellement extravagante et excita en lui de tels transports que les lecteurs européens ne pourraient y croire. Il est pour incontestable que pour une bouteille d'arack un Oreste malgache assassinerait son Pylade! Le lendemain matin, au point du jour, nous nous remîmes en route; mais, hélas! nous n'avions plus cette fois une délicieuse lagune et une excellente pirogue! Le reste de notre voyage devait se faire à pied, à travers les obstacles presque insurmontables et toujours douloureux d'une végétation inextricable, et sous les rayons de lave que versait sur nos têtes un soleil meurtrier.

Notre chaussure était trop dure pour se plier aux exigences d'un terrain fangeux et mobile, nous dûmes nous en dépouiller et continuer notre route à pieds nus. Que de fois en traversant des marais à moitié desséchés et recouverts de gigantesques roseaux tellement serrés les uns contre les autres qu'ils nous dérobaient la vue du sol, combien de fois, dis-je, ne me rejetai-je pas en arrière avec terreur, en sentant mon pied sans défense glisser sur un corps froid et visqueux, celui d'un serpent ou d'un caïman sans doute... Une seule chose me rassurait quant à la voracité de ces monstres, c'est qu'ils préfèrent, dit-on, la chair des hommes de couleur à celle des blancs. Toutefois, me trouvant exposé ainsi à leurs atteintes, je n'ajoutai que peu de foi à cette croyance, que j'avais jusqu'alors acceptée en théorie.

Une expérience que nous fûmes à même de faire à nos dépens, hélas! mes deux matelots et moi, fut celle que les moustiques préféraient de beaucoup notre peau tendre et blanche, relativement parlant, au cuir bronzé et coriace des Africains. Notre corps, tamisé par les dards imperceptibles et aigus de ces affreux insectes, ne présentait plus qu'un tatouage.

Un ennemi plus terrible encore, non pas à combattre,

car cela eût été malheureusement impossible, mais à supporter, que les moustiques, c'était une quantité prodigieuse de grosses et longues fourmis rouges qui couvraient en entier les feuilles des buissons. Chaque fois que le terrain fangeux et glissant que nous foulions nous forçait, en nous faisant perdre l'équilibre, de nous rattraper aux branches des arbrisseaux, nous recevions comme une pluie de fourmis dont chaque goutte nous laissait une blessure sur le corps.

Ces piqûres étaient tellement douloureuses, que nous fûmes forcés, Bernard, Poiré et moi, de nous jeter à plusieurs reprises dans les grandes flaques d'eau que nous rencontrâmes, afin de nous débarrasser des fourmis qui, joignant la gourmandise à la vengeance, étaient restées attachées à notre corps. Cela nous exposait, il est vrai, à tomber dans la gueule de quelque crocodile; mais entre deux maux, nous préférions choisir le plus éloigné et le plus incertain; or, je dis ceci sans aucune exagération, s'il nous eût fallu subir les ravages des fourmis cramponnées à notre chair, nous fussions devenus fous furieux!

Deux heures avant le coucher du soleil, nous entrâmes dans une plaine recouverte de fougères gigantesques, dont le feuillage cachait de profondes crevasses, d'énormes déchirures du sol. Aussi n'avancions-nous qu'avec une extrême lenteur.

Nos conducteurs et l'interprète Carvalho nous montrèrent dans cette plaine l'arbre qui produit le *rabinesara*, le fruit le plus délicieux que l'on puisse s'imaginer, et que les indigènes font entrer dans presque tous leurs ragoûts et dans leurs breuvages. Nous rencontrâmes aussi un certain nombre de tandracs [1] (espèce d'oursin sans queue),

1. Il s'agit vraisemblablement du tanrec, mammifère insectivore à museau pointu et au corps couvert de poils et de piquants, qui vit à Madagascar. (Note de l'éditeur.)

qui nous regardèrent passer d'un air plus étonné que menaçant.

Enfin, vers six heures du soir, nous vîmes apparaître à nos regards, couché le long d'une colline, un gros village bien plus considérable que tous ceux que nous avions rencontrés jusqu'alors.

C'était la capitale du royaume de Bombetoc, la résidence de la puissante et mystérieuse souveraine dont nous avions souvent entendu parler en France.

Lorsque nous fûmes parvenus au pied de la colline, les hommes de notre escorte sonnèrent à plusieurs reprises d'une espèce de trompe nommée *ancive*, et nous nous vîmes bientôt entourés par une population nombreuse et avide de nous contempler, qui accourut à notre rencontre. Des gens, qu'à leur air d'autorité je jugeai être les principaux de la ville, vinrent nous donner des poignées de main à la façon anglaise.

La capitale du royaume de Bombetoc, que personne n'a peut-être visitée depuis notre expédition, est complètement dénuée d'ombrage. Elle figure assez bien, tant pour la forme que pour la couleur, l'image d'une écaille de tortue de mer. D'une étendue assez considérable, elle me parut renfermer cinq à six mille âmes.

L'entrée, probablement la seule qui existe, par où l'on nous introduisit, consistait en deux grandes planches orientées, pour se mouvoir ensemble, au moyen de deux liens de cuir passant sur la jonction de deux énormes pieux plantés au bord d'une espèce de boulevard : ces deux planches, grossier pont-levis, appuyaient leurs deux extrémités sur les côtés opposés d'un fossé profond, large d'environ quinze pieds.

Après avoir franchi ce pont-levis, nous entrâmes dans un chemin creux, assez étroit, bordé de palissades fort épaisses et très serrées, qui s'élevaient à environ cinq pieds de hauteur du sol, et soutenaient un épaulement en terre. Ces ouvrages me semblaient habilement construits, mais ils me parurent assez mal entretenus. Après cinq minutes de marche dans les fortifications nous nous trouvâmes enfin en ville.

Non seulement les rues de Bombetoc ne sont pas pavées, mais elles sont recouvertes d'une épaisse couche de sable dans lequel on n'avance qu'avec fatigue et peine. Nous en traversâmes quelques-unes, et Dieu sait comme elles étaient mal alignées, qui nous conduisirent dans une grande place que l'interprète Carvalho m'apprit être la place des *Cabars* ou des Procès. Un grand édifice en forme de parallélogramme, tout à jour depuis le sol jusqu'aux combles, construit avec de grosses piles de bois, recouvert par un toit en feuilles de palmiers, et tout à fait dénué à l'intérieur de meubles et d'ornements, était l'endroit redoutable et redouté où se jugeaient les procès; je remarquai que tous les gens de notre cortège le regardaient, en passant, avec effroi.

A partir de cette place, qui ne manquait pas d'un certain air de grandeur sauvage, nous rentrâmes dans un dédale de cahutes ou *paillotes*, jusqu'à ce qu'enfin le cortège s'arrêtât devant une grande cabane grossièrement bâtie : c'était le palais de la reine de Bombetoc, le *Louvre* dont mon interprète portugais m'avait fait une si pompeuse description. Nous pénétrâmes, François Poiré, Bernard et moi, sans plus de cérémonie, dans un misérable jardin attenant au palais et qui servait à la fois de cour d'entrée, de cour d'honneur et de parc royal; seulement nous eûmes toutes les peines du monde à déterminer le seigneur Carvalho à nous suivre.

Nous avions à peine fait quelques pas, lorsque plusieurs Malgaches, messagers et dignitaires de la couronne, s'avancèrent à notre rencontre. Ces courtisans étaient revêtus d'une simple pagne. Ils apostrophèrent avec assez de vivacité mon interprète ému et tremblant, qui me parut, au ton humble et soumis de sa réponse, ne défendre que très mollement mes intérêts. Ce dialogue échangé, les dignitaires rentrèrent dans le *Louvre*, et le Portugais nous apprit qu'ils allaient chercher les ordres de leur gracieuse reine à notre sujet.

Enfin, après une heure d'attente, rendue plus longue encore pour nous par suite de nos fatigues de la journée, nous vîmes revenir les messagers du palais. Ils annoncèrent au Portugais que, vu l'heure avancée, la reine avait remis au lendemain notre réception; qu'au reste, jusqu'à ce que nous eussions l'honneur d'être admis en sa présence, la généreuse souveraine pourvoirait à tous nos besoins.

Aussitôt un Malgache, âgé d'environ quarante ans, aussi mal vêtu que ses compagnons, mais dont l'air d'autorité me donna, avec raison, à supposer qu'il occupait un grade élevé à la cour, se détacha du groupe des courtisans, et nous invita, par l'organe de notre interprète qui s'inclina profondément devant lui, à le suivre au logement qu'il nous avait fait préparer.

Comme nous tombions de lassitude, nous nous empressâmes d'obéir à l'ordre du grand maréchal du palais. Deux minutes plus tard, notre cortège, qui ne nous avait pas quittés, s'arrêtait devant la *paillote* la plus délabrée de la capitale de Bombetoc, le logement que nous offrait la généreuse souveraine.

– Parbleu! lieutenant, me dit d'un air furieux le matelot Bernard, ce n'était pas la peine de faire tant d'embarras pour nous envoyer ensuite dans ce chenil! Enfin, n'importe, à la guerre comme à la guerre, à Bombetoc comme à Bombetoc. Tâchons de nous arranger de notre mieux; une nuit est bientôt passée.

– Oui, quand on ne meurt pas de faim, s'écria François Poiré.

– Et qui vous dit, mes amis, que nous nous coucherons sans souper? Moi, je l'avoue, j'ai confiance dans l'hospitalité de la reine... je m'attends à un morceau de bœuf... et tenez, voici quelqu'un qui soulève l'espèce de jalousie qui nous sert de porte; je parie que c'est le cuisinier en chef du palais...

A peine avais-je prononcé ces paroles qu'un spectacle féerique, digne des *Mille et une Nuits,* et auquel nous étions certes bien loin de nous attendre, nous émerveilla, mes deux matelots et moi. Nous vîmes le grand maréchal, accompagné de deux Malgaches chargés l'un de nattes et l'autre de provisions de bouche et de boissons, entrer d'un air majestueux dans notre triste paillote, et nous dresser par terre, selon l'usage du pays, un repas somptueux et trois lits.

J'allais témoigner toute la reconnaissance que m'inspirait un tel procédé, lorsque la porte se souleva de nouveau et donna passage à trois charmantes jeunes filles malgaches, qui s'avancèrent vers nous en nous souriant. Je fus tenté de croire que je rêvais.

– Seigneuries, nous dit notre interprète Carvalho après avoir causé un moment à voix basse avec le grand maréchal, l'on viendra vous chercher demain pour vous présenter à notre glorieuse souveraine. Usez, en attendant, de sa généreuse hospitalité; voici des danseuses, on va vous envoyer des musiciens que vous renverrez quand vous voudrez vous reposer.

Le Portugais s'inclina alors devant nous, jeta un regard de convoitise et de regret sur notre souper dressé par terre, et s'éloigna, en soupirant, d'un pas majestueux.

Une fois que nous nous trouvâmes seuls avec les trois jeunes filles malgaches, nous nous regardâmes, mes deux matelots et moi, avec un étonnement si grotesque, si profond, que nous éclatâmes bientôt de rire.

– Lieutenant, me dit Bernard, je commence à croire que vous aviez raison en comptant sur la générosité de madame Bombetoc. En v'là un procédé qui est tout de même gentil! Faut avouer que ces Malgaches ont du bon dans leurs mœurs!...

– Allons, mes amis, soupons, leur dis-je...

– Et pendant ce temps-là, ces jeunes bayadères vont pincer leurs rigodons, ça sera comme il faut au dernier point, ajouta François.

François se trompait, car les Malgaches, au lieu de

commencer leurs danses, vinrent s'asseoir par terre à nos côtés.

J'ai déjà dit que le repas étendu devant nous était somptueux; je dois à présent, dans l'intérêt de ce récit, et pour faire connaître la nourriture des habitants de Madagascar, une des parties du globe la plus peuplée et la moins connue, entrer à ce sujet dans quelques détails.

Notre souper, digne d'un Gargantua, se composait de riz, de patates, de plusieurs espèces d'ignames ou cambares, de bœuf, de volailles, de gibier à plumes, de poisson d'eau douce, d'écrevisses et de végétaux; tous ces mets étaient assaisonnés : les uns avec du beurre, les autres avec de bonne huile; tous étaient saupoudrés de piment, de sel, et d'une épice fort agréable, le *rabinesara.*

Notre dessert se résumait en deux plats de miel et de bananes. Quant aux boissons, nous en avions de deux sortes : l'une était une espèce de *flangourin* ou vin de canne, mêlé de *cimarouba;* l'autre, un composé de miel et de prunes fermentées.

Enfin, des feuilles de rabinesara nous servaient d'assiettes et de cuillers; des *panelles* [1] creuses, de verres ou de coupes : la nappe et les serviettes seules manquaient.

A présent, quelques mots pour compléter ces renseignements, non sur la beauté des trois jeunes Malgaches, les dames d'honneur de la reine Bombetoc peut-être, qui étaient assises à nos côtés et qui certes présentaient les plus jolis visages que l'on pût désirer, mais au moins sur les costumes qu'elles portaient.

Leur habillement consistait en une brasse de toile blanche dont elles étaient enveloppées depuis les reins jusqu'aux

1. Ces panelles, objet d'un grand commerce pour les Malgaches, se font avec une espèce de terre très commune dans la tribu des Bétanimènes. C'est une terre micacée, remplie de molybdène, qui donne à ces panelles, d'une forme assez agréable, leur couleur plombée et luisante. Cette terre a l'inconvénient de se décomposer à l'humidité; mais elle est très réfractaire, et propre surtout à faire des creusets.

mollets, et qui, je l'appris plus tard, se nommait *efit-simboco;* par-dessus elles portaient, depuis la ceinture jusqu'aux pieds, une espèce de mouchoir de Madras, doublé et cousu aux deux bouts. Une fente indiscrète, large d'environ trois à quatre doigts, laissait apercevoir la couleur de leur corps à partir du bas de leur gorge. Leur poitrine était recouverte d'une pièce de soie très serrée, à manches, et qui s'appelle, chose assez singulière et qui montre les fabuleux obstacles que les modes françaises ont su franchir, canezou.

Les cheveux, hélas! crépus, de nos jeunes et aimables convives étaient artistement tressés en trois espèces d'étages; un nœud de ruban, coquettement noué, les retenait à leur sommet. Enfin, des bracelets et des pendants d'oreilles en argent et un collier en *razades* complétaient leur pittoresque costume.

A peine les jeunes Malgaches furent-elles assises à nos côtés, que, dédaigneuses d'un savoir-vivre qui eût pu retarder leurs jouissances, elles se jetèrent sur les mets placés à leur portée, et nous montrèrent qu'elles possédaient un appétit tout à fait primitif. Ce sans-gêne éveilla l'admiration de mes deux matelots et leur fut droit au cœur; ce fut du moins ce dont je crus m'apercevoir en voyant les regards passionnés qu'ils adressaient à leurs deux voisines.

Grâce à de si actives auxiliaires nous vînmes facilement à bout, quelque copieux qu'il fût, du souper que nous offrait la reine de Bombetoc. Inutile d'ajouter, je le pense, que chaque plat était arrosé sans mesure du vin de canne, de la liqueur de prunes fermentées et de miel! Quelque bons buveurs que fussent nos matelots, ils durent reconnaître la supériorité de leurs voisines, d'autant mieux que l'ivresse semblait glisser sur elles pour ne leur laisser que le plaisir!

A peine achevions-nous de nous lever de table, ou pour être plus exact, de dessus le sol, que plusieurs musiciens, comme si un bon génie eût veillé sur nous, entrèrent dans l'intérieur de notre paillote, et commencèrent leur concert.

Comme, en écrivant ces souvenirs de ma vie, mon intention n'est nullement de tâcher, au moyen d'un intérêt factice et créé par des épisodes mensongers, d'éveiller la curiosité des lecteurs, mais bien seulement de raconter simplement ce que j'ai pu voir et observer pendant mes longs voyages, je demanderai la permission de clore la liste des renseignements que je donne sur les Malgaches, et dont personne n'a, je le crois, parlé en connaissance de cause et *de visu* jusqu'à ce jour, par une courte nomenclature des instruments qu'ils emploient.

Ces instruments sont en petit nombre. Le *marouvane*, particulièrement aimé de la tribu des Sakalavas, et dont les sons, assez harmonieux, en leur rappelant leur patrie, font sur eux, lorsqu'ils sont absents, le même effet que le national ranz des vaches produit sur les Suisses, est composé d'une portion de tige de bambou ou d'une portion creusée de pétiole ligneux des fibres du même arbre; de petites cales, posées à chaque extrémité, entre la corde et l'instrument, servent de chevalet et de chevilles pour tendre la corde au gré du musicien.

Le *tziti* est un instrument monocorde moins agréable que le marouvane; il est formé de deux moitiés de calebasse attachées l'une sur l'autre à l'une des extrémités du manche sur lequel se tend la corde.

Le *hocoutch* est fait avec une grosse calebasse sur l'ouverture de laquelle est placée une corde qui vibre au moyen d'un archet; c'est de cet archet que le hocoutch prend son son : les sons sourds et lugubres qu'il rend ont dégoûté de cet instrument les Malgaches, qui s'en servaient peu à cette époque; ils ont dû, je le pense, l'abandonner complètement depuis lors.

Les habitants de Madagascar possèdent en outre deux espèces de trompettes, dont l'une est faite de bambou et l'autre de corne; la première se nomme *anctiva-voulou* et l'autre *faraza-hozou*.

Ils se servent également de deux coquilles, l'une, sorte

de buccin, l'*anctiva,* dans laquelle ils soufflent par un trou pratiqué vers le sommet; l'autre, espèce de grand casque nommé *bacora,* dont ils tirent, de même que de l'anctiva, des sons retentissants et sauvages.

Quant à leur musique militaire, elle se compose seulement de deux espèces de tambours, l'*azou-lahé* et le *bingui.*

A peine nos musiciens eurent-ils préludé par quelques notes d'accord à leur concert, que nos jeunes convives se levèrent avec un empressement de bon augure pour nos plaisirs.

Quant à moi, j'allumai un cigare, et me couchant à moitié par terre, le dos appuyé contre la palissade de la paillote, je me disposai à jouir tout à mon aise du curieux spectacle que la reine de Bombetoc offrait, dans ma personne, au grand chef de la France.

Je songeais avec bonheur à toutes les péripéties et à toutes les aventures qu'offre au marin son existence si accidentée et si vagabonde, et je pensais avec pitié, quoique je n'eusse pour tout abri que le toit délabré d'une misérable cahute, et que bien des dangers me restassent encore à courir, non pas seulement pour pouvoir regagner ma patrie, mais même *le Mathurin,* mouillé à Mazangaïe, c'est-à-dire à près de cinq mille lieues de France, je pensais, dis-je, avec pitié, à la vie triste, monotone et décolorée que mènent les riches habitants des villes. La vue de nos jeunes Malgaches, qui commençaient leurs danses, m'arracha bientôt à mes réflexions.

Les débuts de nos aimables convives ne furent pas, je dois l'avouer, très brillants. Un léger balancement du corps, de continuels mouvements des bras et des mains, accompagnés d'un léger trépignement des pieds, tels furent les préludes de leurs exercices chorégraphiques. Peu à peu, cependant, leurs jolies figures et leurs grands yeux impassibles et froids jusqu'alors, s'animèrent et brillèrent de passion; leur danse se développa et prit un caractère plein de sauvagerie et de grandeur qui n'excluaient pourtant ni la naïveté ni la grâce. J'étais ravi. Quant à mes deux matelots, François Poiré et Bernard, je demanderai au lecteur la permission de ne pas essayer de décrire l'état d'enchantement et d'excitation dans lequel ils se trouvaient : cet essai prendrait à lui seul deux pages entières.

A présent, comment, avec la seule aide d'une plume, retracer la métamorphose qui s'opéra bientôt encore dans la danse de nos jeunes bayadères? Cela me serait impossible; un pinceau, et encore faudrait-il qu'il fût bien habile, pourrait seul donner une idée des élans inspirés et fougueux, des gestes naïvement provocants, des disloquements gracieux malgré leur hardiesse, qui, réunis en un ensemble enivrant et original, formaient la danse la plus extraordinaire qu'il fût possible d'imaginer!

Sous le charme fascinateur d'un pareil spectacle, je ne ressentais plus ni fatigues ni envie de dormir; mon sang me brûlait dans les veines; j'étais ébloui. Combien de temps durèrent ces danses, je ne saurais le dire, car j'avais perdu la conscience de la vie réelle. Toujours est-il que quand nos jeunes Malgaches se laissèrent glisser, accablées d'émotion, sur les nattes qui recouvraient le sol, il me sembla que je me réveillais d'un songe vertigineux.

– Vous devez à présent désirer probablement rester seul, seigneurie? me dit le Portugais Carvalho, que je n'avais pas aperçu quoiqu'il fût assis à mes côtés.

– Ma foi, volontiers, car je me sens brisé et accablé de fatigue. Ces danses m'ont tellement impressionné qu'il me semble que j'en ai été l'un des acteurs.

L'interprète s'empressa de transmettre ma réponse au grand maréchal, chargé par la reine de Bombetoc de pourvoir à nos besoins; et sur un signe de ce dernier, tout le monde qui se trouvait dans la paillote disparut comme par enchantement.

– Eh bien, et nos danseuses, lieutenant? me demanda le matelot François Poiré en m'interrogeant du regard, elles restent donc ici!

– Il est bien naturel qu'elles se reposent un peu avant de s'en aller... Mais j'y songe... les pauvres filles doivent mourir de soif après de tels exercices!...

Je m'empressai alors de remplir une panelle de vin, et je m'en fus l'offrir, instinctivement sans doute, à celle des trois jeunes Malgaches dont la danse m'avait le plus séduit. Elle accepta en me remerciant avec un sourire qui valait à lui seul tout un long discours. François et Bernard exécutèrent, de leur côté, une manœuvre semblable à la mienne et obtinrent une même récompense pour leurs soins.

Après que la jeune fille eut vidé d'un seul trait la large panelle de vin, elle me la rendit en me disant fort distinctement :

– *Thank you my sweethart.*

Je restai ébahi devant ces mots de mauvais anglais.

Ma surprise s'accrut encore en entendant l'une de ses deux compagnes, celle que servait François Poiré, répondre à mon matelot :

– *I love you!*

– Tiens, s'écria celui-ci, ce jargon-là ne m'a pas l'air de ressembler au malgache... il me semble avoir déjà entendu quelque chose de pareil... Comprenez-vous lieutenant?

– Oui, c'est de l'anglais!

– De l'anglais! s'écrièrent mes deux hommes avec une surprise mêlée d'un peu d'effroi.

– Tiens! mais alors, lieutenant, ajouta Bernard, nous ne sommes donc pas les premiers Européens qui aient visité la capitale de Bombetoc? Ces intrigants d'*English* qui se glissent partout ont donc déjà pénétré jusqu'ici?...

– Dame, cela me paraît incontestable... Ce que je crains à présent, c'est que cette visite ne soit récente et qu'elle n'ait été faite par un navire de guerre... En ce cas, Dieu sait si *le Mathurin* reverra jamais l'île de France!... Mais qu'as-tu donc à réfléchir ainsi, François? Tu sembles tout triste, tout préoccupé!... Que diable! un marin ne doit pas se laisser abattre pour si peu... Notre vie est toujours suspendue au bout d'un fil, et cette idée doit nous rendre philosophes.

– Oh! vous vous trompez, mon lieutenant... je ne pense pas à la possibilité de tomber entre les mains de l'ennemi... Je songe à soutenir l'honneur de notre pays...

– Comment cela, l'honneur de notre pays?

– Eh! oui, donc! songe que nous ne devons pas abandonner Bombetoc sans laisser un souvenir français qui fasse concurrence aux mots d'anglais que viennent de prononcer ces jeunes filles!...

François, après m'avoir fait cette réponse, s'avança vers l'une des danseuses, et la regardant bien en face :

– Petite, lui dit-il, tu vas répéter cette phrase : « J'aime les Parisiens, à bas les Anglais! », ou je me fâche!

– Voyons, François, dis-je au matelot, laisse cette enfant tranquille, elle est fatiguée, elle doit désirer se retirer... et puis elle ne te comprend pas!

– Elle est fatiguée... j'en conviens, lieutenant... Quant à se retirer...

Le matelot s'interrompit au milieu de sa phrase; puis, se frappant le front d'un vigoureux revers de main, comme si une idée lumineuse venait de lui traverser le cerveau :

– Ah! mâtin, s'écria-t-il, je comprends... c'est une bien bonne commère que cette reine de Bombetoc. Oh! la petite, t'as beau me regarder d'un air étonné, ça m'est plus facile de lire tes pensées dans tes yeux, que de comprendre ton baragouin... Or, puisque nous avons du temps, je finirai bien par t'apprendre ma phrase : « J'aime les Parisiens! à bas les Anglais! » Tu verras.

Comme j'étais fatigué, je me jetai sur la natte double qui représentait mon lit, et ne m'occupai plus de François.

Le lendemain matin, vers les dix heures, on vint nous chercher en grande pompe pour nous conduire au *Louvre* où la reine de Bombetoc nous attendait.

Je rentrai, suivi de mes deux matelots, dans le même jardin où nous avions fait la veille une si longue et si ennuyeuse station; mais cette fois notre attente ne fut pas de longue durée. A peine cinq minutes s'étaient-elles écoulées, que le grand maréchal du palais vint nous annoncer que la reine était prête à recevoir nos hommages.

Nous nous hâtâmes de traverser le jardin, et nous entrâmes aussitôt dans le *Louvre.* Je dois avouer que ma curiosité était excitée à un tel degré, que mon cœur battait avec violence lorsque je franchis le seuil de la porte du palais.

Ce palais, je l'ai déjà dit, n'était qu'une simple paillote plus grande, il est vrai, mais aussi délabrée que les habitations voisines. Seulement, je m'attendais que le luxe de l'intérieur contrasterait avec le misérable aspect de l'extérieur par sa richesse; je rêvais de la soie, de l'or et des pierreries fines sur tous les lambris. Que l'on juge de mon désappointement et de ma désillusion, lorsque, une fois entré, je n'aperçus pour tout ornement que de vieux pagnes de femmes accrochés, pour sécher, à des chevilles fixées dans les montants en bois qui soutenaient le comble de la paillote royale; puis enfin, tout autour de la pièce, quelques bancs en jonc de la forme d'un dé à jouer, qui servaient de tabourets; à côté de ces sièges, des vertèbres de baleine, avec leurs bras de squelette, représentaient des fauteuils. C'était là tout le luxe, tout l'ameublement que renfermait la salle de réception. Quant aux courtisans, scrupuleux observateurs de l'étiquette malgache, ils se tenaient accroupis sur le sol, leurs pieds rentrés en dedans.

Dès mon introduction dans la salle du trône, le grand maréchal me présenta à sa vénérée souveraine. La puissante reine du royaume de Bombetoc était assise par terre, sur une natte grossière : le dos appuyé contre les claies de rabinesara qui servaient de parois à son habitation, elle avait les jambes allongées contre un foyer à moitié éteint, et fumait dans une pipe en bois de forte dimension, longue d'environ un pied et demi, un tabac dont l'arôme se rapprochait assez de celui de la Havane.

La taille de la puissante souveraine, autant que j'en pus juger, était au-dessous de la moyenne. Quant à sa physionomie commune, insoucieuse, apathique, la seule marque d'intelligence qu'elle reflétât était la cupidité et la défiance; je dois avouer, malgré ce portrait aussi exact que peu gracieux, que la ressemblance la plus parfaite que j'aie jamais retrouvée depuis lors avec la reine de Bombetoc m'a été fournie par la tête du docteur Gall.

La toilette de la puissante souveraine consistait en un ample pagne d'étoffe commune qui lui entourait les reins, et en un court canezou de cotonnade bleue, carré de forme, assez décolleté, ayant des manches très justes, orné au bas, à la poitrine et au poignet, de broderies de différentes couleurs : ce canezou lui serrait étroitement la gorge, de manière à la dissimuler sous une égale platitude. Ce genre de beauté négative est fort à la mode à Madagascar. Au reste, la nature ne proteste nulle part ailleurs avec plus d'énergie que dans cette île contre cette atteinte à ses droits. Les cheveux crépus de la reine, conformément à l'usage du pays, étaient repliés en trois ou quatre étages, et leur extrémité, adroitement roulée sur elle-même, était arrêtée par un nœud à lacet artistement attaché.

D'aussi loin que l'on me désigna la reine, je m'empressai de la saluer avec les marques du plus profond respect; puis je m'avançai vers elle, entre deux personnages de la cour, et suivi par mes deux matelots.

Elle me regarda d'un air profondément ennuyé, presque endormi, frappa contre l'ongle de son pouce la tête de sa pipe renversée pour en faire tomber la cendre, et se retournant vers un de ses courtisans, elle lui dit quelques mots en malgache. Celui-ci se leva avec empressement, et ramena presque aussitôt mon ami le Portugais Carvalho. Dès lors la conversation entre la reine et moi s'engagea au moyen de l'interprète.

– Qu'êtes-vous venu faire à Bombetoc? me demanda-t-elle tout d'abord.

– Je suis envoyé par le grand roi de France, auguste souveraine, lui répondis-je, pour vous proposer un traité d'alliance offensive, c'est-à-dire que si vous êtes attaquée, vous pourrez disposer des forces du roi mon maître pour combattre vos ennemis.

– Vraiment! Et comment se fait-il que votre roi s'intéresse ainsi à mes affaires?... Il ne me connaît pas.

– La réputation de Votre Majesté est parvenue jusqu'à lui.

– Ah! très bien! Quant à moi, je n'en ai jamais entendu parler, de votre roi... Enfin, n'importe!... Il met son armée à ma disposition, et je l'accepte... Peut-il m'envoyer cinq cents hommes d'ici quatre jours?...

– Cela est impossible, auguste souveraine, il faut d'abord que mon roi sache oui ou non si vous acceptez le traité qu'il vous propose. En attendant, et pour nouer déjà quelques relations entre le royaume de Bombetoc et la France, j'ai pleins pouvoirs du capitaine du navire *le Mathurin* pour acheter à Mazangaïe une cargaison argent comptant. Je pense qu'en faveur de votre future alliance avec mon roi, vous daignerez consentir à ce que cette cargaison soit embarquée sans payer les droits exorbitants de douane que réclame le vice-roi de Mazangaïe.

– Mon conseil se prononcera tout à l'heure sur cette question. Quel est ce nom de *Mathurin* que porte votre navire?

– C'est celui du neuvième enfant que vient d'avoir notre puissant monarque.

– Comment! votre roi de France n'a que neuf enfants?

– Hélas! pas davantage, auguste souveraine... Mais il est si jeune encore!... Il va sur ses quinze ans!

– Alors, c'est assez bien. Est-il grand, est-il fort, est-il beau, votre roi?

– Sa taille dépasse huit pieds; il tue chaque matin, d'un seul coup de poing, le bœuf qu'il mange à son déjeuner, et ses yeux brillent comme le soleil.

A cette description, qui, je l'espérais, devait aider à la réussite de mon ambassade, la reine de Bombetoc laissa échapper une exclamation d'admiration et de surprise, que le Portugais ne jugea pas à propos de me traduire; puis, bourrant ensuite sa pipe avec énergie :

– Viendra-t-il me rendre visite, votre jeune roi, si je conclus un traité avec lui ? me demanda-t-elle en me regardant fixement pendant que l'interprète me transmettait cette question.

– Il viendra certainement, répondis-je sans hésiter et avec aplomb.

Cependant, je vis que malgré mon ton d'assurance, la reine n'ajoutait que peu de foi à mes paroles.

– C'est bon, répondit-elle, je vais consulter mon conseil.

La reine, interrompant alors notre entretien, leva sa main et prononça en malgache quelques mots que je ne compris pas : aussitôt tous les grands dignitaires de la couronne présents dans l'intérieur de la paillote abandonnèrent leurs places avec empressement et vinrent s'accroupir en rond autour de leur souveraine. La séance s'ouvrit aussitôt.

Dans l'ignorance absolue où j'étais de la langue malgache, il ne me restait qu'à observer le jeu de la physionomie des orateurs; je crus m'apercevoir que les conseillers les plus âgés étaient tout à fait opposés à l'alliance que je proposais, soit que cette alliance leur parût dangereuse, soit qu'ils n'ajoutassent pas une foi bien complète à mes pouvoirs et à ma qualité d'ambassadeur; les jeunes gens seuls, alléchés sans doute par l'attrait de la nouveauté, défendaient ma cause. Quant à la reine, exclusivement absorbée par l'entretien de sa pipe qu'elle rallumait à chaque instant, elle semblait ne prêter aucune attention à ce conseil qu'elle avait provoqué et qu'elle présidait.

On a beaucoup et avec raison plaisanté sur la prolixité de nos orateurs et de nos avocats : ceux de Bombetoc ne leur cèdent en rien sous ce rapport, car ce conseil dura plus de deux heures. Enfin la séance fut levée, et la reine, résumant les débats par trois mots qu'elle adressa pour me les transmettre à l'interprète portugais, me déclara de la façon la plus péremptoire qu'elle refusait mes propositions.

Sans me laisser abattre par cette notification, à laquelle je m'attendais, je déclarai hardiment à la reine que si elle persistait dans sa résolution, il était probable que le roi mon maître, cédant aux sollicitations de plusieurs souverains de l'est de Madagascar qui recherchaient son alliance, allait s'entendre avec eux, et que dans ce cas la puissance de Bombetoc pourrait bien avoir à souffrir de violentes atteintes.

Cette considération causa sur le moment une telle émotion à la reine, qu'elle oublia de rallumer sa pipe éteinte; le conseil se rassembla de nouveau et rentra en séance.

Hélas! le résultat de cette seconde délibération ne me fut pas plus favorable que ne l'avait été celui de la première : on me signifia un nouveau refus.

La reine, se levant alors, se retira sans m'adresser une seule parole d'adieu et sans daigner faire semblant de s'apercevoir des profonds saluts que je lui adressais.

Une fois la reine partie, j'étais assez embarrassé de ma contenance, lorsqu'un dignitaire de la couronne s'avançant vers moi, un paquet à la main, me fit demander par Carvalho si nous ne possédions pas à bord du *Mathurin* des pièces de soieries semblables à celles qu'il allait me montrer. J'examinai alors les étoffes qu'il me présenta, et qui étaient fort communes, avec beaucoup d'attention; je feignis de prendre des notes sur mon carnet; j'y traçai même quelques dessins, puis je répondis à l'ambassadeur que s'il voulait m'accorder cinq jours, je me faisais fort de lui rapporter, en double quantité de celles qu'il désirait, et d'une qualité de beaucoup supérieure, un assortiment de soieries que nous possédions à bord du *Mathurin*. Mon intention, en agissant ainsi, était, on le devine sans doute, d'abord d'écarter de notre route les dangers de notre retour à Mazangaïe, puis, ensuite, de sauver le présent que le capitaine Cousinerie m'avait remis pour la reine, et que, ma mission n'ayant pas réussi, je ne voyais pas la nécessité de sacrifier.

L'air de bonne foi et de sincérité que je mis dans ma réponse parut convaincre le grand dignitaire, qui me souhaita un bon voyage et me conseilla de ne pas perdre tout espoir; qu'à mon retour, peut-être, dans cinq jours, je trouverais le conseil et la reine mieux disposés au sujet de l'alliance; que quant à lui, il avait pris mes intérêts, et qu'il comptait que je voudrais bien ne pas oublier cette circonstance et lui apporter un tonneau d'arack.

Craignant si je montrais une grande facilité à accepter toutes les demandes qui m'étaient adressées, d'éveiller des doutes sur mon intention de tenir mes promesses, je me récriai énergiquement contre cette prétention exorbitante : enfin, après une longue discussion, nous réduisîmes le tonneau à six bouteilles.

Ce marché illusoire conclu, je m'acheminai, la tête haute et la démarche assurée, vers la paillote, où, la veille au soir, nous avions reçu une si douce et si brillante hospitalité. Hélas! au lieu de nos charmantes danseuses, que nous ne devions plus revoir et dont le souvenir seul devait rester dans notre esprit à l'état de rêve, nous trouvâmes une foule avide, et presque menaçante, de Malgaches de tout âge et de toutes conditions, qui entouraient le grand coffre où reposait le présent que j'étais chargé par le capitaine Cousinerie d'offrir à la reine, en cas de la réussite de mon ambassade. Je compris que la mauvaise issue de ma négociation avait déjà transpiré au-dehors, et je m'empressai de déclarer que je devais revenir dans cinq jours. Malheureusement, le Malgache est bien, sans contredit, l'homme le plus méfiant et le plus soupçonneux que l'on puisse imaginer, et mon mensonge, malgré le ton d'assurance avec lequel je le débitai, ne rencontra qu'une incrédulité générale et complète.

Ma position était assez fausse : d'un côté, je brûlais du désir de m'enfuir au plus vite de Bombetoc; de l'autre, je sentais instinctivement que le moment où je ferais charger mon présent pour le remporter, deviendrait le signal d'une attaque. Je ne savais trop quel parti prendre, et je regardais déjà d'un air de résignation la paire de pistolets suspendus à ma ceinture, lorsqu'un heureux événement vint fort à propos me tirer d'embarras.

Soit que la reine se fût repentie d'avoir refusé l'alliance de ce jeune roi que je lui avais représenté sous d'aussi brillantes couleurs, soit qu'elle craignît que dégoûté par la froideur de son accueil, je ne voulusse plus reparaître avec les soieries promises, toujours est-il qu'elle revenait à moi. Elle m'envoyait un de ses courtisans pour m'inviter, attention délicate et bien digne de cette charmante femme, à assister à une exécution qui devait avoir lieu dans une heure. Il s'agissait d'un de ses soldats qui avait tué, dans la dernière bataille, le roi de l'armée ennemie, et que l'on devait brûler vif.

– Comment, demandai-je à l'interprète Carvalho en croyant avoir mal compris, on va brûler vif un soldat qui a tué, pendant le combat, le roi de l'armée ennemie?... Est-ce bien cela que vous voulez dire?

– Parfaitement, seigneurie. A Madagascar les rois sont inviolables, et tout homme qui porte la main sur eux paye ce sacrilège de sa vie.

– Ainsi, pendant le combat, les rois peuvent percer à coups de zagaie qui bon leur semble, sans que ceux qu'ils immolent aient le droit de se défendre?

– Certainement, seigneurie, qu'ils le peuvent!... Aussi ne s'en font-ils pas faute. Assisterez-vous au supplice d'aujourd'hui?

– Ce serait avec le plus grand plaisir, si mes moments n'étaient pas comptés; mais je me suis engagé auprès de la reine à être de retour dans cinq jours, et, comme je ne voudrais, pour rien au monde, manquer à ma promesse, je ne puis différer mon départ... Veuillez lui exprimer toute ma reconnaissance pour son aimable invitation.

Grâce à cette marque de faveur que la reine venait de m'accorder publiquement, et à l'attrait puissant, sans doute, de la hideuse cérémonie qui allait s'accomplir, la foule abandonna bientôt l'intérieur de la paillote, et je m'empressai de sortir de Bombetoc.

Nous achevions de franchir le pont-levis dont j'ai déjà parlé, quand un Malgache de courte et épaisse corpulence se jeta dans les bras de l'interprète portugais, l'embrassa tendrement, et lui demanda une bouteille d'arack que je venais de lui donner, et qu'il portait attachée à la poignée de sa ridicule rapière. Carvalho s'empressa de se rendre au désir du Malgache, qui vida presque entièrement, d'un seul trait, le contenu du flacon, et s'en fut aussitôt après, sans plus de cérémonie.

– Quel est donc cet homme, Carvalho? demandai-je en portugais.

– C'est mon frère, seigneurie, me répondit-il.

– Votre frère! Ma foi, je n'aurais jamais deviné cela... Vous vous ressemblez bien peu.

– Ce n'est pas étonnant, cet homme n'est mon frère ni par mon père ni par ma mère.

– Ah bah! Et comment l'est-il donc, alors?

– Il l'est par le sang, seigneurie.

– Je ne vous comprends pas. Expliquez-vous mieux!

– C'est que vous n'êtes pas au courant des mœurs de Madagascar. Ici, quand on veut devenir le frère de quelqu'un, on procède, en public, à une cérémonie qui vous donne légalement ce titre; et cela à tel point qu'à sa mort vous héritez de lui, même au préjudice de sa femme...

– Et quelle est, je vous prie, cette cérémonie?

– C'est fort simple; les deux hommes qui veulent s'unir par les liens de la fraternité se piquent tous les deux le bras, puis recueillent le sang qui en découle, ils le mêlent dans deux vases dont ils boivent ensuite le contenu en se tenant par la main. La foule alors pousse des cris de joie, chante une chanson en leur honneur, et tout est dit : l'on est devenu frère!

Je ne m'appesantirai pas sur les difficultés que nous rencontrâmes et sur les ennuis que nous eûmes à subir pendant notre première journée de marche, car j'ai déjà donné au lecteur une idée des souffrances qu'endure le voyageur qui traverse le royaume de Bombetoc; seulement, à ces ennuis était venu se joindre, depuis la triste issue de mon ambassade, le mauvais vouloir de l'interprète portugais et l'impertinence des Malgaches chargés de porter nos caisses.

A plusieurs reprises déjà j'avais surpris le Portugais Carvalho échangeant des signes d'intelligence avec notre escorte; mes matelots, François Poiré et Bernard, avaient de leur côté fait la même observation.

– Savez-vous, lieutenant, me dit Bernard en profitant d'un moment où nous nous trouvions seuls tous les trois, qu'il y a du louche dans la conduite du Portugais. Je parierais dix livres de tabac contre une chique que le gredin rumine en ce moment une trahison...

– C'est également là mon opinion.

– Et la mienne aussi, capitaine, ajouta à son tour François. Quant à moi, j'ai combiné une malice qui l'empêchera de nous nuire...

– Voyons votre malice, François?

– Je m'en vais rester en arrière, puis vous, feignant d'être inquiet sur mon compte, vous offrirez une bouteille d'arack au gredin pour qu'il aille chercher après moi... alors moi... dame? ça se devine, je lui brûlerai la cervelle...

– Votre malice, François, me semble plus énergique qu'ingénieuse... Et notre suite?

– Notre suite, lieutenant? Nous taperons aussi dessus...

– Et nous tuerons les dix hommes dont elle se compose.

– Dame, nous en escofierons au moins quelques-uns... Les autres prendront la fuite.

– Et ils iront répandre l'alarme dans les villages voisins.

– C'est juste... Eh bien! au fait, tant pis! nous taperons également sur les villages.

– C'est-à-dire qu'à nous trois, nous détruirons le royaume de Bombetoc?

– J'avoue, lieutenant, que cette tâche-là ne laisserait pas que d'être un peu fatigante et tant soit peu difficile... mais que faire? Nous sommes trahis et l'on nous tend un piège, c'est sûr, cela? Faut-il donc nous laisser assommer comme des fainéants?... Faut-il... motus, silence... Voici le moricaud...

En effet, le Portugais s'avançait à grands pas vers nous.

– Seigneuries, nous dit-il en s'inclinant profondément devant nous, j'ai de mauvaises nouvelles à vous apprendre... Deux des hommes de votre suite viennent d'être piqués par des serpents, et ne sont plus à même de pouvoir nous suivre... Comme nous ne pouvons abandonner ainsi ces malheureux et les laisser exposés, sans défense aucune, à la voracité des tigres et des caïmans, nous sommes convenus que l'un d'entre nous ira chercher des secours à la capitale voisine, et que nous camperons ici pendant cette nuit...

Le Portugais, après avoir prononcé ces paroles avec une grande volubilité et sans oser me regarder en face, se disposait à s'éloigner, lorsque je le retins.

– Carvalho, lui dis-je, comme je vous paye, vous et les gens de ma suite, pour m'obéir, je trouve fort mauvais que vous vous avisiez de prendre une détermination sans me consulter auparavant...

« Il est impossible que nous campions cette nuit au milieu

des broussailles et des sables mouvants qui nous entourent. Avertissez les Malgaches qu'ils aient à se remettre en route tout de suite. Quant aux deux hommes mordus par un serpent, dites que l'on me les apporte ici, je ne serai pas fâché de m'assurer par mes yeux de leur état.

Comme j'avais parlé avec une fermeté et sur un ton qui n'admettait guère de contradiction, le Portugais n'osa pas me résister ouvertement.

– Seigneurie, me répondit-il, je m'en vais faire part de vos volontés à vos Malgaches... seulement je doute qu'ils consentent à s'y soumettre.

– Eh bien! lieutenant? me dirent mes matelots.

– Eh bien, mes amis, nous avons à nous trois douze coups à tirer, plus trois vigoureux poignets armés de bons sabres bien affilés. Avec cela on peut se tirer d'affaire.

L'absence de l'interprète Carvalho dura près d'un quart d'heure, et nous allions, mes deux matelots et moi, nous mettre à sa recherche ou à sa poursuite, lorsque nous le vîmes enfin revenir; il avait l'air profondément abattu.

– Ah! seigneuries, s'écria-t-il d'un ton lamentable, notre position devient de plus en plus critique! Pendant que je causais tout à l'heure avec vous de nouveaux malheurs sont survenus à votre suite : trois hommes ont encore été mordus par des serpents, deux saisis par les caïmans, et un, en glissant, s'est cassé la jambe. De vos dix Malgaches, il n'en reste donc plus que deux de valides. Il est impossible, vous le voyez, que nous continuions notre chemin.

Ces malheurs si subits étaient réellement par trop invraisemblables pour que je pusse y ajouter foi un seul instant; je fis donc un signe convenu entre nous à mes matelots, et aussitôt François Poiré et Bernard s'élançant le premier à la gorge du Portugais, et le second le saisissant à bras-le-corps, le terrassèrent à mes pieds.

Cette agression avait été si rapide, si imprévue, que le Portugais en fut frappé de stupeur et d'effroi.

– Carvalho, lui dis-je, ta dernière heure est arrivée... je vais te brûler la cervelle!

– Ah! grâce, seigneurie! s'écria-t-il en proie à une frayeur extrême... ne me tuez pas, et je ferai tout ce que vous m'ordonnerez.

– Il est trop tard, tu dois mourir! Et puis, à quoi pourrais-tu nous être utile maintenant que notre escorte se trouve réduite à deux hommes?...

– Arrêtez!... mais, seigneurie... écoutez-moi un moment, je vous en conjure... Les hommes mordus par les serpents l'ont été si légèrement qu'à vrai dire cela ne vaut pas la peine d'en parler...

– Et ceux saisis par les caïmans?

– Oh! quant à ceux-là, seigneurie, c'est inutile d'en parler... ils ont été si peu saisis...

– Et celui qui s'est cassé la jambe?...

– Oui, c'est vrai, il le croyait d'abord... mais il n'en était rien... il peut courir encore, malgré son accident, aussi vite qu'un chevreuil...

– Alors, je vois avec joie que des dix hommes de notre suite, pas un seul n'est ni blessé ni estropié, et que tous peuvent se remettre en route...

– Certainement, seigneurie! ils ne demandent pas autre chose. Si vous daignez me laisser libre, je vais aller les avertir que vous voulez bien permettre que nous nous mettions tout de suite en marche. Cette nouvelle leur fera grand plaisir!

– Je suis réellement trop bon de te pardonner aussi facilement que je le fais tes mensonges... Relève-toi et va rejoindre ton escorte; mais n'oublie point une chose, c'est que le matelot Bernard va te suivre à distance, et que s'il remarque de ta part, pendant que tu parleras aux Malgaches, le moindre signe de connivence avec eux ou de trahison pour nous, il t'enverra les deux balles que renferme le canon de son fusil! Or, Bernard ne manque jamais une hirondelle à cent pas. Te voilà averti; agis à présent comme bon te semblera!... Bernard, continuai-je lorsque le Portugais se fut relevé, suis cet homme en le tenant toujours en joue, et au premier soupçon que t'inspirera sa conduite, feu sur lui!

– Convenu, lieutenant, vous pouvez compter sur moi.

Le traître Carvalho ne put dissimuler, en m'entendant donner cet ordre, une piteuse grimace; toutefois je jugeai, en voyant son effroi, qu'il ne songeait plus pour le moment à nous trahir.

En effet, un quart d'heure plus tard, il revenait nous annoncer, toujours accompagné par Bernard qui s'était fait son ombre, que nos porteurs nous suivaient et que nous pouvions nous remettre en route.

– Très bien, lui dis-je. A présent, veuillez marcher en avant et nous montrer le chemin.

Grâce à cette sage précaution qui ne permit plus au Portugais de communiquer avec notre suite, l'ordre se rétablit de lui-même, et aucun incident ne troubla plus la fin de la journée. Il était fort tard lorsque nous arrivâmes à notre première étape. Nous nous couchâmes par terre, nos armes placées à portée de notre main, et il fut convenu que chacun de nous veillerait à tour de rôle pendant deux heures. Carvalho, que nous avions placé au milieu de nous, comprenant, en présence de cette précaution, qu'il n'y avait rien à faire, s'endormit d'un profond sommeil.

Le lendemain, nous arrivâmes d'assez bonne heure dans la vice-royauté où nous avions été si bien reçus lors de notre passage. Le vice-roi, de même que la première fois, vint à notre rencontre et nous accueillit avec tous les témoignages d'une expansive amitié : il nous emmena en triomphe dans sa paillote, où nous retrouvâmes sa femme, la belle amboulame, qui nous attendait.

Après avoir pris le repas qu'il nous fit préparer, nous voulûmes nous remettre en route; mais Sa Majesté s'y opposa en nous disant que cela contrarierait sa femme. Quel que fût mon désir d'arriver à Mazangaïe, je dus me rendre à ses instances; d'autant plus surtout qu'il nous déclara que si nous repoussions sa prière, il ne nous prêterait plus sa pirogue pour traverser la lagune qui nous séparait du port. Or, cette lagune ayant, je l'ai déjà dit, près de cinq lieues et étant bordée de forêts impénétrables et de montagnes escarpées, que l'on juge de notre position si nous nous fussions trouvés abandonnés à nos propres ressources et sans pirogue.

Toutefois, il nous restait encore un grave écueil à éviter, c'est-à-dire la tendresse que la reine semblait éprouver pour nous : je dis pour nous, car la trop sensible amboulame, qui, la première fois, m'avait seul comblé de prévenances, partageait alors ses attentions et ses provocations entre François Poiré et moi.

Je tremblais à chaque instant que son royal époux ne s'aperçût du trouble que nous apportions dans son ménage et qu'il n'en fît retomber la responsabilité sur nous. Heureusement mes craintes furent vaines. Soit qu'il comptât tellement sur la vertu de sa femme qu'un soupçon ne pût lui venir à l'esprit, soit qu'il fût flatté intérieurement de l'émotion que nous causait la vue des charmes de la délicieuse amboulame; soit enfin, et j'ai de fortes raisons pour m'arrêter à cette dernière supposition, qu'un usage du pays veuille que l'hospitalité atteigne jusqu'à ses dernières limites : toujours est-il que plus la vice-reine nous accablait de prévenances et plus l'amitié de son royal époux augmentait pour nous.

L'interprète Carvalho, en voyant les bienveillantes dispositions du vice-roi à notre égard, vint me supplier, avec des larmes dans les yeux, de ne pas mentionner les incidents de notre voyage, c'est-à-dire les morsures de serpents et les attaques fabuleuses et extraordinaires de tigres et de caïmans qui un moment avaient entravé, d'une façon si inattendue, notre voyage. J'étais certes porté, surtout en présence de la charmante hospitalité que nous recevions, à l'indulgence; mais je réfléchis que trop de bonté de ma part aurait pour résultat certain de redoubler l'impudence du Portugais et de lui rendre toutes ses idées de trahison, et je fus inflexible.

J'appris donc au vice-roi, et cela par le moyen de Carvalho lui-même, qui, placé sous le poids de mon regard, n'osait dénaturer par trop le récit qu'il était obligé de traduire, les ennuis que nous avions eus à subir et les sujets de plaintes que m'avait donnés ma suite.

Jamais je n'oublierai la piteuse grimace et la pâleur cadavérique que refléta le visage de l'interprète, lorsque, se tournant vers moi, il me dit :

– Le vice-roi demande, seigneurie, si vous voulez que nous soyons zagayés ou bien que l'on nous livre aux caïmans ?

– Répondez à votre vice-roi que s'il veut bien vous faire administrer à chacun vingt coups de bâtons, cela suffira.

Je ne pus mettre cette fois en doute la loyauté, un peu forcée il est vrai, du Portugais, car le vice-roi, appelant plusieurs de ses gardes le fit saisir tout de suite. Cinq minutes plus tard, un discordant concert de plaintes criardes et de gémissements plaintifs et douloureux me prouvait que le seigneur Carvalho et notre suite recevaient la récompense de la belle conduite. Reconnaissant du service que nous rendait si obligeamment l'excellent vice-roi, je redoublai d'attentions et de prévenances auprès de sa femme : François Poiré fut distancé.

Le lendemain matin au point du jour, nous nous remîmes en route, ou, pour être plus exact, nous montâmes dans cette excellente et douce pirogue qui déjà la première fois nous avait transportés si agréablement de l'autre côté de la lagune; nos fatigues étaient passées, encore quelques heures d'une délicieuse navigation et nous allions atteindre Mazangaïe.

Nos adieux à la reine furent touchants; elle pleura beaucoup, et son mari fit de son mieux pour modérer sa douleur.

Enfin entre une poignée de main et un sanglot nous nous séparâmes.

Depuis que le seigneur Carvalho avait reçu le prix de son dévouement, il ne pouvait cacher l'estime que je lui inspirais; car, c'est, hélas! une observation que j'ai été mille fois à même de faire : chez les peuples peu civilisés, la clémence passe toujours pour de la faiblesse ou de l'impuissance; tandis qu'ils regardent la sévérité et la violence comme un signe de supériorité!

Je profitai donc de la haute opinion que les vingt coups de bâton avaient donnée de ma personne au Portugais pour l'interroger sur les Anglais qui, ainsi que nous l'avions appris par le langage de nos danseuses avaient dû visiter avant nous le royaume de Bombetoc.

Carvalho m'apprit qu'en effet, quinze jours environ avant son arrivée, un navire de guerre anglais *la Victoire (the Victory)*, avait relâché à Manzangaïe; qu'une partie de l'équipage de ce bâtiment s'était rendue auprès de la reine de Bombetoc en ambassade, et lui avait apporté un riche présent dont faisaient justement partie ces mêmes pièces de soierie que l'on m'avait présentées, et dont je devais rapporter une cargaison semblable; que lui Carvalho avait aussi servi d'interprète aux Anglais, et que ceux-ci s'étaient beaucoup étendus auprès de la reine sur le peu de loyauté de la France, l'avertissant que si jamais elle traitait avec des gens de cette nation, elle pouvait être assurée qu'ils abuseraient de sa bonne foi, et ne tiendraient pas leurs promesses; que du reste, s'ils la menaçaient, elle n'avait pas à s'inquiéter de cela, car si jamais les Français osaient s'attaquer à sa puissance, eux, les Anglais, accourraient tout de suite à son secours, et que quelques coups de canon leur suffiraient pour mettre ces indignes trompeurs en fuite.

– Et comment se fait-il, Carvalho, lui dis-je, que tu ne m'aies rien dit de tout cela jusqu'à ce jour?

– Ah! mon Dieu, seigneurie, me répondit-il en se frottant les côtes, c'est que je n'avais pas pu encore vous apprécier suffisamment!

Cette révélation de l'interprète, qui m'expliquait la mauvaise issue de mon ambassade, me causa un sensible plaisir, car elle me mettait à même de répondre aux reproches que le capitaine Cousinerie pourrait m'adresser sur mes talents diplomatiques.

Comme, grâce à l'hospitalité forcée du mari de la belle amboulame, notre retour s'était opéré en trois jours au lieu de deux, nous arrivâmes de fort bonne heure à Mazangaïe. Ce ne fut pas sans un certain plaisir que j'aperçus en touchant à terre le pavillon de la goélette *le Mathurin* flotter au vent. A peine avais-je fait quelques pas que je rencontrai le capitaine Cousinerie et une partie de l'équipage; un hourra accueillit mon arrivée, et chacun se pressa autour de François Poiré, de Bernard et de moi, en nous accablant de questions.

Je racontai en peu de mots mon entrevue avec la reine de Bombetoc, le refus que j'avais éprouvé de sa part, la mauvaise réception qu'elle m'avait faite, enfin l'arrivée à Bombetoc avant nous d'une ambassade anglaise.

– Satanés Anglais! s'écria Cousinerie, ils savent se fourrer partout, et trouvent toujours le moyen d'arriver les premiers... Enfin, n'importe! nous avons accompli notre mission en proposant à la royale culotteuse de pipes un traité de commerce; nous rapportons en outre des détails précis et certains; notre honneur est sauf, et le commerce de l'île de France, ainsi que le général Malartic, n'auront rien à nous reprocher. Quant à la permission de la moricaude, au sujet de l'embarquement de notre cargaison, je m'en moque. Le vice-roi de Mazangaïe, gris comme un templier depuis quatre jours, ne voit plus et ne parle plus que par moi. Il m'adore et a voulu me percer le bras... histoire de devenir mon frère! La cargaison est à présent à bord et nous mettons ce soir à la voile. A présent, si la reine de Bombetoc s'en prend à son vice-roi, ça m'est parfaitement indifférent. Si ce gredin ne se trouvait pas dans les vignes du Seigneur et qu'il tînt sa barre droite, ce serait le plus mauvais chenapan du monde. En attendant, il a réuni tous ses vassaux et nous donne une fête monstre. Aussi jusqu'à ce soir toutes voiles au vent et branle-bas général de plaisir!

Le capitaine disait vrai; j'arrivais juste à temps pour assister à la magnifique fête d'adieu que nous donnait le royal buveur d'arack. Un quart d'heure plus tard, je parvenais avec l'équipage au sommet d'une colline qui dominait une vaste plaine située derrière le village de Mazangaïe, et nous prenions place sous des tentes immenses fermées à la hâte avec des pagnes de toutes les couleurs. Notre regard s'étendait d'un côté sur la lagune qui dormait à nos pieds et sur la plaine; de l'autre sur la rade et l'océan sans fin!

D'abord les joutes pour le jet de la zagaie, qui consistent à percer à trente ou quarante pas un bouclier suspendu à un arbre, attirèrent notre attention et durèrent près d'une heure.

A la suite de ces joutes qui nous divertirent, le premier moment de la curiosité passé, fort médiocrement, vinrent des combats de taureaux; mais des combats comme l'on n'en a vu ni à Cadix, ni à Madrid, ni à Séville! Quelque chose de grandiose et de barbare, de sauvage et de sublime tout à la fois!

A Mazangaïe, il n'y avait ni retraites pour soustraire le toréador trop vivement poursuivi, à la fureur de son ennemi, ni *muletas* rouges, ni *banderillas* enflammées pour exciter le taureau.

Le premier Malgache venu, armé d'une zagaie et d'une hache, sortait de la foule et s'avançait en courant vers un troupeau de taureaux sauvages, aux cornes menaçantes, aux narines gonflées par la colère, aux jarrets nerveux; puis, après un moment de rapide examen, le Malgache choisissant sa victime, c'est-à-dire l'animal qui lui semblait le plus robuste et le plus méchant, commençait le combat en lui lançant sa zagaie.

Alors il fallait voir la lutte s'engager! Le taureau blessé s'élançait avec une sauvage impétuosité sur son agresseur à moitié désarmé, car le Malgache lui laissait pendue au flanc sa zagaie, et le poursuivait, en hurlant de douleur, avec une ténacité pleine de rage. Le Malgache, l'œil brillant de joie et le sourire sur ses lèvres, adroit comme un singe, leste comme un écureuil, tantôt glissant à côté de l'animal, stupéfait de ne rencontrer que l'air avec ses cornes, tantôt posant son pied sur son large front au moment où il baissait la tête, faisait un saut de quinze pieds par-dessus lui et retombait sur les pieds avec une souplesse de tigre.

Peu à peu cependant l'enfant de Madagascar, s'animant à ces jeux sanglants, cessait de sourire : son regard prenait une expression de férocité inouïe, et il commençait sérieusement le combat. Tournoyant en agitant sa hache, qui semblait, en reflétant les rayons du soleil, lancer des éclairs, il finissait, le moment favorable venu, par se jeter, en poussant un cri rauque et guttural, sur son formidable ennemi, qui tout à coup chancelait et tombait, comme s'il eût été foudroyé : le Malgache lui avait coupé les deux jarrets de derrière.

C'était alors un triste spectacle que de voir ce pauvre taureau, si beau naguère dans sa fureur, se traîner alors péniblement, en laissant après lui une longue trace de sang, et faire retentir de ses beuglements plaintifs les échos d'alentour; mais le Malgache implacable se jetait à la poursuite, et lui fendait bientôt le crâne d'un nouveau coup de hache.

Plus de trente taureaux avaient été immolés, et nous espérions, car ce carnage, que nous contemplions à froid et sans participer à l'animation et aux dangers de la lutte, avait fini par nous causer un profond dégoût; nous espérions, dis-je, que les courses étaient terminées, lorsque nous vîmes tout à coup une jeune et fort jolie Malgache, âgée à peine de vingt ans, s'avancer à son tour pour combattre. Un Malgache, son amant ou son mari sans doute, l'accompagnait.

Je ne puis dire l'émotion que ce spectacle, auquel j'étais si loin de m'attendre, me causa.

La jeune fille, après avoir choisi son ennemi, lui lança, en accompagnant cette action d'un joyeux rire, sa zagaie en plein corps. L'animal, touché au milieu de la poitrine, poussa un long beuglement plein de rage, et se précipita sur la fière et jolie imprudente, qui, sans se laisser intimider par cet élan, auquel, du reste, elle devait s'attendre, se mit à bondir avec une grâce et une légèreté de biche autour du monstre rugissant. Le Malgache suivait avec attention la jeune fille dans tous ses mouvements.

Cette joute, qui nous serrait le cœur, se prolongea assez longtemps; la jolie enfant, excitée par quelques paroles d'encouragement ou de reproche que lui adressa son amant, s'élança enfin intrépidement sur le taureau en faisant tournoyer sa hache! Soit qu'à ce moment suprême le courage lui fît faute, soit qu'elle manquât d'expérience ou qu'elle eût mal pris ses mesures : toujours est-il qu'elle effleura à peine de sa hache le col nerveux du monstre qui, la saisissant avec ses cornes affilées, l'envoya voler dans les airs à plus de vingt pieds de hauteur! Deux fois la pauvre enfant, sur le point de retomber à terre, fut rattrapée au vol et lancée de nouveau dans l'espace par le taureau en fureur!... Je ne puis dire l'horreur et l'émotion que me causa cet affreux événement, que les indigènes accueillirent par des applaudissements frénétiques.

Quant au Malgache qui avait tout le temps accompagné et excité la jeune fille, il ne tarda pas à la venger en tuant le taureau.

Toutefois, après sa victoire, au lieu d'essayer, ce qui eût été, hélas! superflu, de secourir la pauvre enfant, il se contenta, en passant auprès de son cadavre, de lever les épaules d'un air de pitié et de dédain, comme pour lui reprocher sa maladresse; puis il continua tranquillement son chemin, sans retourner une seule fois la tête, sans adresser un dernier regard et un dernier adieu à celle qu'il avait peut-être aimée, et dont, à coup sûr, il venait de causer la mort!

Une fois ces combats de taureaux, comme on n'en a jamais vu qu'à Madagascar, terminés par une catastrophe aussi sanglante, vinrent des tours d'adresse et de force réellement merveilleux; puis enfin, pour clore la fête, on improvisa un homérique repas. Cent feux s'allumèrent comme par enchantement, cent cuisines furent dressées en un clin d'œil au milieu de la plaine et sur les bords de la lagune. Des arbres entiers abattus et livrés à la flamme servirent à faire cuire les trente taureaux immolés pendant le combat. Quant aux moutons et aux pièces de gibier, on ne les considérait, au milieu de ce rôtissage fantastique, que comme de simples hors-d'œuvre.

La nuit tombait et toute la population de Mazangaïe était en proie à une ivresse complète, lorsque le capitaine Cousinerie nous ordonna de retourner à bord. Une heure plus tard la goélette abandonnait, pour n'y jamais revenir, la côte de Madagascar!

De Mazangaïe, nous nous dirigeâmes vers l'archipel des Séchelles, où nous complétâmes notre cargaison par un chargement de tortues. Notons en passant que ce parage est, sans contredit, le plus poissonneux qui existe dans le monde entier.

Notre chargement terminé, nous reprîmes la mer; et malgré *the Victory* nous arrivâmes enfin, après une fort heureuse traversée, à l'île de France.

XIII

Le capitaine Maleroux
Mon embarquement sur le corsaire l'Amphitrite
Prise d'un galion arabe – Combat – Abordage
Explosion du Trinquemaley – *Mort de Maleroux*
Submersion de l'Amphitrite

Mon premier soin, en mettant pied à terre, fut de me rendre chez l'excellent M. Montalant, qui déjà connaissait par la rumeur publique l'entrée du *Mathurin* en rade. Il me questionna avec empressement sur la reine de Bombetoc, que l'accomplissement de notre mission devait dépopulariser à l'île de France, et il s'amusa beaucoup de la différence qui existait entre la réalité et les suppositions auxquelles on s'était livré jusqu'à ce jour sur le compte de ce mystérieux personnage.

Nous causâmes des mœurs malgaches, lorsqu'un nègre entra dans le salon et annonça à M. Montalant le capitaine Maleroux.

– Parbleu! mon cher Louis, me dit mon hôte, vous jouez de bonheur! Le capitaine Maleroux se trouve en tête de ces intrépides corsaires dont les exploits atteignent les limites de l'impossible... C'est en outre le meilleur homme que je connaisse!... Il arme en ce moment un petit trois-mâts et se prépare à une expédition importante, peut-être bien pourrez-vous vous entendre avec lui.

Mon hôte achevait à peine de prononcer ces paroles lorsque le capitaine Maleroux se présenta. Agé de près de quarante ans, il était d'une taille moyenne et d'une corpulence vigoureuse. Sa carnation basanée s'harmonisait admirablement bien avec ses yeux d'un noir de jais. Ses traits, empreints, malgré leur caractère plein de vigueur, d'une bonhomie remarquable, présentaient une grande régularité; seulement son front était un peu proéminent.

M. Montalant m'ayant présenté à lui comme le favori du capitaine l'Hermite et comme l'un des survivants de *la Preneuse,* Maleroux me serra cordialement la main.

– Mon cher ami, me dit-il, je suis heureux de vous rencontrer, car il est probable que je pourrai vous être utile... J'ai déjà engagé plusieurs de vos amis de *la Preneuse;* votre ancien chef de timonerie, Huguet, en qualité de lieutenant, et votre contremaître, Legoff, comme mon maître d'équipage... sans compter plusieurs matelots. Voulez-vous être mon second chef de timonerie? C'est la seule place qui puisse vous convenir, dont il me soit encore permis de disposer. Nous partons dans huit jours.

– Ma foi, volontiers, capitaine, lui répondis-je, jusqu'à présent j'ai assisté à beaucoup de combats, mais je n'ai touché que fort peu de parts de prise. Sans parler de l'honneur de servir sous vos ordres, je ne serais pas fâché de rétablir un peu l'équilibre dans mes finances...

– Eh bien alors, c'est entendu! Venez me voir demain, vers les dix heures, au grand café de la Grande-Rue, et je vous présenterai à mon état-major.

Le lendemain, fidèle au rendez-vous de mon nouveau capitaine, j'arrivai à l'heure qu'il m'avait désignée, et je le trouvai sur le point de se mettre à table : il me plaça à ses côtés, car parmi les corsaires la hiérarchie des grades est peu observée, et il me fit faire connaissance d'abord avec son second, un nommé Duverger, Normand pur sang, qui je l'avoue, ne me plut que fort médiocrement; ensuite avec son chef de timonerie, appelé Lamorthe. Quant à son lieutenant, Huguet, et à son maître d'équipage, Legoff, j'avais déjà, je l'ai dit, fait avec eux la fameuse croisière de *la Preneuse.* Nous nous revîmes avec un sincère plaisir.

Le capitaine Maleroux, que tout le monde connaissait et estimait à l'île de France, était, ainsi que le fameux Deschiens, dont la réputation ne périra jamais dans les mers de l'Inde, et qui, pendant la guerre de 1777, opéra, par ses exploits fabuleux et par les désastres qu'il occasionna aux Anglais, une diversion extrêmement favorable à Suffren, le capitaine Maleroux, dis-je, était, ainsi que Deschiens, Le Même, Surcouf et Dutertre, un enfant de la Bretagne.

D'une intrépidité et d'un sang-froid inouïs, excellent marin, d'un esprit vif, déterminé, plein d'à-propos, Maleroux n'était cependant presque jamais heureux dans ses courses; il pouvait compter chacun de ses combats, et Dieu sait s'ils étaient nombreux, par une grave blessure; il avait même remarqué que, par une fatalité qui montrait à quel point la chance se tournait toujours contre lui, c'était le dernier coup de feu ou le dernier coup de hache qui l'atteignait. Aussi devait-il à cette idée qu'un mauvais génie s'acharnait à sa destinée, un caractère triste et taciturne. Presque jamais on ne le voyait sourire. Toutefois, malgré sa tristesse, ses préoccupations et ses souffrances, rarement il adressait la parole à un homme de son équipage sans l'appeler son ami; personne ne se rappelait l'avoir vu se livrer une seule fois à un mouvement d'humeur. C'était la bonté personnifiée, la bienveillance poussée jusqu'à l'abnégation chrétienne.

Son second, le Normand Duverger, présentait avec lui un contraste frappant : autant Maleroux était désintéressé et obligeant, autant ce dernier se montrait rapace, avare et égoïste. Au demeurant, marin capable et intelligent, il occupait à juste titre son grade de second.

Quant à l'équipage de *l'Amphitrite,* c'était le nom du navire que commandait le capitaine Maleroux, il se composait de cent trente frères la Côte.

Enfin, *l'Amphitrite* était un petit trois-mâts armé de seize canons. On voit que les éléments de succès ne nous manquaient pas; et nos parts de prise futures se fussent cotées à fort bon prix, si la réputation de malheur que possédait Maleroux ne les eût un peu dépréciées.

Ce fut vers la fin de 1799 que nous partîmes de l'île de France. Notre navigation fut assez heureuse en ce sens que nous jouîmes d'un beau temps, car personne parmi nous, excepté toutefois le second, ne savait au juste quelles étaient les intentions du capitaine.

Après avoir atteint les abords de la mer Rouge, nous venions de passer le détroit de Badel-Mandeb, lorsque nos vigies signalèrent un trois-mâts montant vingt-quatre canons en batterie et six sur son gaillard.

Maleroux, qui se trouvait alors sur le pont, saisit avec empressement sa longue-vue et la dirigea aussitôt sur le navire en vue.

– Ma foi, messieurs, nous dit-il après un rapide examen, je crois, Dieu me pardonne, que cette fois la chance se déclare en ma faveur! Cependant, cela serait si heureux, que je n'ose encore me vanter. Attendons!

Nous forçâmes de voiles, et la distance qui nous séparait du trois-mâts ne tarda pas à se raccourcir. Il était évident que nous le gagnions de vitesse main sur main.

– Ah! parbleu! s'écria Maleroux en souriant, ce qui ne lui arrivait jamais, le doute ne m'est plus possible! Oui, c'est bien lui! Mes amis, continua-t-il, ce navire que nous chassons renferme dans ses flancs d'innombrables richesses; il est chargé d'or, d'argent, de pierres précieuses! Sa capture doit nous rendre tous riches, à jamais! Une simple part de prise de matelot sera une fortune.

On conçoit l'effet prodigieux, immense, que ces paroles de Maleroux produisirent sur l'équipage : un grand silence régna sur le pont, et le capitaine, après avoir, tant il lui était difficile de s'habituer à une réussite, examiné de nouveau le trois-mâts, reprit d'un air joyeux :

– Ce navire, mes chers amis, est un navire arabe qui transporte annuellement à la Mecque les riches offrandes des sectaires de Mahomet disséminés sur le territoire de l'Indoustan... Les Anglais, pour se donner de l'importance et du crédit auprès de ces peuples, leur ont conseillé de naviguer sous les couleurs britanniques!... Ce navire, vous le voyez, nous appartient!

Un immense hourra accueillit ces explications du capitaine : notre équipage était fou de joie.

Enfin nous approchâmes le galion, qui en effet arbora le pavillon anglais : son pont est couvert de monde; il s'empresse de prendre, et nous l'imitons, toutes ses dispositions de combat.

Malgré l'infériorité de nos forces, personne ne songe seulement, à bord de *l'Amphitrite*, à mettre en doute notre victoire. Ce navire renferme des millions, ce navire doit nous appartenir.

Toutefois, la proie que nous convoitons est si belle, que notre capitaine ne néglige aucune précaution pour l'attaquer avec les meilleures chances possibles de succès : on lui gagne le vent; mais à peine *l'Amphitrite* est-elle par son travers, que le navire arabe nous salue d'une bordée générale. Cette décharge, heureusement mal pointée, ne nous causa que de légères avaries.

– Ne tirez pas, mes chers amis, s'écrie Maleroux d'une voix de tonnerre, ne tirez pas! Fiez-vous à mon expérience; je connais la tactique des navigateurs arabes des côtes de l'Inde, et je sais quel compte je dois tenir de leur courage... Ne tirez pas encore! Je veux mettre d'un seul coup ce navire hors de combat!

Le sage et expérimenté Maleroux avait raison : bientôt nous laissons porter sur l'arabe comme si notre intention était de l'aborder, tandis que nos hommes, afin de mieux le confirmer encore dans cette idée, montent sur les bastingages et dans les haubans.

Encore quelques secondes et nous l'accostons à une demi-portée de pistolet; alors l'équipage du galion, donnant dans le piège que vient de lui tendre si habilement Maleroux, abandonne à la hâte les canons qu'il n'a pas eu le temps de recharger, et se précipite tumultueusement en dehors des murailles et sur les agrès afin de repousser notre abordage, peut-être même aussi pour prendre l'initiative et nous attaquer. Oui : mais au moment où les Osmanlis croient n'avoir plus désormais qu'à envahir notre pont et à nous tailler en pièces, ce qui doit leur paraître chose facile, tant ils nous sont supérieurs en nombre, *l'Amphitrite* revient du lof et éclate comme un volcan! Nos caronades, bourrées de mitraille jusqu'à la gueule, et cent espingoles contenant chacune six balles, inondent d'une pluie de fer et de plomb l'équipage du navire arabe à découvert, et couvrent son pont d'un monceau de cadavres!

Dès lors, une horrible confusion règne à son bord. Ses canons, les uns démontés, les autres mal servis, ne peuvent soutenir le feu roulant de notre artillerie; quant à notre équipage, que la perspective des millions si habilement révélés par Maleroux un peu avant le commencement du combat enflamme d'une ardeur sans pareille, il ne craindrait pas de se mesurer, dans cette heure de délire, contre un vaisseau de 80.

Après avoir subi pendant une heure notre terrible canonnade, le galion, hors d'état de pouvoir résister davantage, substitue au pavillon anglais le pavillon arabe!

– Il est trop tard! s'écrie Maleroux en s'apercevant de ce changement. Feu toujours, mes amis, feu sans pitié sur les traîtres!... Je ne puis pardonner aux Arabes qui nous ont massacrés sous les couleurs anglaises... Feu sans discontinuer, jusqu'à ce qu'ils amènent leur pavillon.

Trois fois de suite *l'Amphitrite* vomit une trombe de fumée, de flamme et de fer sur le navire ennemi, qui tressaille à chaque bordée jusque dans ses fondements, et abaisse enfin sa bannière devant les couleurs françaises.

– Monsieur Huguet, s'écrie le capitaine, prenez trente

hommes avec vous et aller amariner la prise. La frayeur de ces gens est telle que cette force vous sera suffisante!

En effet, notre embarcation aborde le vaisseau arabe, qui se nommait *la Perle,* et en prend possession sans éprouver la moindre résistance.

Nous employâmes le reste de la journée à réparer les légères avaries que nous avait causées le feu mal dirigé de l'ennemi, puis ensuite à transborder nos prisonniers arabes sur quelques caboteurs de la côte, qui n'osèrent nous refuser de se charger d'eux. Enfin, profitant du beau temps des jours suivants, nous entassâmes à bord de *l'Amphitrite* sans qu'aucun accident n'entravât cette opération, et en ayant soin de les enregistrer et de les inscrire au fur et à mesure qu'on les apportait, l'or, l'argent, les pierreries et les objets précieux que renfermait *la Perle.*

Cinquante magnifiques chevaux arabes qui se trouvaient à bord de notre prise furent la seule capture que nous laissâmes à son bord.

A présent, il me serait tout à fait impossible de décrire l'espèce d'enivrement qui s'était emparé de notre équipage à la vue des prodigieuses richesses que nous venions de conquérir. Chaque homme supputait, selon son ambition et selon ses désirs, la part qui lui revenait, et tous, les plus ambitieux comme les plus modestes, trouvaient que leurs calculs atteignaient à une limite qui ne leur laissait rien de plus à désirer. Notre second, le Normand Duverger, ne pouvait surtout contenir sa joie. Ses lèvres minces étaient continuellement entrouvertes par un sourire perpétuel qui lui donnait presque l'air bonhomme; armé d'un crayon et d'un carnet, il alignait, pendant toute la journée, depuis le lever du soleil jusqu'à son coucher, colonnes de chiffres sur colonnes, et lorsque la nuit le surprenait dans cette douce occupation, il semblait sortir d'un rêve : le jour ne lui avait pas semblé durer plus d'un quart d'heure.

Un homme, cependant, qui éprouvait de notre capture une joie plus vive encore que celle du Normand, était notre brave capitaine; non pas qu'il fût cupide, loin de là; mais il voyait dans notre prodigieux et éclatant succès la fin de cette fatalité tenace qui jusqu'alors avait si lourdement pesé sur lui. Son bonheur était même si profond, que, par moments, il se refusait à y croire. « Il est impossible que cela se passe ainsi, disait-il, vous verrez qu'il nous arrivera quelque malheur inattendu. »

Comme la mer était belle, les vents favorables et nos cœurs ivres de joie, nous n'attachions aucune importance à ces tristes prophéties, nous nous figurions dans notre joyeux délire que le monde entier nous appartenait. Hélas! un horrible et épouvantable coup de tonnerre devait bientôt nous arracher à nos beaux songes.

Le cinquième jour qui suivit notre triomphe éclairait à peine l'horizon, lorsque nous aperçûmes, au premier rayon du soleil levant, deux navires de différentes grosseurs naviguant dans nos eaux. En une seconde tous les yeux de l'équipage se fixèrent sur eux avec une curiosité pleine d'anxiété; mais ils se trouvaient à trop grande distance de nous pour qu'il nous fût possible de reconnaître leur nature et leur nationalité.

Vers les huit heures, nous acquîmes la certitude qu'ils nous chassaient, et nous devinâmes, à l'incontestable supériorité de leur marche, quels adversaires nous allions avoir à combattre. Le premier de ces deux navires qui concentra d'abord notre attention, était un fort trois-mâts portant vingt-deux bouches à feu en batterie, plus deux canons sur son gaillard d'arrière; le second, une goélette, qui nous parut lui servir de mouche, était armé de quatre canons et de deux obusiers.

– Vous voyez, mes amis, nous dit le capitaine Maleroux d'un air résigné et mélancolique, que je n'avais pas tort de compter sur ma mauvaise chance! Au total, cela ne fait rien... Il ne s'ensuit pas que, de ce qu'il va y avoir un peu de besogne, nous devions nous considérer déjà comme perdus!.... Cent trente frères la Côte, commandés par un capitaine comme moi, c'est-à-dire par un bon garçon, qui connaît son métier, je puis avouer sans orgueil, c'est connu... cent trente frères la Côte, donc, tous riches comme des négociants et des propriétaires, et portant leur fortune avec eux, ne sont pas si faciles à avaler qu'un œuf à la coque ou un verre de vin !... Donc, avec ou sans votre permission, je compte donner une telle brossée à cet Anglais incivil et gourmand qui veut nous happer au passage, qu'il s'en ressouviendra longtemps !

– Vive Maleroux ! vive le capitaine ! s'écria notre équipage plein d'ardeur.

Notre brave Breton, après cette belle harangue, ordonne sur-le-champ à *la Perle* d'engager la goélette en temps opportun, tandis que *l'Amphitrite* prêtera côté à la corvette.

Ces dispositions bien arrêtées, Maleroux, qui à l'heure du combat oublie toujours sa tristesse habituelle et devient l'homme le plus actif et le plus animé de son bord, Maleroux se mêle de nouveau à l'équipage, qu'il enflamme par ses exhortations et par ses récits.

En effet, rien ne répugne davantage ordinairement aux corsaires que d'en venir aux mains avec les navires de guerre ; ils éprouvent pour ces combats stériles où leur valeur n'est pas récompensée par l'État et où leur liberté court de si grands dangers, une aversion presque insurmontable ! Seulement, cette fois, il s'agit de sauver de telles richesses, que pas un matelot ne faiblit ! Tous jurent de succomber plutôt dans la lutte qui va avoir lieu, que céder, dans quelque position critique qu'ils puissent se trouver, à l'ennemi qui ose les attaquer.

Notre second, le Normand Duverger, est blême de fureur : il parle peu, mais on devine facilement à l'éclat fébrile de son regard, à ses narines gonflées, à ses lèvres minces, crispées par la colère, qu'au lieu de craindre l'heure du combat il l'appelle de tous ses vœux, et qu'elle le trouvera implacable et sans pitié !

En attendant, la chasse continue ; mais *la Perle*, que

nous ne voulons pas abandonner et qui marche moins bien que nous, nous force de diminuer notre vitesse, et les vaisseaux ennemis nous gagnent main sur main. Encore une heure, et les voilà à portée de mousquet de nous! Aussitôt, une vive canonnade s'engage, nous tirant en retraite et l'ennemi en chasse.

Le sort en était jeté; le combat devenait inévitable.

A midi, la corvette anglaise – car elle avait arboré ses couleurs nationales – ayant gagné le vent, le feu s'engagea avec fureur entre elle et nous aussitôt que nous pûmes croiser efficacement nos boulets.

J'ai assisté à bien des combats sur mer, mais jamais je n'ai vu, je puis le dire, un acharnement semblable à celui que déploya notre équipage dans cette circonstance. L'enthousiasme, la rage, la cupidité agissant tout ensemble sur nos matelots, centuplaient leurs forces et entretenaient leur ardeur. Beaucoup d'hommes atteints soit par des éclats de bois, soit par la mitraille, continuaient leur service comme si de rien n'était; quant aux morts, ils tombaient sans pousser une plainte, et leur dernier soupir s'exhalait avec une imprécation ou une parole de défi.

Ainsi se passa la journée, sans qu'aucun avantage marqué parût vouloir faire pencher la victoire d'un côté ou de l'autre.

La corvette anglaise *the Trinquemaley*, c'était son nom, portait bien, il est vrai, dix canons de plus que nous, mais nous avions sur elle deux grands avantages : le premier, et le plus précieux de tous, était d'abord l'énergie de notre désespoir; le second, c'est que le navire ennemi ayant une batterie couverte, et, par conséquent, sa coque se trouvant de beaucoup plus élevée sur l'eau que la nôtre, nos boulets portaient sur lui presque à tout coup, tandis que les siens frappaient bien plus rarement *l'Amphitrite*.

Cependant, aux dernières lueurs du crépuscule, et aux premiers souffles d'une brise qui verdissait l'horizon, le hasard des batailles parut enfin se déclarer pour nous. Le mât d'artimon du *Trinquemaley* tomba tout à coup sur son avant et masqua de son fardage une partie des canons qui nous foudroyaient; nous accueillîmes cet événement par un hurlement de triomphe.

– La victoire est à nous, mes amis! s'écria Maleroux, qui, pendant toute la durée du combat, n'avait cessé de diriger l'action avec une habileté, un à-propos et un sang-froid que bien peu de marins ont possédés à un degré aussi éminent que lui; courage! nous reverrons l'île-de-France et nous garderons notre or.

Notre brave capitaine, après avoir prononcé ces paroles qui trouvèrent un écho dans le cœur de chaque matelot, s'empressa de profiter de la confusion que la chute de son grand mât avait jetée à bord du *Trinquemaley* pour opérer notre retraite à la faveur de l'obscurité.

Malédiction! au moment où *l'Amphitrite* laisse arriver pour prendre chasse, au moment où, semblable à un oiseau qui étend ses ailes pour s'élancer dans l'espace, elle déploie ses trois perroquets à la fois, un horrible craquement, suivi cette fois de cris lamentables, arrête subitement la joie de notre équipage et le plonge dans la stupeur. C'est notre mât de misaine qui, percé de plusieurs boulets au-dessous des jattereaux, vient de tomber à la mer avec tous ses agrès et en entraînant quelques hommes occupés à larguer les voiles!

Un cri de rage et de défi a dominé le bruit produit par cette chute : c'est Maleroux qui se révolte contre la fatalité et la provoque.

Cloués à notre place et réduits à l'inaction, nous devons forcément recommencer le combat.

Quelques mots à présent nous sont indispensables pour connaître la position de notre prise *la Perle*, commandée par le lieutenant Huguet, mon ancien chef direct à bord de *la Preneuse*.

Notre prise avait bravement ouvert le feu sur la mouche du *Trinquemaley*, à l'instant même où nous en venions aux mains avec cette corvette; seulement, *la Perle* était montée par un faible équipage, qui ne pouvait manœuvrer que lentement ce lourd navire, tandis que la mouche du *Trinquemaley*, profitant de la force numérique de ses hommes et de la prestesse de ses évolutions, l'accablait de projectiles sans courir de grands dangers.

La mouche, dont l'équipage, je le répète, était plus que triple de celui de notre prise, cherchait en outre l'abordage, que notre pauvre *Perle* en était réduite à éviter sans cesse. L'issue de cette partie carrée entre les quatre navires restait donc toujours incertaine; toutefois, à supputer et à peser froidement les chances, il fallait avouer qu'elles étaient du côté des Anglais.

– Une seule chose me console dans nos désastres, dit le capitaine Maleroux en s'adressant à son second, c'est que si nous succombons, nous tomberons sans laisser traîner l'honneur français dans la honte... Remarquez, Duverger, l'ardeur de notre équipage... On dirait qu'il augmente encore à mesure que croît le danger. Pauvres et chers enfants! ils se battent comme des anges!

Maleroux, après avoir dit ces paroles, passa sa main sur ses yeux comme s'il eût voulu chasser une pensée importune qui l'obsédait, puis il reprit douloureusement et en baissant la voix :

– Et penser, pourtant, que c'est peut-être à ma seule présence sur *l'Amphitrite* que ces pauvres gens doivent d'essuyer tous ces désagréments! Oh! si j'étais sûr de cela!...

Maleroux n'acheva pas sa phrase; mais le regard désespéré qu'il jeta sur l'abîme de l'Océan la compléta aussi clairement que s'il l'eût prononcée. Nos ennemis, malgré l'obscurité qui les enveloppait, continuaient leur tir avec une grande précision : vers minuit, le grand mât de hune de la corvette se rompit, tomba sur son avant et masqua encore une fois sa batterie.

Maleroux voulant profiter de cette avarie pour faire vent arrière et abandonner le champ de bataille, on brassa immédiatement en ralingue les voiles de l'arrière, on mit en action les avirons; mais l'absence de toutes voiles d'avant occasionnée par la chute de notre mât de misaine, rendit l'abattée impossible, et *l'Amphitrite*, malgré tous nos efforts, n'en continua pas moins de présenter son travers au vent et à l'ennemi.

De son côté, *le Trinquemaley*, ayant perdu ses mâts de l'arrière, cherche en vain à prêter le côté au vent pour pouvoir nous canonner; bientôt il est emporté en dérive, et abattant, malgré lui, vent arrière sur nous, il nous aborde de long en long.

Quant à nous, qui ne voyons notre salut que dans l'anéantissement complet de notre ennemi, nous saluons par des cris frénétiques de joie cet événement imprévu et heureux qui nous permet enfin d'en venir à l'arme blanche.

Sous le feu qui, loin de se ralentir, augmente plutôt de vivacité, les restes des vergues mutilées des deux navires se joignent et s'enlacent; les flancs de *l'Amphitrite* et du *Trinquemaley*, bord à bord, tremblent et semblent au moment de s'ouvrir sous la commotion violente des bordées qu'ils déchargent à bout portant.

Les grenades pleuvent sur notre pont, notre artillerie, refoulée du dehors en dedans par le choc de la formidable préceinte de la corvette, recule à longueur de bragues; mais qu'importe! elle nous devient inutile, l'heure de l'abordage a sonné!

Chaque frère la Côte s'arme d'une espingole, d'une hache et d'un poignard. En avant! Vingt de nos plus robustes matelots, munis de longues lances, tiennent à distance et neutralisent l'effet des piques et des baïonnettes anglaises. Enfin, sous le feu d'une mousqueterie meurtrière, nous montons à l'assaut! L'intrépide Maleroux se multiplie avec une incroyable activité; il nous excite par sa parole et par son exemple, mais notre courage n'a pas besoin, on le croira, d'être stimulé.

Enivrés par le combat, par l'odeur de la poudre, par

notre haine pour l'Anglais, nous avons perdu le sentiment du danger et de la souffrance; tout nous semble possible, les obstacles n'existent plus pour nous.

On commence par s'égorger à travers les sabords, puis la lutte s'engage sur le gaillard d'avant du *Trinquemaley*.

Les Anglais sont deux fois plus nombreux que nous; ils se battent bravement, c'est vrai : ils défendent avec courage, pouce par pouce, l'espace que nous avons envahi; mais que peuvent-ils contre la fureur sans nom qui nous anime? Nos espingoles et nos piques creusent leurs rangs et élargissent le théâtre du carnage de toute la longueur du passavant!

Au milieu de cet affreux et sanglant pêle-mêle, de ce chaos hideux et sublime tout à la fois, on entend la voix retentissante de Maleroux, qui domine les cris des blessés et des mourants. L'intrépide Breton a retroussé les manches de sa chemise jusqu'au coude, et chaque fois que sa terrible hache s'abat, un Anglais tombe pour ne plus se relever.

Quoique fort occupé moi-même, je ne puis m'empêcher de remarquer notre second, Duverger, qui me coudoie en passant : jamais je n'oublierai l'impression que me causa la vue de ses lèvres violettes, de ses yeux de tigre, de son effroyable sang-froid : pour toute arme, il n'a qu'un large coutelas à la main et un poignard entre les dents, mais ce coutelas, qui dégoutte de sang, a dû être fatal à bien des Anglais! Cet homme pense à sa magnifique part de prise. Malheur à l'ennemi qui se trouve sur son passage.

Au reste, au dire des frères la Côte, dont se compose notre équipage, et qui tous ont déjà bravé tant de dangers, jamais un abordage n'a présenté un caractère de férocité, d'acharnement et de fureur semblable à notre lutte avec le *Trinquemaley!*

Il n'y a donc pas lieu de s'étonner qu'après quelques minutes de cette gigantesque boucherie, l'équipage de la corvette soit culbuté, débusqué de tout point et refoulé jusqu'au gaillard d'arrière! Une fois acculés dans cet étroit espace, les Anglais, ne pouvant plus résister, se précipitent, pour éviter la mort qui les menace, les uns à la mer, les autres dans la batterie, et nous laissent maîtres enfin de leur pont couvert de sang et de cadavres.

Notre second, Duverger, veut, implacable et sans pitié, que l'on égorge les Anglais entassés sur le gaillard d'arrière; Maleroux s'oppose à cet acte de cruauté et, ne doutant plus de la victoire, les laisse se réfugier dans la batterie.

– Vous avez tort, capitaine, lui répond froidement le Normand, quand on porte avec soi des richesses pareilles à celles qui sont entassées à bord de *l'Amphitrite*, on ne saurait jamais prendre trop de précautions pour les conserver.

Cet affreux conseil, qu'une cupidité effrénée pouvait seule donner, était cependant, comme nous l'apprîmes bientôt à nos dépens, bon à suivre.

En effet, au moment où nous nous y attendons le moins, les Anglais réfugiés dans la batterie nous envoient des coups de fusil à travers les écoutilles, et, rechargeant leurs canons, recommencent leur feu contre *l'Amphitrite*. Une partie de nos matelots se précipite alors aux pièces, et la canonnade continue comme avant l'abordage.

Cependant, nous sommes toujours maîtres du pont de la corvette et nous y avons arboré les couleurs françaises.

Passé le premier moment de stupeur que nous a causé cet acte de folie, presque de trahison, nous nous empressons d'abattre les mantelets de sabords et nous claquemurons ainsi les Anglais dans leur propre batterie; mais quel n'est pas notre étonnement lorsque nous voyons que l'équipage de la corvette n'interrompt pas pour cela son feu, et qu'il tire à travers les mantelets des sabords baissés, au risque presque certain d'incendier en même temps *le Trinquemaley* et *l'Amphitrite!*

– Malédiction! s'écrie Maleroux. Je crois que j'aurais bien fait, Duverger, d'exécuter le massacre que vous m'avez proposé tout à l'heure! Comment expliquer cette stupide et inconcevable conduite des Anglais? Qui peut la produire? L'ivresse, la folie, le désespoir? C'est à n'y rien comprendre! Quoi! nous faisons grâce de la vie à plus de trente d'entre eux, nous sauvons ceux qui se noient, leur pavillon, arraché de sa place d'honneur, gît à nos pieds, et ils osent nous attaquer d'une façon si déloyale?... Il faut pourtant en finir avec eux!...

Nos frères la Côte, à qui cette stupide agression a rendu toute la fureur, se préparent à entrer dans la batterie et à y massacrer tous les Anglais qui s'y trouvent, lorsque des cris affreux qui s'y font entendre les arrêtent dans leur élan.

Bientôt une clarté qui se projette au large par toutes les ouvertures de la corvette succède à ces cris. Le feu est à bord du *Trinquemaley*.

– Capitaine, retournons sur *l'Amphitrite*, et tâchons de nous éloigner de ce navire avant qu'il saute, dit le second, Duverger.

– Sans sauver ces malheureux qui brûlent tout vivants sous nos pieds! s'écrie Maleroux; cela est impossible!...

Au moment même où notre capitaine prend si généreusement la défense et le parti de nos ennemis, de nouveaux coups de fusil nous sont adressés par eux à travers les écoutilles : il faut que ces gens soient en proie au délire.

A présent voudrait-on les sauver qu'il serait trop tard! L'incendie augmente d'intensité avec une rapidité effrayante; nous nous élançons, épouvantés pour la première fois depuis le commencement de ce combat, à bord de *l'Amphitrite!*

Nous sommes à peine rendus sur notre navire, quand une explosion terrible, sans nom, dont on ne peut se faire une idée, éclate, semblable à un volcan, le long de *l'Amphitrite*, et nous enveloppe d'un nuage de feu, de cendres et de fumée. Bientôt, des débris humains, sanglants et noircis, retombent sur notre pont et autour de nous : ce sont les restes du *Trinquemaley* et de son équipage!

Après cette effroyable catastrophe, qui nous enleva nos deux mâts de hune de l'arrière, nous éprouvâmes une telle stupeur, suite inévitable de la terrible commotion que nous avions ressentie, que nous restâmes un moment sans pouvoir nous rendre compte de notre position. Nous ne comprîmes pas comment nous nous retrouvions encore vivants sur notre navire en ruine.

Cependant, jamais nous n'avions eu besoin de plus d'énergie que dans ce moment solennel. *L'Amphitrite* flottait encore, contre toute vraisemblance, mais tellement disjointe dans toutes ses parties, qu'à peine pouvait-on espérer qu'elle surnagerait encore quelques minutes avant de s'enfoncer dans l'Océan.

Il n'y avait pas une minute à perdre : on se précipite aux pompes, que l'on fait jouer avec fureur; on bouche à la hâte les déchirures de nos embarcations criblées de mitraille; puis, à force de bras, on les met à la mer.

Alors a lieu un spectacle déchirant et que je demanderai la permission d'indiquer sans développements : on voit les blessés se hisser sur les parois de *l'Amphitrite*, que la mer emplit déjà en bouillonnant. Les malheureux! Mais qu'ils ne craignent rien; leur sauvetage est la seule pensée de Maleroux; lui-même, avec un calme et une présence d'esprit qui rendent ce travail facile, dirige leur embarquement dans nos canots.

Aussitôt nos embarcations pleines, elles se dirigent vers *la Perle* qui s'avance sur nous. *La Perle* et la mouche du *Trinquemaley* ont toutes les deux, d'un accord commun et spontané, suspendu leur feu après la catastrophe de la corvette. L'un et l'autre de ces navires nous envoient chacun deux canots. Le sauvetage général opéré, nous plaçons dans la chaloupe les victimes les plus maltraitées; bientôt *l'Amphitrite* s'enfonce avec une vitesse si effrayante que nous sommes obligés de l'abandonner en laissant derrière nous quelques moribonds que la mer, qui déborde sur le tillac et par les écoutilles, va sauver d'une douloureuse agonie : nous poussons au large, mais, hélas! de tous les malheurs que depuis la veille nous avons éprouvés, il nous reste encore le plus épouvantable à subir!

A peine la chaloupe qui porte Maleroux est-elle éloignée de quelques brasses du bord, que notre pauvre capitaine, se rappelant qu'il a oublié d'emporter ses lettres d'expédition, ordonne que l'on rebrousse chemin.

Le danger est grand, mais comment ne pas obéir! L'embarcation accoste bientôt sur l'arrière des grands porte-haubans de *l'Amphitrite* presque submergée, et Maleroux, avec une audace qu'un bonheur inouï justifie, saute dans la chambre presque déjà remplie d'eau, s'empare de ses expéditions et remonte sur le pont.

Malheur! au moment de mettre le pied dans la chaloupe, notre infortuné capitaine sent un obstacle peser sur sa tête : c'est le filet de casse-tête du gaillard d'arrière; Maleroux, sans perdre en rien son sang-froid, essaie en vain de se dégager, sans pouvoir y parvenir. On se précipite à son secours, mais efforts impuissants! *L'Amphitrite* s'enfonce au même moment, en emportant dans sa tombe humide et son digne commandant et la chaloupe dont l'équipage s'est dévoué pour essayer de le sauver.

Quelques matelots valides qui montent cette embarcation se jettent à la mer; la plupart sont entraînés par la violence du gouffre que vient de creuser la submersion de notre pauvre *Amphitrite*, et ceux-là ne reparaissent plus! D'autres enfin, plus heureux, s'emparent de vive force du canot de la mouche-goélette anglaise, qui leur sert à atteindre celui que *la Perle* envoie à leur secours.

Lorsque les débris de notre équipage furent réunis sur *la Perle*, le second, Duverger, prit immédiatement le commandement de ce navire.

– Mes amis, nous dit-il, à plus tard les plaintes! A présent, il s'agit de faire notre devoir et de nous venger. Monsieur, continua-t-il en s'adressant au chirurgien de *l'Amphitrite*, charmant jeune homme nommé Forgemolle, avec qui j'avais déjà navigué à bord de *la Forte*, où il remplissait les fonctions d'aide-major, préparez vos trousses et tenez-vous prêt : nous allons recommencer le combat.

En effet, dix minutes s'étaient à peine écoulées que nous ouvrions notre feu sur la mouche de *l'ex-Trinquemaley*.

– Je crois, Garneray, me dit M. Forgemolle, avec qui j'étais très lié, que je n'aurai plus guère d'opérations à faire aujourd'hui.

– Pourquoi cela? auriez-vous donc le pressentiment de votre mort?

– Oh! nullement! seulement je crois que la goélette se soucie peu de recommencer la danse... Tenez, voyez... elle ne répond pas à notre canonnade et elle force de voiles... Bon voyage!

Le pauvre Forgemolle parlait encore quand je le vis rouler à mes pieds.

– Qu'avez-vous donc? m'écriai-je en me précipitant vers lui pour l'aider à se relever.

– Rien! me dit-il, quelque manœuvre qui s'est détachée du gréement et est tombée sur moi.

Hélas! c'était un boulet perdu, le dernier que la corvette nous adressait en tirant en retraite, qui lui avait emporté les deux jambes! M. Forgemolle mourut une heure après : ce fut la dernière victime de ce combat qui durait depuis plus de vingt heures.

Une fois que nous eûmes perdu de vue la goélette anglaise, nous nous occupâmes avec plus de soin de nos blessés : leur nombre était considérable, et presque tous l'étaient dangereusement. Quelle tristesse profonde régnait alors à bord de *la Perle!* Les désastres terribles que nous avions éprouvés, la mort de Maleroux, la perte plus sensible encore de notre fortune, car, dans l'humanité, l'égoïsme l'emporte toujours, hélas! sur la sensibilité, nous avaient plongés dans un morne désespoir.

Notre second, Duverger, dont la douleur concentrée devait être terrible, ne pouvait surtout dominer le désespoir qui l'oppressait. Morne, taciturne, le regard sombre et baissé, il ne prononça pas, jusqu'à la fin du jour, une seule parole qui ne fût strictement nécessaire au service.

Ce ne fut qu'à la nuit, au moment de se retirer dans sa cabine, qu'il nous laissa entrevoir, en peu de mots, l'état de son esprit :

– Ah ! messieurs, nous dit-il, quand je pense que pendant cinq jours j'ai été riche, ce que l'on appelle riche, riche à tout jamais, riche pour le reste de mes jours !... C'est à se brûler la cervelle !... Aussi, que je parvienne à jamais obtenir un commandement, et qu'un navire anglais me tombe entre les mains... Oh ! alors !...

Notre second n'acheva pas sa phrase, mais secouant alors vivement sa tête, comme pour en chasser une idée importune, il termina l'entretien par ces paroles, qui me frappèrent en ce qu'elles me parurent résumer admirablement bien son caractère :

– Après tout, il nous reste cinquante chevaux arabes à bord !... J'ai calculé que le prix de leur vente nous rapportera encore un honnête bénéfice ! Ah ! Messieurs, puisque Maleroux devait mourir, pourquoi n'a-t-il pas succombé dès le commencement du combat !... Que Dieu lui pardonne sa faiblesse !

Après un mois et demi d'une traversée ordinaire, et qu'aucun événement ne vint accidenter, *la Perle*, en deuil du brave et infortuné Maleroux, *la Perle*, dernier débris de tant de richesses perdues, du plus terrible combat de mer et de la plus épouvantable catastrophe qui aient peut-être jamais eu lieu, rentrait au port N.-O. de l'île-de-France, au milieu de la consternation et du silence de la population.

XIV

Quatrième course de Surcouf dans l'Inde
Maladie – Le capitaine Monteaudevert
Robert Surcouf me fait enseigne – La Confiance
Départ – Triste rencontre
Nous capturons plusieurs navires anglais
Effets du calme sous l'équateur
Rencontre de la Sibylle

Quant à moi, encore sous l'impression du désastre qui avait failli me coûter la vie, et, de plus, atteint de quelques éclaboussures pendant le combat, je me trouvais dans un pitoyable état de santé. Je fus donc forcé de me mettre au lit.

Pendant la maladie que j'eus à subir, et dont, grâce à Dieu, la force de ma constitution, unie à une volonté ferme, me tira assez promptement, M. de Montalant, mon généreux ami, me rendit de fréquentes visites.

J'entrais déjà en convalescence, lorsqu'il vint un jour, en compagnie du capitaine de corsaire le Malouin Ripeau de Monteaudevert, passer une partie de la journée avec moi.

– Le capitaine Monteaudevert, à qui l'Hermite, dont il est l'ami, a beaucoup parlé de vous, a promis de s'occuper de votre sort, me dit-il. Ainsi, mon cher Louis, tenez-vous l'esprit en repos; d'un jour à l'autre, dès que vous serez rétabli, il vous sera donné de prendre votre revanche sur la fortune et sur les Anglais! En attendant, je vous apporte quelques centaines de piastres que je viens de toucher, au moyen de votre procuration, pour votre part de prise de *la Perle...* Les chevaux arabes se sont admirablement bien vendus!

– Je vous remercie beaucoup, mon cher monsieur, lui répondis-je. Cet argent m'arrive avec d'autant plus d'à-propos que ma bourse se trouve complètement à sec! Au reste, ces quelques piastres représentent, avec les faibles appointements que j'ai touchés pour mon voyage à Bombetoc, sur le *Mathurin*, tout ce que j'ai gagné depuis que je suis dans la marine. Et cependant j'ai déjà assisté à bien des combats et subi d'assez grandes fatigues!

– Quoi! c'est là tout ce que vous avez gagné pendant votre carrière maritime, mon pauvre jeune homme? s'écria le capitaine Monteaudevert. Jour de Dieu! Je veux, moi, que vous preniez une éclatante revanche sur la mauvaise fortune, et quand je veux une chose, je ne suis pas Breton pour rien, il faut que cette chose arrive. Parbleu! il n'y a pas de temps à perdre : je m'en vais de ce pas retenir votre place, ajouta le corsaire en se levant. Soyez sans inquiétude, je me charge de l'obtenir. A présent, si cette fois vous ne réussissez pas au-delà de votre attente, il faudra réellement que vous ayez du guignon.

– Je vous suis bien reconnaissant, capitaine; mais de quelle place parlez-vous, je vous prie?

– D'une place que j'accepterais avec bonheur pour moi, si je n'étais pas moi-même capitaine... Mais, je vous le répète, le temps presse... rétablissez-vous vite, je viendrai vous prendre dans trois ou quatre jours.

L'excellent Malouin parti, je me creusai en vain la tête pour essayer de deviner de quoi il s'agissait; mais je ne pus y parvenir : aussi fut-ce avec un vif plaisir que je le vis entrer trois jours plus tard dans ma chambre. Complètement remis de ma maladie, puisque déjà la veille j'avais été faire un tour de promenade seul et à pied, c'est debout et habillé qu'il me trouva.

– Il paraît que ça va bien, me dit-il; allons, venez : on vous attend.

Le Malouin, sans répondre aux questions que je lui adressais autrement que par un petit sourire mystérieux, hâta le pas et s'arrêta enfin devant la maison de MM. Tabois-Dubois, riches négociants de l'île de France.

– Le capitaine est-il visible? demanda-t-il au premier nègre qu'il rencontra, et sur la réponse affirmative de l'esclave, Monteaudevert monta rapidement l'escalier, et s'arrêta au premier étage.

Des éclats de rire, des paroles fortement accentuées et le bruit d'une discussion animée quoique amicale, se faisaient entendre derrière une porte à laquelle mon conducteur frappa.

– Entrez! répondit une voix sonore.

Le Malouin poussa la porte, me prit par le bras et me fit passer devant lui.

Je restai assez intimidé en me trouvant dans un grand salon rempli de monde; mais je me remis bientôt en reconnaissant parmi les personnes présentes plusieurs de mes connaissances, entre autres les enseignes Roux, Fournier et Viellard, et le contremaître Gilbert, qui tous avaient navigué avec moi sur *la Preneuse*.

– Ah! te voilà, mon brave Ripeau! s'écria un jeune homme de vingt-quatre à vingt-cinq ans, qui s'avança avec empressement vers le capitaine corsaire, et lui serra cordialement la main, fais ton grog à ta guise, allume ce cigare et causons.

– Merci, Robert, répondit Monteaudevert, tout à l'heure je boirai, je fumerai et je causerai tant que tu voudras; mais auparavant laisse-moi te présenter le jeune homme dont je t'ai déjà parlé, le favori de l'Hermite. C'est jeune, solide, plein de bonne volonté, instruit, et ça n'a pas encore eu de chance!... Il n'a pas l'air bien gai, mais ne fais pas attention, il n'y a pas encore deux mois que Garneray voyait couler l'*Amphitrite* et se noyer notre pauvre ami Maleroux: ça lui a passé du noir dans la tête...

– Bah! à quoi ça avance-t-il de se miner le tempérament!

s'écria le jeune homme en me tendant la main. Tope-là, mon ami, et ne te fais plus de bile!... Quand on a rempli son devoir, on doit savoir se ficher du guignon!... Tu me plais... parole... Reste à dîner avec moi, je t'égayerai à mort, et demain, après cette biture, tu chanteras comme un rossignol... Va-t'en préparer ton grog, je veux trinquer avec toi à ta chance future.

Le jeune homme après m'avoir parlé ainsi se dirigea vers un nouvel arrivant, tandis que je me rendais au buffet pour arranger mon grog.

Du reste, je dois avouer que j'étais surpris au possible. Quel pouvait être, me demandai-je, ce jeune homme si simplement mis, dont l'air est si fier, si hardi, le regard si hautain et si perçant, qui me promet sa protection, et commence, sans m'avoir jamais vu, par me tutoyer comme si nous étions des amis depuis dix ans? Quant à Monteaudevert, loin de répondre à mes questions, il semblait prendre un malin plaisir à jouir de mon embarras. Ne pouvant obtenir aucun éclaircissement du capitaine de corsaire, je reportai toute mon attention sur l'inconnu, qui m'intriguait tellement que, profitant de ce qu'il était occupé à causer, je me mis à l'examiner avec une vive attention.

Ce jeune homme pouvait avoir, je l'ai déjà dit, de vingt-quatre à vingt-cinq ans. Quoique d'une taille élevée, environ cinq pieds six pouces, il était replet et de forte corpulence. Cependant on devinait sans peine à la charpente vigoureuse de son corps qu'il devait posséder une force et une agilité musculaires vraiment extraordinaires. Ses yeux, un peu fauves, petits et brillants, se fixaient sur vous comme s'il eût voulu lire au plus profond de votre cœur. Son visage, couvert de taches de rousseur, était un peu bronzé par le soleil; il avait le nez légèrement court et aplati, et ses lèvres minces et pincées s'agitaient sans cesse. Au total, il semblait bon vivant, un joyeux convive, un joyeux marin, et il éveilla toute ma sympathie. Seulement, le tutoiement dont il s'était servi vis-à-vis de moi ne me plaisait que médiocrement, et je me promis de lui faire sentir cette inconvenance.

Je venais d'achever de préparer mon grog lorsqu'il revint nous trouver :

– Eh bien, Garneray, me dit-il, sommes-nous plus gai à présent? Allons, trinquons. Ta jeunesse et ton mauvais guignon, mon enfant, m'ont tout à fait disposé en ta faveur!... Sans compter, m'a-t-on dit, que l'Hermite t'estimait, et l'Hermite est un gaillard qui se connaît en individus... A ta santé... merci.

L'inconnu avala alors d'un seul trait son grog brûlant, et reprit :

– Voilà qui est convenu, Garneray, à partir d'aujourd'hui tu m'appartiens... Tu viendras prendre mes ordres et gazouiller un peu avec moi tous les matins. Je t'attache à ma personne en qualité d'aide de camp.

– Je *te* remercie beaucoup, lui répondis-je; mais je voudrais bien savoir d'abord quel est *ton* nom?

– Mon nom! s'écria l'inconnu en éclatant de rire. Ah! tu ne sais pas mon nom.

Puis, se retournant alors vers le capitaine Ripeau de Monteaudevert, qui faisait des efforts inouïs pour garder son sérieux :

– Satané farceur, lui dit-il en se tenant les côtes, c'est comme cela que tu blagues tes protégés... Après tout elle est bonne, la charge... Sacré farceur, va...

L'inconnu s'abandonna encore quelques secondes à sa gaieté, puis reprenant un air sérieux :

– Garneray, me dit-il simplement et sans paraître attacher la moindre importance à sa réponse, je suis capitaine de corsaire et me nomme Robert Surcouf.

Ce nom, auquel je ne m'attendais pas, produisit sur moi une impression profonde et me fit battre le cœur! Quoi! ce gros et grand garçon, si jeune, si rond, si jovial, n'était autre que le célèbre corsaire, l'honneur de la France et l'effroi des Anglais, dont j'avais déjà si souvent entendu parler par les meilleurs marins avec une admiration et un respect profonds! J'étais presque tenté de me croire encore le jouet d'une mystification.

– Eh bien, me dit Monteaudevert lorsque nous sortîmes ensemble, êtes-vous content? Vous voilà attaché en qualité d'aide de camp au seul homme qui puisse et sache dominer la chance et commander au hasard! Que le diable m'emporte si une seule croisière avec lui ne vous dédommage pas amplement de vos ennuis passés... Mais voulez-vous venir à présent avec moi à la Pointe-aux-Forges, où l'on s'occupe à réespalmer *la Confiance*, c'est le nom du navire que commande Surcouf... cette vue vous fera plaisir, car je ne connais rien qui approche, pour la perfection des formes, de ce navire, que l'on a surnommé *l'Apollon de l'Océan.*

On conçoit que cette proposition me plaisait trop pour que je ne m'empressasse pas de l'accepter; nous prîmes un bateau, et nous nous dirigeâmes vers la Pointe-aux-Forges! Il faudrait avoir été marin pour comprendre l'émotion, ou, pour être exact, l'enthousiasme que me causa la vue de cette admirable construction. *La Confiance* était un navire dit à coffre, du plus fin modèle qui ait jamais paré les chantiers de Bordeaux; on devinait au premier coup d'œil quelle devait être la supériorité de sa marche : elle portait dix-huit canons.

Je ne sais si l'intention de l'excellent Monteaudevert avait été, en me conduisant à la Pointe-aux-Forges, de faire une diversion à la tristesse qui m'accablait : en tout cas, la vue de *la Confiance* opéra un grand changement dans la situation de mon esprit.

De retour à la ville, exalté par l'examen minutieux de *la Confiance* auquel je m'étais livré avec ardeur, je ne rêvais plus qu'aventures et combats, et je chassai sans peine le souvenir des désastres de *l'Amphitrite*, qui m'avait si longtemps poursuivi sans relâche et sans trêve.

Fidèle à la recommandation de mon nouveau capitaine,

je me rendais chaque matin chez lui, et chaque fois je le quittais en sentant mon attachement et mon admiration pour sa personne augmenter de force. Surcouf était un de ces hommes qui, enveloppés d'une écorce assez rude, ne peuvent être devinés ni compris à la première vue. Ses manières rondes, aisées, mais originales, exigeaient que l'observation, pour pouvoir arriver à comprendre son génie, commençât d'abord par se familiariser avec sa nature. Au reste, bon et joyeux vivant s'il en fut jamais, il possédait une gaieté communicative dont on ne pouvait se défendre. Personne, je demande pardon au lecteur d'employer une expression un peu vulgaire et qui commençait alors à prendre une grande vogue, personne ne blaguait mieux que lui. Son esprit vif, actif et plein d'à-propos, ne lui faisait jamais défaut pour l'attaque ou pour la riposte. Je me rappelle même à ce sujet une réponse qu'il adressa à un capitaine anglais.

Ce dernier prétendait que les Français, ce qui au reste était assez vrai pour Surcouf, ne se battaient jamais que pour de l'argent, tandis que les Anglais, disait-il, ne combattaient que pour l'honneur et pour la gloire!

– Eh bien! qu'est-ce que cela prouve, lui répondit le Malouin, sinon une chose, que nous combattons chacun pour acquérir ce qui nous manque?

Un matin que je me rendais, selon mon habitude, chez Surcouf, je le rencontrai dans la rue; il me prit familièrement par le bras et m'emmena avec lui.

– Garneray, mon garçon, me dit-il, tu vois en ce moment dans ma personne un homme très ennuyé; j'ai une corvée à remplir qui me pèse sur la poitrine.

– Ne puis-je, capitaine, m'en charger pour vous?

– Impossible, tu es trop blanc-bec pour cela, mon garçon... Il s'agit, vois-tu, de tenir tête à un diplomate et à un finassier... pourvu que je ne me mette pas en colère... J'ai affaire à un capitaine de deux liards du commerce et au consul du Danemark... C'est là que demeurent ces deux chenapans, continua Surcouf en me désignant une maison située près de la grande église, monte avec moi et attends un peu... je ne resterai pas longtemps, nous reviendrons ensemble.

Pendant que mon capitaine entrait dans le salon où se trouvait le consul danois, l'on me faisait passer dans un petit cabinet contigu à cette pièce, dont une mince cloison le séparait seulement. Ce fut à cette disposition des lieux que je dus d'entendre en entier, et aussi distinctement que si je me fusse trouvé avec eux, la conversation qui s'établit entre le capitaine, le consul danois et Surcouf; conversation que je rapporte fidèlement ici, pour donner une idée des précautions que prenait le capitaine de *la Confiance*, et des sacrifices qu'il savait faire pour préparer ses succès.

Après quelques échanges de politesse qui me permirent de connaître la voix du consul danois, Surcouf prit la parole.

– Monsieur, dit-il en s'adressant au consul, j'ai peu de temps à perdre, et je vous demanderai la permission de vous rappeler en deux mots le motif qui m'amène près de vous, et que vous devez soupçonner déjà. Voici le fait : j'ai besoin, pour ma prochaine croisière, de renseignements précis sur l'état actuel des côtes de l'Inde; je viens donc vous prier de remettre au capitaine ici présent, votre compatriote, votre consigne et des lettres d'expédition qui l'autorisent à prendre langue à Batavia, puis de remonter le détroit de Malacca, et coupant le golfe, de l'ouest à l'est, de visiter les ports de la côte de Coromandel, de Ceylan, et d'aller m'attendre à un lieu que je lui indiquerai par l'intermédiaire d'un de mes officiers, lorsque son navire sera à vingt-cinq lieues au nord de cette île... Me comprenez-vous bien?

– Parfaitement, illustre capitaine; seulement ce que vous me demandez est impossible. Quoi, vous voudriez que moi, le représentant du Danemark, je m'associe à vos projets contre l'Angleterre, cette généreuse nation qui respecte notre pavillon et lui accorde protection et liberté sur les mers!... Oh! vous ne pouvez penser sérieusement à cela.

– Très sérieusement, et voici pourquoi : c'est que si votre capitaine accepte, je lui donnerai, en toute propriété, une cargaison qui lui servira à déguiser le but de son voyage d'exploration, et que le jour même de son départ je vous compterai, à vous, monsieur le consul, un agréable pot-de-vin dont nous allons, si vous le voulez, fixer dès ce moment l'importance.

Un court silence suivit cette proposition de mon patron : ce fut le capitaine danois qui, le premier, reprit la conversation :

– Ô gloire de la marine française! s'écria-t-il en s'adressant à Surcouf, j'aimerais mieux de l'argent comptant!...

– Soit! M. le consul, ici présent, vous remettra dix traites de cinq cents gourdes chacune, payables à vue, sur Batavia, Banca, Malacca, Madras, Pondichéry et Trinquemaley...

– Mille pardons, commandant Surcouf, interrompit le consul; je ne demande pas mieux que d'être utile à un homme de votre immense mérite et de votre réputation, mais cette bienveillance que je ressens pour vous ne doit cependant pas me faire oublier toute prudence. Or, en supposant que ce digne capitaine, mon compatriote, soit légèreté, soit imprudence, commette quelques indiscrétions... comprenez-vous, ayant des preuves écrites de ma participation, quoique indirecte, dans cette affaire, le tort irréparable qu'il pourrait me causer?

– C'est juste. Alors revenons à ma première idée. J'embarque sur le navire de votre capitaine, que vous ne manquerez pas de mettre à contribution, des marchandises cotées au plus bas prix de facture, pour une valeur de trois mille piastres. Au taux où sont maintenant les liquides français dans l'Inde, vous gagnerez à la vente de ce chargement, qui vous appartiendra en toute propriété, au moins cent pour cent.

– Oui, capitaine, c'est possible; mais si l'on soupçonnait

jamais que j'ai été votre... observateur... l'on me pendrait! Or, s'exposer à un tel ennui pour six mille piastres!... interrompit le capitaine danois.

– C'est plus que vous ne valez, s'écria brusquement Surcouf.

– Oui, capitaine, si je n'étais pas père de famille.

– Eh bien! à mon retour de croisière, je vous remettrai trois mille piastres en plus, si j'ai été satisfait de...

– Mes renseignements! se hâta d'ajouter le capitaine danois.

– Non, de votre espionnage, reprit durement Surcouf.

– Capitaine, cette parole et celle de pot-de-vin que vous avez employées si légèrement déjà à mon sujet, interrompit le consul d'un air indigné, donnent à notre entrevue un tour que je ne puis supporter.

– Ah bah! je me moque pas mal de toutes vos manières, moi! s'écria Surcouf d'une voix tonnante. Croyez-vous bonnement que je vais perdre mon temps à vous raconter des douceurs? J'ai besoin d'un traître et d'un espion. Je vous dis à vous, monsieur le consul, voulez-vous être mon traître? A vous, capitaine, voulez-vous être mon espion? Ce langage est clair, c'est l'essentiel; j'adore la clarté. A présent, un mot, et remarquez que de ce mot dépend votre fortune. Oui ou non? Si c'est non, bonsoir : je m'en vais de ce pas trouver des gens plus intelligents que vous et qui ne refuseront pas leur bonheur. Voyons, monsieur, à vous, répondez.

– Oui, capitaine, dit le consul; seulement, je vous en supplie, permettez-moi de vous adresser une demande.

– Voyons cette demande.

– C'est que vous m'engagiez votre parole d'honneur que vous ne parlerez à personne au monde de notre transaction.

– Je vous la donne; à présent, à votre tour de répondre, capitaine, s'il vous plaît.

– Oui! s'écria le Danois; seulement...

– Rien de plus; c'est assez : affaire conclue; au revoir.

Surcouf alluma alors son cigare, et s'en fut sans ajouter un mot. Je le rejoignis au bas de l'escalier.

– Eh bien! capitaine, lui dis-je, êtes-vous sorti vainqueur de vos ennuis?

– Oui, mon garçon, merci. J'ai remarqué une chose, c'est qu'en affaires je me suis toujours bien trouvé de ma brusquerie et de ma rondeur : avec cela je viens à bout de tout.

L'installation du corsaire marchait activement, et nous comptions pouvoir prendre la mer dans un mois au plus tard, lorsqu'un événement auquel Surcouf était loin de s'attendre vint lui causer un grave embarras.

Surcouf avait négligé jusqu'alors, sachant l'empressement que les matelots disponibles à l'île de France mettraient à s'embarquer avec lui, de compléter l'équipage de *la Confiance*. Il savait que sur à peu près cent cinquante frères la Côte, inoccupés pour le moment, pas un seul ne lui ferait défaut. Or, voilà qu'un matin il apprend que le capitaine Dutertre armait également un corsaire, nommé *le Malartic*, en l'honneur du gouverneur et général de ce nom.

Dutertre, qui, les souvenirs de l'amitié ne doivent pas nous faire déguiser la vérité, était certes l'égal de Surcouf pour le courage, l'intelligence et les connaissances maritimes, avait dans l'île de nombreux partisans. Breton comme Surcouf, il était natif de Port-Louis; il ralliait à sa personne tous les Lorientais qui se trouvaient dans la colonie, et puis un grand prestige s'attachait à sa personne. On savait que les deux mobiles de sa conduite étaient l'amour de son état et la haine de l'Anglais.

Dutertre, désintéressé, ne tenait pas plus à l'argent qu'aux douceurs de la vie, et pendant ses croisières il mangeait à la gamelle avec son équipage.

Quant à Surcouf, il était connu pour avoir plus de chance, grand point pour les marins, que son rival; mais on savait qu'il aimait à trouver dans la richesse une compensation à la fatigue et aux dangers.

Au total, la sympathie et l'intérêt des frères la Côte agissant sur eux en sens inverse, les deux capitaines rivaux avaient à peu près les mêmes chances de succès pour compléter leurs équipages.

Inutile d'ajouter que Surcouf et Dutertre ne pouvaient se souffrir; forcés de reconnaître réciproquement leur mérite véritable, ils conservaient aux yeux du monde une attitude convenable vis-à-vis de l'autre, mais en particulier, et dans le cercle de leurs intimes, ils se décriaient amèrement. Au reste, je dois ajouter que le plus violent des deux corsaires était, sans contredit, Dutertre, qui, sans être pourtant le moins du monde cruel, aimait passionnément et par-dessus tout la lutte et les combats; pas un homme ne se montrait plus terrible que lui dans les abordages.

La chance pour former leurs équipages était donc égale, je le répète, entre les deux capitaines, et chaque état-major des deux corsaires agissait activement pour embaucher le plus de matelots possible, lorsqu'en arrivant un matin chez Surcouf, selon mon habitude, je le trouvai furieux et exaspéré, sacrant et jurant comme un diable.

– Qu'y a-t-il donc de nouveau, capitaine? lui demandai-je avec empressement.

– Ce qu'il y a donc de nouveau, mille tonnerres! s'écria-t-il. Encore une nouvelle infamie de ce damné Dutertre. Cet hypocrite-là vient de faire annoncer et afficher qu'au lieu de manger, selon son habitude, avec son équipage, il aura pendant cette croisière une table de capitaine, et que ce sera son équipage qui mangera avec lui. Pour donner plus de poids et de consistance à cette blague, il a fait placer des cages à poules à son bord jusqu'au ras des bastingages. De plus, il s'engage, le maudit farceur, à relâcher tous les quinze jours pour se procurer des vivres frais! Tous les frères la Côte sont tombés dans le panneau et ne veulent plus s'embarquer qu'avec lui. Mais que le diable me torde le cou si je ne lui sers pas, à mon tour, un plat de mon métier. J'ai mon idée... nous verrons!...

Surcouf, après avoir prononcé ces paroles avec colère, mit son chapeau, et, se précipitant vers la porte, sortit sans nous expliquer davantage ses projets.

Or, voici, ainsi que nous l'apprîmes plus tard, de quelle façon s'y prit notre capitaine pour contrecarrer les intentions et neutraliser l'avantage obtenu par Dutertre.

Surcouf envoya au bureau de la marine une soixantaine de mauvais drôles, créoles ou étrangers, en leur remettant deux piastres à chacun pour leur peine, se faire porter sur le rôle de son équipage, chacun sous le nom d'un matelot qu'il désirait avoir et qu'il leur indiqua. La chose s'opéra sans la moindre difficulté. Quelques jours plus tard, ces mêmes matelots, portés à leur insu sur les registres de la marine, furent appelés au commissariat. Que l'on juge de leur étonnement et de leur fureur lorsqu'ils apprirent qu'ils se trouvaient engagés malgré eux. L'esprit d'opposition agissant, ils commençaient à pousser des vociférations menaçantes, lorsque le commissaire de la marine, M. Marouf, petit Provençal vif et entêté au dernier degré et le croquemitaine des frères la Côte, se présenta inopinément à leurs regards.

Soit que M. Marouf se trouvât ce jour-là dans une mauvaise disposition d'esprit, soit que Surcouf lui eût rendu une visite particulière, toujours est-il qu'il affecta la plus grande colère, et, prononçant le mot de révolte, il fit fermer les grilles du commissariat de la marine et appeler des troupes en toute hâte.

– Ah! c'est comme ça, mes enfants, que vous tenez à vos promesses, et que vous respectez l'autorité! dit-il aux frères la Côte, que sa présence avait déjà calmés; eh bien! nous allons rire... Je m'en vais d'abord vous inviter à passer quelque temps à la maison de campagne... vous vous reposerez tout à votre aise de vos orgies de ces jours derniers; ensuite, nous aviserons!

Or, ce que M. Marouf appelait si agréablement sa maison de campagne, c'était une geôle affreuse située derrière la porte du port, et adossée au bureau de la marine.

Ce que le marin aime par-dessus tout, ai-je besoin de le dire? c'est sa liberté. Mais au moment du départ, quand il lui reste une orgie à finir, un baiser d'adieu à donner, une piastre à dépenser, cet amour atteint chez lui des proportions inouïes. On n'aura donc pas lieu de s'étonner que la menace du petit Provençal produisit une immense terreur sur ces frères la Côte, si insouciants cependant devant la mitraille et la tempête.

Surcouf, le traître Surcouf, profitant habilement de ce moment critique, apparut alors comme un dieu sauveur. Il supplia le terrible Marouf de vouloir bien retarder de quelques instants l'accomplissement de sa menace, se faisant fort, lui Surcouf, de ramener au sentiment du devoir les malheureux égarés qui refusaient avec si peu d'intelligence le bonheur qui les attendait.

Le commissaire de la marine, vaincu par la prière du corsaire, consentit, tout en grognant, à lui accorder ce qu'il demandait. Seulement il fixa le terme de la conciliation à dix minutes!

Dix minutes, c'était beaucoup pour Surcouf, qui savait aborder si carrément de front les affaires. Elles lui suffirent, surtout en renchérissant de cinquante piastres les avances qu'il faisait, sur celles de Dutertre, pour lui gagner une quarantaine de matelots; le reste des frères la Côte ayant demandé jusqu'au lendemain pour réfléchir.

Que l'on juge de la rage de ce dernier lorsqu'il apprit quelques heures après ce funeste événement. Il jura de s'en venger, et joignant aussitôt l'action à la parole, il fit annoncer immédiatement que, loin de chercher à diminuer la part des matelots par un luxe d'état-major comme celui de Surcouf, son état-major se composait de trente personnes; il s'engageait à ne prendre qu'une douzaine d'officiers, le nombre strictement nécessaire pour conduire les prises et pour remplir le quart du bord. Qu'en outre, tout le monde à bord du *Malartic*, lui tout le premier, ainsi que les officiers, toucherait part de prise égale! Cette annonce eut un succès prodigieux.

– Part égale! répétaient les matelots avec enthousiasme. Vive Dutertre! Faudrait-il pour nous embarquer avec lui déserter et aller ensuite en barques le rejoindre à la mer, nous le ferions!...

– Parbleu! dit Surcouf, lorsque cette nouvelle lui revint, nous avons, Dutertre et moi, pris jusqu'à présent une mauvaise marche pour terminer ce débat. Un tête-à-tête de cinq minutes au *Champ-de-Mars* décidera bien mieux ce différend.

Dutertre, de son côté, se livrait à une réflexion tout à fait semblable, qu'il annonçait à ses amis.

Telles étaient les dispositions des deux capitaines à l'égard l'un de l'autre, lorsque le soir même de la prétendue scène de révolte si facilement réprimée par le Provençal Marouf, ils se rencontrèrent tous les deux au Grand-Café.

Le Grand-Café, à l'île de France, était à cette époque le rendez-vous des duellistes, des flâneurs et des corsaires.

– Il paraît, Surcouf, s'écria Dutertre, qui rougit de colère en voyant entrer son rival, que tu viens d'obtenir une place de commis dans les bureaux de la marine. Je te fais mon sincère compliment sur ton nouvel état.

– Merci Dutertre. Reçois aussi toutes mes félicitations pour la nouvelle profession que tu as choisie depuis peu.

– Laquelle, Surcouf?

– Mais celle, dit-on, de cuisinier et de rôtisseur. On prétend que tu as débuté par un magnifique achat de poules.

A cette réponse, Dutertre s'avança à la rencontre de Surcouf, qui s'empressa d'imiter son mouvement.

Surcouf lui dit, avec un sang-froid qui ne lui était certes pas habituel et qui ne manquait pas de dignité :

– Tous ces propos sont déplacés dans la bouche de deux

hommes tels que nous; ils seraient à peine convenables dans celle des ferrailleurs de ce café; je t'estime et tu m'estimes; je te défie de dire le contraire.

– C'est vrai, répondit Dutertre; mais tu éprouves à mon égard la même envie que je ressens au tien : celle de me tuer.

– Oui, j'en conviens.

– Alors, à demain matin au *Champ-de-Mars*, au point du jour n'est-ce pas?

– A demain matin, au point du jour, au *Champ-de-Mars*, c'est entendu.

– A présent, veux-tu boire un punch avec moi?

– Dix, si tu le désires.

Les deux capitaines s'assirent alors à la même table, et se mirent à causer comme si de rien n'était.

Cette scène entre les deux plus célèbres corsaires de l'île de France avait produit, on le conçoit, une vive émotion parmi les habitués du café; mais personne ne se permit d'y faire la moindre allusion pendant tout le reste de la soirée.

Il était près de minuit, et les deux rivaux se donnaient une poignée de main avant de se retirer, lorsqu'un aide de camp du général Malartic vint les prévenir qu'il était chargé par le gouvernement de les conduire, sans les perdre de vue, en sa présence.

La désobéissance était impossible, et tous les deux durent se soumettre. Ils s'acheminèrent donc suivis de l'officier vers le *gouvernement*. A peine étaient-ils entrés dans le salon, que le vénérable Malartic s'avançant à leur rencontre et les pressant dans ses bras :

– Qu'allez-vous faire, malheureux! leur dit-il d'une voix émue; ne comprenez-vous donc pas que, quelle que soit l'issue de la rencontre que vous devez avoir dans quelques heures, et dont je viens d'être par bonheur instruit, ce sera toujours un immense triomphe pour l'Anglais? Surcouf, et vous, Dutertre, croyez-vous donc que votre existence à chacun ne soit pas préférable pour les intérêts de la France à un vaisseau de haut bord?

« Certes! Et vous voulez que l'un de vous deux meure? Quel est cependant celui de vous deux, qui pour satisfaire sa haine, consentirait à faire perdre à notre marine un vaisseau de haut bord! Pas un! Vous voyez que vous êtes des fous, des mauvaises têtes, et qu'il est fort heureux que le hasard amène entre vous deux un vieillard qui vous apprenne ce que vous valez et qui vous aime. Allons, embrassez-vous, et qu'il ne soit plus question de rien!

Il y avait une si paternelle autorité dans la parole du vénérable et vénéré gouverneur, que les deux capitaines en furent touchés; ils s'embrassèrent alors en se jurant une éternelle amitié.

– A présent que tout est terminé, leur dit le général, voulez-vous me permettre d'examiner le motif pour lequel vous vouliez vous battre? C'était simplement pour avoir chacun de soixante à quatre-vingts matelots, afin de compléter vos équipages, n'est-ce pas? Eh bien! si au lieu de jouter de ruses et de finesses, vous ne vous étiez pas laissé aveugler par votre rivalité, vous auriez pensé à une chose fort simple : c'est qu'il y a justement cent soixante frères la Côte disponibles en ce moment, tout aussi bons marins les uns et les autres, et qu'en les tirant tout simplement au sort, vous aviez juste chacun votre affaire!

A cette remarque parfaitement juste du gouverneur, Surcouf et Dutertre ne purent s'empêcher de rire en songeant à combien de dépenses, de colère et d'ennuis les avait entraînés la vivacité irréfléchie de leur rivalité.

Deux jours avant l'appareillage de *la Confiance,* eut lieu ce que l'on appelle la revue de départ, c'est-à-dire que les matelots se rendirent au bureau des classes pour se faire inscrire, reconnaître, et surtout pour toucher des avances.

Rien n'est plus original et plus amusant pour un observateur, que d'assister à ce spectacle. Ici, c'est une femme éplorée qui, au milieu des larmes que lui arrache le départ de celui qu'elle aime, trouve moyen de ne pas perdre de vue la somme qu'on lui avance et finit par s'en emparer presque en entier. Plus loin, c'est une épouse acariâtre et franchement rapace que son malheureux mari comble de prévenances inusitées pour tâcher de lui soustraire une partie des piastres qu'il vient de toucher. Presque partout, ce sont des matelots qui essayent de s'expliquer leur compte, et qui, bientôt impatientés de n'y pouvoir parvenir, remettent philosophiquement cet examen à leur premier voyage. Enfin, ce sont des créanciers qui, après avoir profité de la tentation irrésistible que produit toujours le crédit sur le marin, se jettent, oiseaux de proie affamés, sur le prix de ses travaux et de ses dangers futurs. Ici, la lutte prend un caractère d'acharnement féroce réellement curieux : le matelot furieux et le créancier implacable se livrent à des assauts de discours dignes certes des provocations des héros d'Homère. Le dénouement est que le premier finit par être forcé de donner plus qu'il ne demande, et tous les deux se séparent en s'accablant de malédictions réciproques. Six mois après, s'ils se rencontrent, ils tomberont dans les bras l'un de l'autre, et reprendront bientôt leur ancien rôle de débiteur et de créancier, pour se refâcher plus tard encore.

Comment dire à présent les prétentions soit bizarres, soit exagérées que posent certains matelots comme condition dernière de leur embarquement ? Cela nous mènerait trop loin et demanderait au moins un volume. Toutefois, je dois ajouter que pour peu que les officiers présents à la revue possèdent la moindre connaissance du caractère du marin, ils viennent facilement à bout de ces exigences. Je citerai, afin de mieux me faire comprendre, un des cinquante exemples, pris au hasard, qui se présentèrent et dont je fus témoin pendant la revue de l'équipage de *la Confiance*.

– Moi, dit un matelot en s'avançant à son tour de rôle, à l'appel de son nom, je veux bien m'embarquer en qualité de simple *santabousca* [1], mais à une seule condition : c'est que je ne prendrai plus de ris...

– On ne te demande que de faire ta besogne comme tout le monde, mon garçon, lui répondit notre second, M. Drieux.

– Je ne dis pas non, mon capitaine, mais j'en ai trop pris, de ris... j'en veux plus... Ça, c'est dans ma tête et ça n'en sortira plus..

– Je conçois l'exigence de cet homme, reprit M. Drieux en se retournant vers nous. Il ne sait pas comment se prend un ris, et il aurait peur de montrer son ignorance...

– Ah! vous croyez ça, mon officier, s'écria le matelot piqué au vif dans son amour-propre, eh! bien, vous vous trompez joliment! Demandez donc un peu à M. Dutertre, à M. le Même, à M. Monteaudevert et au capitaine l'Hermite si je ne connais pas un peu bien mon métier? Ah! c'est comme ça, continua le matelot en s'animant de plus en plus à l'idée que l'on mettait en doute ses connaissances, alors, entendez-vous, je ne m'embarque plus que comme gabier!... Je ne veux plus quitter la hune!... Ah! je ne sais pas prendre un ris! C'est drôle tout de même de prétendre ça! On verra. Je vous montrerai que rien qu'avec la jarretière de ma maîtresse je sais souquer une empointure plus vite et mieux que n'importe quel matelot du bord!

Trois jours après la revue sonna l'heure du départ! le canon, qui tire d'heure en heure, annonce à l'équipage de *la Confiance*, joyeusement occupé à gaspiller ses avances, qu'il ait à faire ses adieux aux plaisirs de la terre, que la saison des prises est venue.

Fidèle au devoir, la troupe des matelots, que suit un long cortège d'amis, de femmes, de petits marchands et de

1. Santa-Bousca ou gouin signifie, en argot maritime, simple matelot.

créanciers, arrive bientôt sur la plage et se jette, derniers vestiges d'un luxe mourant, dans des canots pavoisés.

Avant de se séparer, on s'embrasse, on se serre les mains, il y a même quelques larmes véritables répandues, et tout est dit! Combien y en a-t-il, parmi ces hommes si forts et si confiants dans l'avenir, que l'on ne reverra plus? Quels sont ceux que le fer ou le plomb anglais doivent jeter sanglants dans l'arène! On l'ignore! Et cette incertitude, qui plane sur tous, donne une certaine solennité mélancolique à cette heure suprême de la séparation.

– Au large les embarcations! crie enfin d'une voix retentissante M. Drieux.

Les rames s'agitent, et l'on s'éloigne!

Toute la population de la ville a envahi les quais du port pour voir appareiller *la Confiance.*

Bientôt l'équipage est sur le pont; les voiles sont déployées, puis l'on entend comme un éclat de tonnerre que répètent à l'infini les échos des montagnes; c'est le dernier coup de partance : le corsaire est à pic.

Alors, au commandement de Surcouf, le petit foc montre rapidement sa face triangulaire; on dérape l'ancre; la nappe du petit hunier, abandonnant la vergue, pèse, gonflée par la brise, sur le mât de misaine qui s'assure par un léger craquement, le navire tourne sur sa quille, développe au vent son flanc armé, toutes les voiles s'orientent au bruit des sifflets des maîtres, des hourras et des chants tumultueux de l'équipage; puis, reprenant enfin le joug de son gouvernail, *la Confiance* s'élance en creusant un sillon qui montre qu'elle saura franchir cent lieues par jour.

Adieu délicieuse île de France! Qui sait si nous te reverrons jamais, paradis enchanté du matin! A présent nous appartenons au hasard!

Une semaine s'était déjà écoulée depuis notre départ du Port-Maurice et depuis trois jours, grâce à la marche supérieure de *la Confiance,* nous avions franchi l'équateur, lorsque nous eûmes connaissance un matin d'un gros navire.

Nous fîmes route dessus pendant toute la journée et toute la nuit, car, l'heure des ténèbres venue, ce navire arbora un fanal dans sa position. Personne à notre bord, pas même Surcouf, ne comprenait rien à cette singulière conduite.

Enfin, le lendemain matin, grâce à la rapidité de notre sillage, nous parvînmes à l'atteindre, et nous reconnûmes tout de suite en lui un hollandais. Nous vîmes écrit, sur son couronnement, en lettres d'or, le mot *Bato :* c'était son nom.

Une chose qui nous surprit beaucoup, c'est que le hollandais faisait route à la rencontre d'un canot qui flottait alors à une certaine distance de lui. Enfin nous sommes à portée de la voix, et nous pouvons d'autant mieux communiquer, que notre route étant la même que la sienne, nous voguons de conserve avec lui.

Surcouf s'informe aussitôt de la position du *Bato,* et une voix faible et exténuée lui répond que l'on manque de tout à bord. Notre commandant dirige tout de suite une embarcation vers le navire hollandais. Cette embarcation nous ramène bientôt un homme pâle, défait, aux joues creuses, aux yeux hagards, à la barbe longue et inculte : c'est le capitaine du *Bato.*

– J'ai faim et j'ai soif! dit-il d'une voix sourde en mettant le pied sur le pont de *la Confiance.*

Surcouf s'empresse de lui faire servir un bouillon et une bouteille de bon vieux vin que le malheureux avale avec avidité, puis, fort alors, il peut répondre aux questions qu'on lui adresse et nous raconter sa lamentable histoire. Tout l'équipage l'entoura et écouta avidement son récit; c'est un des plus lugubres épisodes maritimes que l'on puisse concevoir. Je le rapporte aussi fidèlement que me le représente encore ma mémoire.

« J'étais parti, en emportant avec moi une riche cargaison et un assez grand nombre de passagers, nous dit-il, lorsque nous fûmes surpris par un de ces calmes plats comme il ne s'en trouve que sous l'équateur.

« Les premiers jours, mes passagers s'amusaient à jeter différents objets flottants dans le sillage du *Bato* pour pouvoir se rendre compte de sa lenteur : deux semaines plus tard, ces légers débris flottaient encore le long de notre bord !

« Le découragement, l'impatience et la nostalgie principalement commençaient à nous gagner, lorsque, pour comble de malheur, une affreuse maladie épidémique s'abattit sur nous ! Dès lors *le Bato* présenta un spectacle affreux : partout des gémissements, des imprécations et des pleurs ! L'épidémie sévissait dans toute sa force, lorsque notre chirurgien en fut atteint lui-même et en mourut ! A partir de ce moment, les malades abandonnés au hasard désespérèrent de leur position, et se livrant sans résistance au fléau qui les terrassait, perdirent toute confiance dans l'avenir et commencèrent à succomber avec une effrayante rapidité.

« Chaque matin, lorsque je me levais après une nuit d'insomnie, mon premier regard était pour le ciel, que j'examinais avec angoisse; mais rien n'y décelait un changement de temps; partout des indices de calme et de chaleur, nulle part l'espoir de voir s'élever la brise. Cependant, je prenais sur moi-même d'assurer aux passagers que le calme ne pouvait continuer, que j'étais même certain que d'ici quelques heures un vent violent se lèverait. Je réussissais ainsi à ranimer un peu la confiance des malheureux malades; mais en voyant chaque jour mes prophéties démenties, mes promesses ne pas se réaliser, ils finirent enfin par m'accuser d'incapacité, par ne plus ajouter foi à mes paroles et par retomber dans leur profond découragement. Que vous dirai-je de plus, capitaine; quarante-six jours s'écoulèrent ainsi. L'eau et les provisions vinrent à nous manquer, et si mon équipage résistait mieux que mes passagers à la fatigue, il n'en était pas moins pour cela exténué de soif, d'inanition et en proie à la nostalgie.

« Enfin le quarante-sixième jour le ciel parut vouloir mettre un terme à nos trop cruelles souffrances : la brise se fit sentir, et nous aperçûmes à toute vue les voiles d'un navire qui blanchissaient l'horizon. En cet instant toutes les peines furent oubliées, les parents des victimes, dominés par cet instinct puissant de la conservation qui n'abandonne jamais l'homme, essuyèrent leurs larmes, pour ne plus songer qu'à eux-mêmes : ils allaient bientôt avoir de l'eau en abondance, des vivres à discrétion : pouvaient-ils songer à autre chose! Malheureusement notre espoir fut déçu, la brise qui s'était levée s'éteignit presque subitement, et le navire que nous apercevions à peine à travers l'espace devint immobile. Nous tînmes immédiatement un conseil, dont le résultat fut qu'il nous fallait à tout prix aborder ce navire.

« Si c'est un simple bâtiment de commerce, il nous donnera au moins de l'eau, pensions-nous; si c'est un vaisseau de guerre ennemi, il nous prendra; si c'est un vaisseau ami, il nous prêtera probablement un chirurgien pour soigner nos malades.

« Notre résolution avait été facilement prise; toutefois son accomplissement présentait les plus grandes difficultés, car l'équipage était si exténué, si faible, qu'il ne pouvait guère trouver assez de force pour mettre à la mer le canot qui devait transporter notre petite expédition à bord du bâtiment en vue. Cependant, grâce à l'espèce de surexcitation que nous donnait l'espérance de posséder bientôt de l'eau fraîche, nous vînmes à bout de cette expédition.

« Une fois l'embarcation à l'eau, six matelots de bonne volonté s'y embarquèrent : mon fils, jeune homme de dix-huit ans et de grand avenir, qui servait sous mes ordres en qualité de lieutenant, en prit le commandement. Moi je ne voulais pas consentir à le laisser partir, mais il me représenta si éloquemment que sa parenté avec moi était justement ce qui devait le forcer à donner l'exemple du dévouement et du courage, que je ne pus m'opposer plus longtemps à son désir. Seulement, avant de lui permettre de descendre dans le canot, je lui donnai toutes les instructions que je crus nécessaires, et je le prévins que s'il n'était pas de retour avant la nuit, je ferais hisser un fanal en tête du grand mât pour lui indiquer la position du navire : je lui recommandai en outre de relever de temps à autre la boussole, pour connaître la direction à suivre pour revenir à bord du *Bato*.

« Toutes ces précautions prises, je l'embrassai tendrement, ainsi que ses six compagnons de voyage; car, quoiqu'ils n'eussent guère que cinq lieues à franchir, ils étaient tous si faibles que cette courte distance présentait pour eux les plus grands dangers.

« Enfin le canot partit! L'équipage, s'appuyant sur les bastingages, le salua d'une longue acclamation d'encouragement et de reconnaissance.

« Soit que les hommes qui montaient la frêle embarcation fussent excités et soutenus par cette marque d'intérêt, soit que la pensée qu'ils allaient bientôt pouvoir combattre la soif qui les dévorait leur eût rendu une partie de leurs forces, toujours est-il que nous les vîmes, avec un sentiment de joie indicible, appuyer sur leurs avirons avec vigueur et s'éloigner rapidement.

« Après un quart d'heure de ce violent exercice, rendu plus fatigant encore par un soleil de plomb, ils s'arrêtèrent pour reprendre haleine, mais ce temps de répit dura peu; l'embarcation se mit de nouveau en marche. Seulement je crus m'apercevoir que cette fois les canotiers ralentissaient peu à peu le mouvement régulier de leurs rames. Hélas! les voilà qui s'arrêtent encore! Ma longue-vue braquée sur eux, je ne perds aucun de leurs mouvements. Je les aperçois d'abord essayant de ranimer leurs forces en buvant les quelques gorgées d'eau que nous leur avions accordées pour les soutenir pendant leur voyage; ensuite ils s'adressent tous à la fois en gesticulant à mon fils, qui tient la barre. Celui-ci semble discuter avec eux et s'opposer avec force à leurs projets. A la longue, il finit, je devine cela à son geste plein de désespoir, par céder. Qu'exigent-ils donc? Ils veulent abandonner leur projet et retourner à notre bord. Ils ne se sentent plus capables d'atteindre le navire en vue. Vains projets! accablés par les efforts imprudents qu'ils ont faits pour s'éloigner avec vitesse, ils sont incapables d'exécuter une nouvelle résolution. Je les vois allongés sur les bancs de l'embarcation, dans l'attitude d'un morne désespoir. »

Le capitaine hollandais, à cet endroit de son récit, laissa tomber sa tête avec accablement, et se mit à verser d'abondantes larmes. Nous étions émus, et nous gardions un respectueux et pénible silence.

– Du courage, capitaine, lui dit Surcouf d'une voix douce et en lui pressant affectueusement la main; ne vous laissez pas abattre ainsi! Vous avez sous vos ordres un navire dont le salut dépend de votre intelligence et de votre sang-froid, sachez donc refouler votre douleur au plus profond de votre cœur, pour ne plus songer qu'aux devoirs et à la responsabilité que vous impose votre position. Quant à ce récit, qui affaiblit votre courage, laissez-le inachevé.

Le Hollandais releva la tête, et remerciant Surcouf du regard :

– Non, capitaine, lui répondit-il, je ne reculerai pas devant la douleur. Laissez-moi poursuivre. Le découragement des matelots de l'embarcation fut long et dut être terrible; à la fin, cependant, je les vis sortir de leur torpeur et reprendre leurs avirons; mon cœur bondit de joie : mon fils m'allait être rendu! Jugez de mon désespoir quand j'aperçus les canotiers ramer dans des directions opposées et faire tournoyer l'embarcation. Je comprends tout, ces malheureux n'ont pu résister à une fatigue au-dessus de leurs forces, au soleil ardent, dont les rayons brûlants comme la lave d'un volcan tombent mortels sur leurs têtes : ils sont en proie au délire.

« Plusieurs de mes matelots aux aguets, comme moi, remarquent aussi ce fatal événement. Un moment ils se consultent entre eux, puis s'avancent vers moi :

« – Capitaine! me disent-ils, nous ne sommes pas très robustes, mais la bonne volonté ne nous manque pas, et avec l'aide de Dieu, l'on peut bien des choses. Nous ne pouvons en tout cas laisser périr ainsi et votre fils et les camarades qui se sont dévoués pour nous. Il nous reste encore une pirogue... avec votre permission, nous allons la mettre à la mer.

« – Non, mes amis, leur dis-je en faisant taire dans mon cœur, devant le sentiment du devoir, le désespoir que j'éprouvais, non, cela ne se peut, car votre projet, certes, compromettrait le sort du navire.

« Mes matelots insistèrent, mais je ne voulus pas démordre de ma résolution, et ils durent finir par céder devant ma volonté.

« Un seul espoir me restait, celui qu'à la tombée de la nuit les gens du canot, rafraîchis par l'absence du soleil, retrouveraient alors assez de force pour regagner notre bord.

« Ce dernier espoir ne devait pas me rester longtemps, car bientôt je manquai de m'évanouir de crainte et d'horreur en voyant les canotiers montés sur leurs bancs, dénués du petit tendelet qui les ombrageait, se saisir de leurs avirons avec une force surhumaine et qui constate l'intensité de leur délire, et faire de cet instrument de salut un instrument de carnage, une arme de désespoir.

« – Capitaine, me dirent encore mes matelots, au nom du ciel, au nom de la vie de votre fils, laissez-nous mettre la pirogue à la mer... cette embarcation est facile à manier...

« – Mais vous, malheureux?

« – Oh! mon capitaine, si nous succombons, la perte ne sera pas bien grande... Nous ne sommes plus bons à rien...

« – Non, mes amis, m'écriai-je avec violence, car je me sentais prêt à céder, je ne veux pas!... je ne suis déjà que trop coupable pour avoir si légèrement exposé ces cinq hommes...

« J'allais poursuivre, quand, je ne dirai pas des cris, mais bien des hurlements poussés par les hommes de l'embarcation, s'élevèrent au large avec tant de violence que nous restâmes tous à bord frappés de stupeur et d'effroi.

« – Capitaine! me dirent mes matelots...

« – Allez! leur répondis-je.

« J'étais vaincu.

« Les gens de l'équipage se précipitent à la pirogue, on l'affale à l'eau. Dévouement inutile! Les bordages, longtemps exposés à l'action brûlante d'un soleil de feu, se sont disjoints, et l'étoupe qui s'est séchée dans les coutures tombe par l'effet des secousses et du frottement qu'éprouve l'embarcation en descendant le long du navire. A peine la pirogue est-elle parvenue à la mer qu'elle s'emplit!

« Nous ne pouvons plus rien tenter en faveur des canotiers, rien! J'avais besoin de pleurer; je me retirai un moment dans ma cabine.

« Il me fut impossible d'y rester longtemps, et je me hâtai de remonter sur le pont : un matelot s'était emparé de ma longue-vue que j'y avais laissée et la tenait braquée sur le canot. Je l'interroge du regard : “ Ils ne sont plus que quatre, me répond-il d'une voix émue; mais le lieutenant se tient toujours à la barre! ”

« Enfin la nuit arriva. Le soleil avait disparu cette fois au milieu de vapeurs moins éclatantes que celles qui, les autres soirs, illuminaient l'horizon. Mais cet indice de la brise est si vague, si peu certain, nous y avions déjà été trompés si souvent, que je n'osais plus y croire.

« Toutefois j'ordonnai qu'un large fanal fût hissé à la pomme du grand mât. La lumière bientôt se répand, immobile comme le navire qu'elle éclaire, et laisse tomber sur le pont une lueur sinistre et qui reste attachée aux mêmes objets. Le calme épouvantable de cette scène de mort n'est interrompu, de temps à autre, que par des clameurs délirantes, auxquelles succède presque aussitôt un lugubre silence.

« Ce silence à son tour dura peu. De nouveaux cris sont poussés par les malheureux matelots de l'embarcation. La nuit prêtant une grande sonorité à la mer et à l'air, nous distinguions à bord du *Bato* jusqu'aux moindres soupirs que poussent les canotiers en expirant sous les coups effrénés qu'ils se portent dans leur rage insensée. Jugez, capitaine ce que je devais souffrir!

« Toutefois, une douleur plus grande m'était réservée. Ce fut le silence complet qui succéda enfin à tous ces râles et à toutes ces clameurs, et qui, cette fois, dura tout le reste de la nuit.

Le capitaine hollandais s'arrêta un moment à cet endroit de son récit, puis rappelant à lui tout son courage, il reprit bientôt ainsi :

« Je ne vous dirai pas, capitaine, mes angoisses de cette nuit, nulle langue humaine ne pourrait les rendre. Je continue. Au moment où les premiers rayons du jour éclipsaient la lumière blafarde du fanal hissé au grand mât, un léger souffle fit vaciller sa lumière; c'était la brise qui se levait! Vous dépeindre les transports de joie que cet événement causa à l'équipage me serait impossible... Quant à moi je l'accueillis avec indifférence; n'était-il pas trop tard pour sauver mon fils?

« Les voiles carguées pendant les cruels jours de notre supplice sont bientôt livrées au vent qui les arrondit et les enfle! Mes matelots retrouvant quelque énergie réussissent à déferler et à hisser les huniers, pendant que les passagers recueillent avidement les gouttes de pluie qui tombent sur le pont.

« Quant à moi, une seule idée me poursuit, me préoccupe : Si le ciel voulait que je pusse sauver mon fils! Oh! non, cela est impossible : ce serait trop de bonheur! N'importe; je m'empresse, aux premiers souffles de la brise, de faire diriger le navire sur l'embarcation; moi-même je me suis placé à la barre du gouvernail!

« Un dernier supplice m'attendait : le vent, s'élevant subitement, saute et change plusieurs fois de suite; je ne puis plus retrouver le canot!... Ce matin seulement, un peu avant que vous m'abordiez, le hasard, qui semble avoir voulu dans ce drame lugubre ne m'épargner aucune douleur, m'a conduit juste en face de l'embarcation. Quel affreux spectacle! Autour régnait le silence; aucun des canotiers ne se montrait à bord, le canot était rempli d'eau!

« – Qui sait, capitaine, si accablés de faim et de fatigue, ils ne se sont pas couchés sur les bancs! me dit un matelot en voyant mon désespoir.

« Quelque illusoire que fût cette espérance, je m'y cramponnai avec toute l'énergie de ma douleur!

« Le navire approche encore! Ah! mon Dieu! de larges taches de sang couvrent le plat-bord et les bancs du canot autour duquel rôdent encore d'énormes requins! »

Le malheureux capitaine du *Bato*, en prononçant ces dernières paroles, tomba en proie à des spasmes nerveux, et nous eûmes beaucoup de peine à lui faire reprendre connaissance.

Son récit nous avait tous profondément émus. Surcouf ne trouvant aucune consolation capable de soulager une douleur pareille à celle de ce malheureux père, se contenta d'envoyer en quantité à bord du *Bato* des provisions et des médicaments; puis, serrant une dernière fois la main du capitaine hollandais, qui le remerciait au nom de son équipage, il se sépara de lui sans prononcer un mot.

L'impression profonde que nous avait causée ce récit dura peu. On parla quelque temps encore du *Bato*, mais la nuit venue, personne n'y pensa plus. Notre croisière, jusqu'alors favorisée par un temps magnifique, ne nous avait encore donné aucun résultat. Poussés par un vent propice, les premières terres que nous aperçûmes furent les îles de Sumatra et de Java, qui resserrent entre leurs bords les eaux bleuâtres du détroit de la Sonde. Bientôt nous mouillâmes, pour remplacer le bois et l'eau dont nous nous étions dégarnis en faveur du navire hollandais, dans la délicieuse baie de Cantaïe. Cette baie ouverte est encadrée dans un paysage ravissant, et le gibier y abonde. Nous y restâmes un seul jour.

Le lendemain de notre départ, nous capturâmes un trois-mâts américain que l'on expédia à l'île de France. Son capitaine nous apprit la présence de la frégate de sa nation *l'Essex* sur la rade de Batavia, dont nous étions éloignés alors d'environ vingt lieues; cette fâcheuse nouvelle dérangea complètement notre plan de campagne. Au lieu d'établir notre croisière dans les parages où nous nous trouvions, en attendant que la saison nous permît d'affronter le golfe et les brasses du Bengale, nous cinglâmes vers l'archipel des Seychelles. Surcouf comptait attendre là la fin de la mousson du N.-O., et gagner ensuite les bouches du Gange.

Vers le milieu du mois d'août nous appareillâmes de Sainte-Anne, où nous perdîmes trois de nos hommes qui périrent, sous nos yeux, dans le chavirement d'une pirogue, dévorés par les requins, et nous parvînmes enfin à l'endroit choisi par Surcouf pour établir notre croisière.

Surcouf, chacun avait fait et s'était communiqué cette remarque, semblait depuis quelques jours inquiet et préoccupé. Nous le voyions à chaque instant consulter de sa longue-vue l'horizon désert, et donner des signes d'impatience et de colère.

Nous nous trouvions à l'est de Ceylan, quand nous aperçûmes une goélette danoise portant un pavillon jaune au mât de misaine. A cette vue, qui n'avait cependant rien de bien intéressant pour nous, Surcouf poussa un énergique juron et sa figure refléta la joie la plus vive.

Dès que le navire danois fut à portée de fusil de *la Confiance*, son capitaine vint à notre bord. Je le vois encore descendant sur notre pont d'un air hypocrite, humble, et portant un gros registre sous son bras.

– Illustre capitaine, dit-il en s'inclinant profondément devant Surcouf...

Mais ce dernier, lui coupant la parole :

– Venez avec moi, lui dit-il, nous causerons plus à l'aise dans ma cabine.

Au premier mot prononcé par le Danois, il me sembla que j'avais déjà entendu sa voix; en consultant mes souvenirs, je me rappelai que cette voix était la même que celle du capitaine avec qui Surcouf avait eu une conférence, surprise par moi, chez le consul de Danemark. Je compris tout alors : cet homme était notre espion, qui venait rendre compte de l'honorable mission dont Surcouf l'avait chargé.

En effet, pendant trois heures entières il resta enfermé avec notre capitaine dans la grande chambre; il paraît qu'il avait fait consciencieusement les choses.

A partir de cette époque, *la Confiance*, qui établit sa croisière de la côte Malaise à la côte Coromandel, et *vice versa*, en remontant le golfe du Bengale, ne cessa plus de faire d'heureuses rencontres. En moins d'un mois nous capturâmes six magnifiques navires, tous richement chargés, de l'importance, l'un dans l'autre, de cinq cents tonneaux; cinq de ces navires étaient anglais, le dernier un faux arménien.

Décidément, pensai-je, les six mille piastres ou trente mille francs déboursés par Surcouf lui rapportent de fort beaux intérêts.

Une fois nos prises expédiées, notre équipage se composait encore de cent trente frères la Côte déterminés : avec de telles forces, un navire comme *la Confiance* et un capitaine qui se nommait Surcouf, il nous était permis d'espérer que nos succès ne devaient pas s'arrêter de sitôt.

De temps en temps nous étions chassés par des croiseurs anglais de haut bord, et il nous fallait prendre chasse devant eux; ce qui humiliait un peu notre amour-propre national : nous nous consolions en songeant que notre métier était de combattre pour la fortune, non pour la gloire.

Au reste, *la Confiance* marchait d'une façon tellement supérieure, que nous éprouvions même dans notre fuite un certain sentiment d'orgueil en nous voyant éviter aussi facilement les Anglais ; l'idée du désappointement et de la colère que devait leur faire éprouver l'inutilité de leurs efforts chatouillait agréablement la haine que nous leur portions.

Il y avait déjà près d'une semaine que nous naviguions ainsi bord sur bord, sans avoir rien rencontré, lorsqu'un beau matin la vigie cria : « Navire ! »

– Où cela ? demanda Surcouf que l'on fut tout de suite, selon ses ordres, prévenir.

– Droit devant nous, capitaine.

– Est-il gros, ce navire ?

– Mais oui, capitaine, du moins il le paraît.

– Tant mieux ! Quelle route tient-il ?

– Impossible de le savoir, car on le voit debout. Au reste, vous devez pouvoir le distinguer à présent d'en bas.

Aussitôt toutes les lunettes et tous les yeux se dirigèrent vers le point indiqué. On aperçut, en effet, une haute pyramide mobile tranchant par sa blancheur sur le brouillard épais qui, dans ces parages, descend la nuit des hautes montagnes de la côte et enveloppe encore le matin les abords du rivage.

– Ce navire peut être aussi bien un vaisseau de haut bord qu'un bâtiment de la compagnie des Indes, nous dit Surcouf ; que faire ? Ma foi, si c'est un navire de guerre, eh bien ! tant pis, nous rirons. Si c'est un navire marchand nous le capturerons.

La brise de terre favorisait la voile en vue, tandis que *la Confiance*, au contraire, était retenue par le calme ; néanmoins, nous orientons grand largue sur elle ; elle imite notre manœuvre. Nous cinglons bâbord amure, elle cingle tribord amure; toutes nos suppositions vont bientôt cesser, car les deux navires voguent à pleines voiles l'un vers l'autre.

Deux lieues nous séparent à peine, et quoiqu'il soit fort difficile d'apprécier la force d'un vaisseau sous l'aspect raccourci qui nous présente l'inconnu, nous commençons déjà nos observations.

Nous acquérons d'abord la certitude que ce navire possède une batterie couverte; ensuite, qu'il est supérieurement gréé et que ses voiles sont taillées à l'anglaise. Voilà sa nationalité connue; sur ce point le doute n'est plus possible : oui, mais quelles sont au juste sa force et sa nature? C'est un problème que personne ne pourrait résoudre; le temps seul est à même de l'expliquer; l'attente ne sera pas longue. Seulement, la position de *la Confiance* se complique, car la brise, d'abord molle, a fraîchi au point de nous faire filer trois nœuds à l'heure. Cependant, afin de sortir plus tôt de notre doute et de connaître notre ennemi, nous nous débarrassons de nos menues voiles, et, lofant de deux quarts, nous orientons au plus près. Le navire en vue s'empresse encore cette fois de répéter notre manœuvre.

Toutefois, comme de part et d'autre une divergence de deux quarts dans la route est insuffisante pour nous permettre de nous apprécier, *la Confiance*, après avoir couru pendant quelque temps sous cette allure, laisse arriver de trois quarts sur bâbord. Le mystérieux vaisseau se hâte de laisser arriver aussi, de manière à nous couper sur l'avant, et nous nous retrouvons de nouveau dans une position oblique qui nous laisse toutes nos incertitudes, car de nombreux ballots et une grande quantité de futailles masquent sa batterie d'un bout à l'autre.

Surcouf, impatienté, arpente le pont d'un pas nerveux et saccadé, en mordant à chaque pas, avec fureur, son cigare. L'équipage est irrité : malheur à l'inconnu s'il est de notre force et si nous en venons aux mains avec lui!

La vélocité la plus grande que pouvait déployer *la*

Confiance, comme au reste cela a lieu pour tous les navires fins voiliers, était celle qu'il obtenait par l'allure du plus près : seulement, comme une pareille manœuvre eût été dangereuse au moment d'un combat, nous revenons du lof et nous halons bouline, afin de conserver, quelle que soit l'issue de cette aventure, l'avantage du vent et la possibilité, en cas d'une nécessité absolue, d'opérer notre retraite.

Enfin nous commençons à gagner du vent sur l'inconnu! Donc, nous marchons mieux que lui. Chacun se réjouit à cette découverte.

Quant à lui, fidèle à sa tactique, il n'avait pas manqué encore cette fois d'imiter notre manœuvre.

– Parbleu! dit Surcouf, nous saurons bien tout à l'heure si cet empressement à nous rejoindre est feint ou réel. Je suis un vieux renard, par l'expérience, à qui l'on n'en fait pas accroire facilement. Je connais toutes les ruses. En combien d'occasions n'ai-je pas vu des vaisseaux marchands, quand ils ont pour eux une belle apparence et qu'ils sont commandés par des capitaines au fait de leur métier, essayer d'effrayer ceux qui les chassent en feignant de désirer eux-mêmes le combat! Encore un peu de patience, voilà que nous approchons ce farceur-là à vue d'œil! Je ne sais, mais j'ai l'idée qu'il y a de la fanfaronnade et de la ruse dans tout cela!

Surcouf, pénétré de cette idée, dirige de telle façon la marche de *la Confiance*, que nous nous trouvons à la fin forcés de passer au vent de l'ennemi. Nous risquons donc, si notre commandant s'est trompé, de recevoir, à brûle-pourpoint, une bordée qui peut nous causer des avaries majeures et nous mettre à la merci de l'ennemi; puis, enfin, en passant sous le vent à lui nous courons le danger d'être abordés.

– Messieurs, nous dit Surcouf qui connaît trop quelle est sa supériorité pour craindre d'avouer son erreur, j'ai commis une grosse faute! J'aurais dû laisser arriver d'abord et chasser ensuite sous différentes allures pour m'assurer de la force et de la marche de l'Anglais!

Notre capitaine se frappe alors le front avec violence, rejette loin de lui son cigare; puis reprenant tout de suite son sang-froid :

– C'est une leçon, répond-il tranquillement. J'en profiterai.

Surcouf, retiré sur la poupe, interroge avec soin un gros registre sur lequel sont crayonnés des dessins de navire; au bas de chaque dessin se voient plusieurs lignes d'écriture.

– Parbleu, messieurs, nous dit-il tout à coup, voilà mes doutes éclaircis. Vous êtes des officiers de corsaire et non des enfants, à quoi bon vous cacher ma découverte? Remarquez bien l'Anglais : il a un buste pour figure, des bras de civadières à palans simples, et une pièce neuve au-dessus du ris de chasse de son petit hunier, n'est-ce pas? Eh bien? c'est tout bonnement une frégate. Et savez-vous quelle est cette frégate, Garneray? continua Surcouf en se retournant vers moi, c'est cette coquine de *Sibylle* qui, dans ces mêmes parages, a pris, il y a deux ans, *la Forte* que commandait votre parent Beaulieu-Leloup [1]! Sacré nom! nous aurons fort à faire pour nous en débarrasser; car son capitaine, qui a été tué dans le combat contre *la Forte*, était un rusé renard, et il a laissé des élèves dignes de lui!... Après tout, je ne suis pas non plus précisément un imbécile... Voyons un peu s'ils mordent à l'hameçon!... Que je parvienne seulement à orienter *la Confiance* au plus près, et je serais curieux de savoir comment ils s'y prendront alors pour nous rattraper! Ah! si je ne me trouvais pas privé de la moitié de mes hommes, dispersés sur les prises que j'ai dû

1. *La Sibylle*, dans le but d'attaquer *la Forte* au dépourvu, lui avait laissé prendre sous ses yeux un nombre considérable de navires anglais, la privant, par les équipements qu'ils nécessitent, de la plus grande partie de son monde.

envoyer à l'île de France, par Dieu! quoique cela ne me rapportât rien, je me passerais la fantaisie de dire deux mots à l'Anglais, histoire d'essayer de venger *la Forte*... Mais avec mon équipage si restreint je ne puis songer à me procurer cet agrément!... Ce serait sacrifier *la Confiance*, sans chance de succès!... Hein! il vaut mieux les tromper! Quelle ruse inventer? Quel hameçon tendre?...

Surcouf plaça alors sa main devant ses yeux, comme pour s'isoler de toute préoccupation extérieure, et resta réfléchi pendant à peine cinq ou six secondes. Lorsqu'il nous montra de nouveau son visage, nous comprîmes, au sourire moqueur qui plissait ses lèvres, que tout espoir n'était pas perdu. Cependant nous n'étions plus guère éloignés que d'un quart de portée de canon de *la Sibylle*. A peine Surcouf a-t-il prononcé quelques mots que déjà il est compris : aussitôt, malgré la gravité de notre position, qui semble désespérée, officiers et matelots se mettent en riant à l'œuvre. On retire des grands coffres un assortiment complet d'uniformes anglais, et chacun se travestit en toute hâte.

Cinq minutes ne sont pas encore écoulées que l'on ne voit plus déjà que des Anglais sur notre pont; la mascarade ne laisse plus rien à désirer. Alors une trentaine de nos hommes, d'après l'ordre de Surcouf, suspendent leurs bras en écharpe ou emmaillotent leurs têtes : ces hommes sont des blessés. Pendant ce temps, on cloue en dedans et en dehors des murailles du navire des plaques en bois, destinées à simuler des rebouchages de trous de boulets, puis on défonce à coup de marteau les plats-bords de nos embarcations. Enfin un véritable Anglais, notre interprète en chef, affublé de l'uniforme de capitaine, prend possession du banc de quart et du porte-voix. Surcouf, habillé en simple matelot, est placé à ses côtés, prêt à lui souffler la réplique.

Nos préparatifs étaient achevés, lorsqu'un jeune enseigne

de notre bord, M. Bléas, s'avança coiffé d'un chapeau à casque [1] au pied du banc de quart où se tenait Surcouf.

– Me voici à vos ordres, capitaine, lui dit-il. J'espère que vous approuverez mon travestissement?

– Il est on ne peut mieux réussi, mon cher ami, lui répondit Surcouf en riant. A présent, écoutez-moi avec la plus grande attention. La mission que je vais vous confier est de la plus haute importance. Si je vous ai choisi pour être le héros de la comédie, c'est d'abord en votre double qualité de neveu de l'armateur de *la Confiance* et d'intéressé dans les actions du corsaire, ensuite parce que vous parlez admirablement bien anglais; enfin, par suite de l'estime toute particulière que m'inspirent votre intelligence et votre sang-froid.

– Je ne puis vous répéter que ce que je vous ai déjà dit, capitaine, que je suis à vos ordres.

– Je vous remercie. Vous allez, Bléas, monter dans la yole et vous rendre à bord de *la Sibylle.*

– Bien : dans dix minutes vous m'apercevrez sur son pont.

– Du tout; dans cinq minutes je veux voir, vous étant dedans, votre yole s'emplir.

– Vrai, Surcouf? Eh bien! je veux bien couler, quitte à me faire croquer par un requin pendant que je me sauverai à la nage : mais que le diable m'emporte et que *la Sibylle* nous capture si je comprends votre intention!

– Ça ne fait absolument rien à la chose, Bléas. Vous avez, oui ou non confiance en moi?

– Puisque je vous dis, capitaine, que c'est convenu! Ah! à propos, mais les gens qui m'accompagneront, ne crai-

1. A cette époque les officiers de la marine militaire britannique portaient sur leurs chapeaux ronds une espèce de boudin en plumes noires, qui, passant par-dessus la forme de la coiffure dans le sens de l'avant à l'arrière, en couvrait le bord sans le dépasser, et lui donnait de loin l'aspect d'un casque.

gnez-vous pas qu'ils ne trouvent la plaisanterie un peu forte et qu'ils ne refusent de s'y associer?

– Vous n'avez rien à craindre à ce sujet : vos gens sont avertis, dévoués, et ils joueront leur rôle à ravir! A présent voici cent doublons pour vous et vingt-cinq pour chacun d'eux. Cet argent est destiné à charmer les loisirs de votre captivité; mais ne craignez rien, je vous promets que vous sortirez de prison avant d'avoir eu le temps d'entamer sérieusement cette somme. Oui, je vous promets, dussé-je donner cinquante Anglais en échange contre vous, que vous serez tous libres bientôt!... A présent, inutile d'ajouter, car je vous connais, qu'en outre de ces cent doublons et de vos parts de prise, une magnifique et copieuse récompense sera prélevée sur la masse pour vous et pour vos hommes...

– Oh! capitaine, quant à cela...

– Bah! laissez donc!... de l'or, ça porte bonheur... Ainsi, vous m'avez bien compris?

– On ne peut mieux, capitaine.

– N'allez pas, au moins, vous jeter à la nage!

– Quoi! s'écria l'enseigne Bléas avec une stupéfaction comique, est-ce qu'il faut nous laisser noyer?

– Non, farceur... Dès que vous aurez de l'eau à mi-jambe et que votre embarcation sera convenablement pleine, vous appellerez à votre secours, et en bon anglais, surtout, les hommes de *la Sibylle*... C'est arrêté, convenu, adjugé.

– Oui, capitaine... ça ne fait pas un pli.

– Alors, une poignée de main, et sautez dans le canot.

Robert Surcouf s'adressant alors au patron de la yole, un nommé Kerenvragne :

– Kerenvragne, mon garçon, lui dit-il, tu as confiance en moi, n'est-ce pas?

– Sacré tonnerre!... Si j'ai confiance en vous! Mais c'est vraiment, sauf votre respect... ce que vous me demandez là, mon capitaine! Encore pire qu'un dieu, vous dis-je!...

– Bois ce verre de vin à ma santé, prends ce gros épissoir, reprit Surcouf en lui présentant l'instrument annoncé, et puis, quand vous serez à mi-chemin de la frégate, flanque-moi deux ou trois bons coups au fond de la yole de façon qu'elle s'emplisse promptement.

Ici Surcouf parla bas à l'oreille de Kerenvragne, qu'il affectionnait au reste particulièrement, et lui remit, en essayant de le dissimuler, un rouleau recouvert de papier, que ce dernier laissa tomber dans la poche de son pantalon.

– C'était pas la peine, dit Kerenvragne, enfin, ça n'y fait rien... Salut, capitaine!

– Tu ne m'embrasses pas?

– Comment donc, mais avec beaucoup d'agrément! répondit le marin extrêmement flatté de cette marque d'amitié, et en repoussant au fond de sa bouche la formidable chique qui gonflait sa joue.

Dix secondes plus tard, la yole, commandée par M. Bléas, quittait notre bord.

La Confiance, serrée de près, se débarrasse de toutes ses voiles hormis les huniers, laisse arriver plat vent arrière, assure d'un coup de canon le pavillon anglais hissé en poupe, revient lof sur bâbord, et met en panne.

De son côté *la Sibylle*, qui ne semble pas ajouter une foi bien entière dans notre prétendue nationalité, fait porter quelques quarts pour nous tenir toujours sous la volée, laisse tomber à l'eau quelques-uns des prétendus ballots qui encombrent les sabords de sa batterie, démasque à nos yeux sa formidable ceinture de canons et vient prendre la panne à bâbord à nous.

A peine les deux navires sont-ils établis sous cette même allure que le capitaine anglais nous demande d'où nous venons, pourquoi nous l'avons approché de si près sous tant de voiles, etc.

L'interprète qui occupe la place de Surcouf tandis que celui-ci, placé à ses côtés, lui souffle ses réponses, répond que nous venons de Londres, que nous avons justement reconnu *la Sibylle* à son déguisement; que si nous nous sommes approchés avec tant d'empressement, c'est que nous avions une bonne nouvelle à apprendre à son capitaine.

– Quelle est cette nouvelle? nous demanda l'Anglais toujours sur ses gardes.

– Celle de votre promotion, commandant, à un grade supérieur. On ne parle que de cela à l'amirauté, il paraît aussi, dit-on, que *la Sibylle* doit être rappelée sous peu. Mais ceci, je vous le répète, n'est qu'un on-dit, tandis que votre nomination peut être considérée comme une chose officielle.

Cette réponse, transmise par l'interprète avec un imperturbable sang-froid et un ton de conviction parfaitement joué, dénotait de la part de Surcouf une profonde connaissance du cœur humain. En effet, le capitaine de *la Sibylle,* ébloui par l'annonce de la bonne fortune qui lui arrivait, commença, on put facilement le remarquer à l'expression de son visage, à abandonner ses premiers soupçons. Toutefois, l'habitude du devoir l'emporte encore un instant en lui, et il reprend son interrogatoire :

– Mais pourquoi n'avez-vous pas répondu plus tôt à mes signaux? hèle-t-il de nouveau.

– D'abord, capitaine, parce que les signaux ont été changés; ensuite parce que le livre de tactique et les pavillons ont été en partie détruits dans le combat que nous avons eu à soutenir.

– Ah! quel combat avez-vous donc eu à soutenir?

– Un terrible s'il en fut jamais, contre un corsaire bordelais que nous avons enlevé à l'abordage sur la côte de Gascogne. Je me suis même permis, capitaine, en vous envoyant les paquets que l'on m'a remis pour vous, d'y joindre deux caisses de bouteilles de cognac provenant d'un second corsaire français qui, après un nouveau et épouvantable combat, est tombé en notre puissance.

– Ah! très bien, dit le vieux capitaine de *la Sibylle,* qui, en songeant sans doute au mal que nous avons causé aux Français, et peut-être bien aussi au cognac qu'il va recevoir, sourit agréablement à notre interprète.

Toutefois, le vieux marin est tellement familiarisé avec les devoirs de sa profession qu'il ne peut s'empêcher de s'écrier avec un reste de défiance :

– C'est une chose réellement bizarre comme votre navire ressemble à un corsaire français !

– Mais c'en est un, capitaine ! et un fameux, encore ! celui que nous avons capturé sur la côte de Gascogne. Comme les corsaires de Bordeaux sont les meilleurs marcheurs du monde, nous l'avons préféré à notre bâtiment pour continuer notre voyage. Notre intention est, Dieu aidant, de poursuivre et de prendre Surcouf.

– Un fameux coquin ! s'écria le commandant de *la Sibylle.*

– A qui le dites-vous ? capitaine. Nous savons qu'il croise en ce moment dans ces parages-ci, et qu'il y cause un tort considérable au commerce anglais... Oh ! nous le prendrons... nous l'avons juré !

Pendant que cette conversation avait lieu entre notre interprète et le capitaine anglais, les hommes du canot commandés par l'enseigne Bléas se mettent tout à coup à pousser des cris de détresse : en effet, leur embarcation, presque toute remplie d'eau, est sur le point de couler.

Nous hélons immédiatement la frégate pour la supplier d'envoyer secourir nos hommes, car nos autres embarcations, encore plus abîmées par les boulets et la mitraille que celle qui coule en ce moment, sont tout à fait hors d'état de tenir la mer.

Comme le sauvetage de naufragés est le plus impérieux et le premier devoir du marin, dans quelque position qu'il se trouve et à quelque nation qu'appartiennent les malheureux en danger, deux grands canots se dirigent immédiatement de *la Sibylle* pour venir au secours de l'enseigne Bléas et de ses matelots.

– Sauvez seulement nos marins, crie l'interprète. Quant à nous, nous allons courir un bord et les prendre en revenant ainsi que le canot.

Pour courir ce bord, *la Confiance* laisse tomber sa misaine, hisse ses perroquets, son grand foc, borde sa brigantine et gagne ainsi de l'avant sur la frégate. Ce prétexte trouvé par Surcouf était un trait de génie.

– Messieurs, nous dit-il en laissant joyeusement éclater toute sa joie, voyez donc comme ces Anglais, que nous sommes réellement coupables de ne pas aimer, sont bons garçons! Les voilà qui aident nos hommes à monter à bord! Bon! voilà Kerenvragne qui a une attaque de nerfs!... Et Bléas... Messieurs! Bléas qui s'évanouit! Quels charmants drôles... Je me ressouviendrai d'eux; Ils ont joué leurs rôles à ravir! A présent, voici le moment venu de jeter le masque... Nos amis sont sauvés... et nous aussi.. Maintenant, attention à la manœuvre... Toutes les voiles dehors!... Oriente au plus près... Bouline partout... Et toi, mousse, apporte-moi un cigare allumé.

La brise du large était alors dans toute sa force. Jamais, non, jamais, *la Confiance* ne se conduisit plus noblement que dans cette circonstance: on eût dit, à voir sa marche rapide, qu'elle avait la conscience du danger auquel nous étions exposés.

Quant à nous, fiers de monter un pareil navire, nous regardions avec une admiration pleine de reconnaissance l'eau filer le long de son bord écumante et rapide comme la chute d'un torrent.

Aussi, avant que *la Sibylle* ait deviné notre ruse, qu'elle nous ait tiré sa volée, qu'elle ait embarqué ses canots et orienté sur nous, sommes-nous presque déjà hors de la portée de ses canons.

La chasse commença aussitôt et dura jusqu'au soir, mais avec un tel avantage en notre faveur que quand le soleil disparut nous n'apercevions déjà presque plus l'ennemi. La nuit venue nous fîmes fausse route, et le lendemain matin nous n'avions plus devant nous que l'immensité solitaire de l'Océan.

XV

Rencontre du Kent *– Abordage*
Audace des Français – Désastres – Prise du Kent
Détails intéressants
Retour à l'île de France

Malgré l'heureuse issue de notre stratagème et la façon presque miraculeuse dont nous avions échappé à l'ennemi, Surcouf n'était pas de bonne humeur; son cœur souffrait d'avoir été obligé de plier devant l'Anglais, et le sacrifice de l'enseigne Bléas et des gens de l'embarcation lui pesait.

Nous cinglions donc le lendemain de notre rencontre avec *la Sibylle,* ce jour était le 7 août 1800, vers le Gange, lorsque l'on entendit la vigie du mât de misaine crier :

– Oh! d'en bas! oh!

– Holà! répondit le contremaître du gaillard d'avant en dirigeant tout de suite son regard vers les barres du petit perroquet.

– Navire! crie de nouveau la vigie.

– Où?

– Sous le vent à nous, par le bossoir de bâbord, quasi sous le soleil!

– Où gouverne-t-il?... reprit le contremaître.

– Au nord!

– Est-il gros? Regarde bien avant de répondre.

– Très gros!

– Eh bien, tant mieux! dirent les hommes de l'équipage. Les parts de prise seront plus fortes.

L'officier de quart, qui, l'œil et l'oreille au guet, écoutait attentivement ce dialogue, se disposait à faire avertir notre capitaine alors retiré dans sa cabine, lorsque Surcouf, l'ennemi juré de toute formalité et de tout décorum, apparut sur le pont. Surcouf, qui voyait, savait et entendait tout ce qui se passait à bord de *la Confiance,* s'élança, sa lunette en bandoulière et sans entrer dans aucune explication, sur les barres du petit perroquet. Une fois rendu à son poste d'observation et bien en selle sur les traversins, il braqua sa longue-vue sur l'horizon. L'attention de l'équipage, excitée par la cupidité, se partagea entre la voile en vue et Surcouf.

– Laissez arriver! mettez le cap dessus! s'écrie bientôt ce dernier en passant sa longue-vue à M. Drieux.

Un charivari infernal suit cet ordre; la moitié de l'équipage, qui repose en ce moment dans l'entrepont, se réveille en sursaut, s'habille à la hâte sans trop tenir compte de la décence, et envahit précipitamment les panneaux pour satisfaire sa curiosité; en un clin d'œil, le pont du navire se couvre de monde : on s'interroge, on se bouscule, on se presse en montant au gréement, chacun veut voir!

Surcouf réunit alors son état-major autour de lui et nous interroge sur nos observations. Ce conseil improvisé ne sert pas à grand-chose. Chacun, officier, maître, matelot, donne tumultueusement son avis; mais cet avis est en tout point conforme à celui de notre commandant : c'est-à-dire que le navire en vue est à dunette, qu'il est long, bien élevé sur l'eau, bien espacé de mâture; en un mot, que c'est un vaisseau de guerre de la Compagnie des Indes, qui se rend de Londres au Bengale et qui, en ce moment, court bâbord amure et serre le vent pour nous accoster sous toutes voiles possibles. A présent, ce navire doit-il nous faire monter à l'apogée de la fortune, ou nous jeter, cadavres vivants, sur un affreux ponton?

C'est là un secret que Dieu seul connaît! N'importe, on risquera la captivité pour acquérir de l'or! L'or est une si belle chose, quand on sait, comme nous, le dépenser follement.

– Tout le monde sur le pont, hèle Surcouf du haut des barres, où il s'est élancé de nouveau, toutes voiles dehors!

Puis après un silence de quelques secondes :

– Du café, du rhum, du bishop [1]. Faites rafraîchir l'équipage!... Branle-bas général de combat! ajouta-t-il d'une voix éclatante.

– Branle-bas! répète en chœur l'équipage avec un enthousiasme indescriptible.

Au commandement de Surcouf, le bastingage s'encombre de sacs et de hamacs, destinés à amortir la mitraille; les coffres d'armes sont ouverts, les fanaux sourds éclairent de leurs lugubres rayons les soutes aux poudres; les non-combattants, c'est-à-dire les interprètes, les médecins, les commissaires aux vivres, les domestiques, etc., se préparent à descendre pour approvisionner le tillac de poudre et de boulets, et à recevoir les blessés; le chirurgien découvre, affreux cauchemar du marin, les instruments d'acier poli; les panneaux se ferment; les garde-feu, remplis de gargousses, arrivent à leurs pièces; les écouvillons et les refouloirs se rangent aux pieds des servants, les bailles de combat s'emplissent d'eau, les boutefeux fument : enfin, toutes les chiques sont renouvelées, chacun est à son poste de combat!

Ces préparatifs terminés, on déjeune. Les rafraîchissements accordés par Surcouf font merveille; c'est à qui placera un bon mot; la plus vive gaité règne à bord; seulement cette gaîté a quelque chose de nerveux et de fébrile, on y sent l'excitation du combat!

Cependant le vaisseau ennemi, du moins on a mille raisons pour le présumer tel, grandit à vue d'œil et montre bientôt sa carène. On connaît alors sa force apparente, et

1. Vin chaud épicé. (Note de l'éditeur.)

la Confiance courant à contre-bord l'approche bravement sous un nuage de voiles.

A dix heures, ses batteries sont parfaitement distinctes; elles forment deux ceintures de fer parallèles de trente-huit canons! Vingt-six sont en batterie, douze sur son pont!... C'est à faire frémir les plus braves! Une demi-lieue nous sépare à peine du vaisseau ennemi.

– Mes amis, nous dit Surcouf, dont le regard étincelle d'audace, ce navire appartient à la Compagnie des Indes, et c'est le ciel qui nous l'envoie pour que nous puissions prendre sur lui une revanche de la chasse que nous a donnée hier *la Sibylle!* Ce vaisseau, c'est moi qui vous le dis, et je ne vous ai jamais trompés, ne peut nous échapper!... Bientôt il sera à nous : croyez-en ma parole! Cependant, comme la certitude du succès ne doit pas nous faire méconnaître la prudence, nous allons commencer d'abord par tâcher de savoir si tous ses canons sont vrais ou faux.

Le brave et rusé Breton fait alors diminuer de voiles pour se placer au vent, par son travers, à portée de 18. A peine cette manœuvre est-elle opérée, qu'un insolent et brutal boulet part du bord de l'ennemi pour assurer ses couleurs anglaises. A cette sommation d'avoir à montrer notre nationalité, un silence profond s'établit sur *la Confiance.*

– Imbécile! s'écrie Surcouf en haussant les épaules d'un air de pitié et de mépris.

Apostrophant alors l'ennemi comme s'il eut été un adversaire en chair et en os, notre capitaine se met à débiter, avec un entrain et une verve qui faisaient bouillir d'enthousiasme le sang de l'équipage dans ses veines, un discours, en argot maritime, qui est resté comme le chef-d'œuvre du genre.

Surcouf parlait encore, lorsque l'Anglais, irrité de notre lenteur à obéir à ses ordres, nous envoya toute sa bordée.

– A la bonne heure donc! s'écrie notre sublime Breton

radieux; voilà qui s'appelle parler franchement. A présent, mes amis, assez causé. Soyons tout à notre affaire.

Alors après les trois solennels coups de sifflet de rigueur, le maître d'équipage Gilbert commande :

– Chacun à son poste de combat!

Et le silence s'établit partout.

La bordée de l'Anglais nous avait, est-ce la peine de le dire, parfaitement prouvé que les trente-huit canons qui allongeaient leurs gueules menaçantes par ses sabords étaient on ne peut plus véritables et ne cachaient aucune supercherie.

Une chose qui nous surprit au dernier point et nous intrigua vivement fut d'apercevoir sur le pont du vaisseau ennemi un gracieux état-major de charmantes jeunes femmes vêtues avec beaucoup d'élégance et nous regardant, tranquillement abritées sous leurs ombrelles, comme si nous n'étions pour elles qu'un simple objet de curiosité!

Ce vaisseau, malgré les couleurs qui flottaient à son mât, appartenait-il donc à la riche compagnie danoise? Car le Danemark étant alors en paix avec le monde entier, et protégé par l'Angleterre, à qui il rendait en sous-main tous les services imaginables, ses navires parcouraient librement toutes les mers, surtout celles de l'Inde. Mais alors pourquoi nous avoir envoyé sa bordée? Probablement parce que, beaucoup plus fort que nous, et nous considérant comme étant en sa puissance, il tenait à rendre un service à l'Angleterre son amie. Cela pouvait être.

D'un autre côté, nous nous demandions si ce n'était pas par hasard un *vaisseau trompeur* [1]? Mais non, cela n'est pas probable, car alors, au lieu de faire parade du nombreux équipage qui encombre son pont, il l'aurait en ce cas dissimulé avec le plus grand soin.

– Ah! nous dit Surcouf, qui partage lui-même nos incer-

1. Les vaisseaux trompeurs sont, ainsi que l'indique leur nom, des navires qui semblent appartenir au commerce, et sont armés en guerre.

titudes, je croyais ce *John-Bull* un *East-Indiaman*... Voici à présent de nombreux officiers de l'armée de terre qui se montrent sur son pont, et rendent cette supposition invraisemblable... Enfin, n'importe, reprend le Breton après un moment de silence en broyant, sans s'en douter, son cigare entre ses dents, qu'il soit ce qu'il voudra, peu nous importe! L'essentiel, pour le moment, c'est de nous en emparer! Ainsi donc, hissons le pavillon français en l'assurant d'un coup de canon.

Cet ordre, qui rend le combat inévitable, est exécuté.

Alors Surcouf appelle l'équipage autour de lui, et, je me souviens de ce discours comme si je l'avais entendu prononcer hier, il lui parle ainsi :

– Mes bons, mes braves amis! vous voyez sous notre grappin, par notre travers, et voguant à contre-bord de nous, le plus beau vaisseau que Dieu ait jamais, dans sa sollicitude, mis à la disposition d'un corsaire français!... Ne pas nous en emparer, et cela vivement, tout de suite, serait méconnaître la bonté et les intentions de la Providence et nous exposer, par la suite, à toutes ses rigueurs. Sachez-le bien, ce portefaix qui nous débine à cette heure contient un chargement d'Europe qui vaut plusieurs millions! Il est plus fort que nous, direz-vous, j'en conviens; je vais même plus loin, j'avoue qu'il y aura du poil à haler pour l'amariner. Oui, mais quelle joie quand, après un peu de travail, nous nous partagerons des millions! Quel retour pour vous à l'île de France! Les femmes vous accableront tellement d'œillades, d'amour et d'admiration, que vous ne saurez plus à qui répondre... Et quelles bombances! Ça donne le frisson, rien que d'y penser!

A cette perspective d'un bonheur futur si habilement évoqué, un long murmure s'éleva dans l'équipage. Surcouf reprit :

– Prétendre, mes gars, que nous pouvons lutter avec ce lourdaud-là à coups de canon, c'est ce que je ne ferai pas, car je ne veux pas vous tromper! Non!... nos pièces de six seraient tout à fait insuffisantes contre ses gros crache-mitraille!... Pas de canonnade donc, car il abuserait de cette bonté de notre part pour nous couler! Voilà la chose en deux mots : Nous sommes cent trente hommes ici, comme eux sont aussi à peu près cent trente hommes là-bas... Bon! Or, chacun de vous vaut un peu mieux, je pense, qu'un Anglais! Vous riez, farceurs... Très bien!... Une fois donc à l'abordage, chacun de vous expédie son *English*... Rien de plus facile, n'est-ce pas? D'où il s'ensuivra qu'au bout de cinq minutes il n'y aura plus que nous à bord. Est-ce entendu?

– Oui, capitaine, s'écrièrent les matelots avec enthousiasme, ça y est! à l'abordage!...

– Silence donc! reprit le Breton en apaisant à grands coups de tout ce qui se trouva sous sa main ce tumulte de bon augure. Laissez-moi mettre à profit le temps qui nous reste, avant que nous abordions l'ennemi, pour vous expliquer mes intentions. Une fois que l'on comprend une chose, cette chose va toute seule. Or donc, nous allons rattraper le portefaix en feignant de vouloir le canonner par sa hanche du vent : alors je laisse arriver tout d'un coup, je range la poupe *à l'honneur;* puis, revenant tout de suite du lof, je l'aborde par-dessous le vent... pour avoir moins haut à monter! Quant à ses canons, c'est pas la peine de nous préoccuper de cette misère... Nous sommes trop ras sur l'eau pour les craindre... les boulets passeront par-dessus nous!... A présent, sachez que d'après mes calculs, et je vous gardais cette nouvelle pour la bonne bouche, nos basses vergues descendront à point pour établir deux points de communication entre nous et lui... Ce sera commode au possible! une vraie promenade. C'est compris et entendu?

– Oui, capitaine! s'écria l'équipage.

– Très bien. Vous êtes de bons garçons! Par-dessus le marché, je vous donne la *part du diable* pendant deux heures pour tout ce qui ne sera pas de la cargaison.

A cette promesse magnifique, l'équipage ne pouvant plus

modérer la joie unie à la reconnaissance qui l'oppressait poussa une clameur immense et frénétique qui dut retentir jusqu'au bout de l'horizon.

On se précipite aussitôt sur les armes : chacun se munit d'une hache et d'un sabre, de pistolets et d'un poignard; puis, une fois que les combattants ont garni leurs ceintures, ils saisissent, les uns des espingoles chargées avec six balles, les autres des lances longues de quinze pieds : quelques matelots, passés maîtres dans cet exercice, serrent énergiquement dans leurs mains calleuses un solide bâton.

Surcouf, toujours plein de prévoyance, fait distribuer aux non-combattants, qu'il range au milieu du pont, de grandes piques; et il leur donne la consigne de frapper indistinctement sur nos hommes et sur ceux de l'ennemi, si les premiers reculent et si les seconds avancent.

Les hunes reçoivent leur contingent de monde; des grenades y sont placées en abondance, et notre commandant confie la direction de ces projectiles meurtriers aux gabiers Guide et Avriot, dont il connaît l'intrépidité, l'adresse et le sang-froid. Enfin des chasseurs de Bourbon, expérimentés et sûrs d'eux-mêmes, s'embusquent sur la drome et dans la chaloupe pour pouvoir tirer de là, comme s'ils étaient dans une redoute, les officiers anglais.

Dès lors, nous sommes en mesure d'attaquer convenablement : nous faisons bonne route.

– Savez-vous bien, capitaine, dit un jeune enseigne du bord, nommé Fontenay, que tous ces cotillons juchés sur la dunette du navire ennemi ont l'air de se moquer de nous! Regardez! elles nous adressent des saluts ironiques, et nous font de petits signes avec la main qui peuvent se traduire par : « Bon voyage, messieurs, on va vous couler! Tâchez de vous amuser au fond de la mer! » Oh! que nous allons nous divertir!

– Fanfaronnade que tout cela! reprend Surcouf. Ne vous mettez point ainsi en colère, mon cher Fontenay, contre ces charmantes ladies... d'autant plus qu'avant une heure d'ici nous les verrons, humbles et soumises, courber la tête devant notre regard!... Alors, ma foi, il ne tiendra plus qu'à nous de leur jeter le mouchoir; mais nous serons plus généreux et plus polis envers elles qu'elles ne le sont en ce moment pour nous!... Nous respecterons leur malheur et leur faiblesse, et nous leur montrerons ce qu'il y a de générosité et de délicatesse dans le cœur des corsaires français!... Ce que je dis là a l'air de vous contrarier, Fontenay!... Oui, je sais que vous êtes friand d'aventures... Tant pis pour vous; je veux et j'entends que ces femmes soient traitées avec les plus grands égards...

– Voilà aussi des messieurs habillés de rouge, semblables à des écrevisses bouillies, dit à son tour l'enseigne Viellard, qui haussent les épaules et nous tournent le dos!...

– Tant mieux donc, cela est de bon augure! répond le Breton, qui semble s'amuser des insultes que nous prodiguent nos ennemis, mais qui, on le voit à l'éclair de son regard et à la mastication nerveuse de son cigare, est en proie intérieurement à une profonde colère.

En effet, Surcouf pour tromper son impatience, passe son poignet dans l'estrope du manche de sa hache, frotte la pierre de son fusil avec son ongle, jette son gilet à la mer, et, déchirant avec ses dents les manches de sa chemise jusqu'à l'épaule, met son bras puissant et dénué d'entraves à l'air.

– A plat ventre tout le monde, jusqu'à nouvel ordre! reprend-il après un léger silence qu'il emploie à dompter sa fureur.

Pendant le cours de nos préparatifs et de notre conversation, le vaisseau ennemi avait viré de bord vent devant pour rallier *la Confiance* et pouvoir ensuite la foudroyer tout à son aise; de notre côté, nous avions exécuté la même évolution, afin de gagner sa hanche, tomber après sous le vent à lui et lancer nos grappins à son bord.

Nos amures étaient à bâbord, les siennes à tribord, aussi, dans le moment où nous le croisions pour la deuxième fois, dans le but d'atteindre cette position, il nous envoie toute sa bordée de tribord à demi-portée : un heureux hasard nous protégeait, sans doute la chance de Surcouf, car cette trombe de feu ne nous toucha même pas.

Alors *la Confiance* laisse arriver un peu pour passer sous le vent du vaisseau ; mais l'ennemi, qui comprend que cette manœuvre n'a pour but que de nous faciliter l'abordage, vire encore de bord une fois, et nous oblige, par son changement d'amures, à venir du lof sur l'autre bord, afin de le maintenir toujours sous notre écoute.

Cependant Dieu sait que le vaisseau ne craint pas l'abordage ; il croit en toute sincérité, et sans que cette croyance soit altérée par le moindre doute, qu'il aurait à l'arme blanche facilement raison de nous. Toutefois, il préfère à un combat, qui, bien que l'issue n'en soit même pas pour lui douteuse, peut, et doit cependant lui faire éprouver quelques pertes, il préfère, dis-je, nous foudroyer et nous couler à distance, sans s'exposer lui-même à aucun danger.

Pour manœuvrer plus commodément, il cargue même sa grande voile. Cette manœuvre n'est pas encore terminée, que Surcouf, avec cette perception rapide et inouïe qui le distingue à un degré si éminent, et lui a déjà valu tant de prodigieux succès, pousse un cri joyeux qui attire l'attention de tout l'équipage. C'est le rugissement triomphant du lion qui s'abat victorieux sur sa proie.

– Il est à nous, mes amis ! dit-il d'une voix éclatante.

La plupart de nos marins ne comprennent certes pas la cause de cette exclamation ; mais comme Surcouf, à leurs yeux, ne peut se tromper, ils n'en accueillent pas moins cette bienheureuse nouvelle avec des cris de joie.

Il ne nous reste plus maintenant, pour forcer l'ennemi à accepter l'abordage, qu'à nous placer sous le vent et par sa hanche de tribord. Cette position, rien ne peut nous empêcher de la prendre ; seulement il nous faut la payer par une troisième volée tirée à petite portée de mousquet ; n'importe, nous ne pouvons laisser échapper, sans en profiter, la faute énorme et irréparable que l'ennemi a commise en se privant de sa grande voile; nous subirons cette dernière volée.

Effectivement, comme nous nous y attendions, le volcan de sa batterie fait irruption et éclate. L'orage de fer inonde notre pont et nous enlève notre petit mât de perroquet : raison de plus pour persévérer! Il est évident que l'ennemi va être forcé de venir se mettre à la portée de nos grappins; courage!

– Qu'il s'y prenne maintenant comme il voudra, nous n'en serons pas moins bientôt à son bord! s'écrie Surcouf.

– Arrondissez sa poupe à tribord, timoniers! continue notre capitaine.

– Largue les boulines et les bras du vent partout!

La Confiance, prenant vent sous vergue, s'élance alors sur son ennemi avec la rapidité provocante d'un oiseau de proie.

Alors *le Kent*, nous apercevons enfin le nom du vaisseau ennemi écrit en lettres d'or sur son arcasse, *le Kent*, voulant nous lâcher sa quatrième bordée par bâbord, envoie vent devant, manque à virer comme nous l'avions prévu, et décrit une longue abatée sous le vent.

– Merci, portefaix de mon cœur, s'écrie Surcouf en apostrophant ironiquement *le Kent*, tu viens me présenter ton flanc de toi-même! Vraiment, on n'est pas plus aimable et pas plus complaisant! Canonniers! halez dedans les canons de bâbord, ils gêneraient l'abordage. Masque partout! Lof, lof la barre de dessous, timonier!

La Confiance, alors ombragée par les voiles du *Kent*, rase sa poupe majestueuse, se place contre sa muraille de tribord, et se cramponne après lui avec ses griffes de fer.

Ici, il se passe un fait singulier, et qui montre, mieux que ne pourrait le faire un long discours, combien l'audace de Surcouf dépassait de toute la hauteur du génie les calculs ordinaires de la médiocrité.

Son agression a été tellement hardie que les Anglais ne

l'ont pas même comprise : en effet, nous croyant hors de combat, par suite de la dernière bordée, et ne pouvant soupçonner que nous songeons sérieusement à l'abordage, ils se portent en masse et précipitamment sur le couronnement de leur navire, pour choisir leurs places et pouvoir jouir tout à leur aise de notre défaite et de nos malheurs.

Que l'on juge donc quelle dut être la stupéfaction de l'équipage du *Kent* quand, au lieu d'apercevoir des ennemis écrasés, abattus, tendant leurs mains suppliantes et invoquant humblement des secours qu'on se propose de leur refuser, il voit des marins pleins d'enthousiasme qui, les lèvres crispées par la colère, les yeux injectés de sang, s'apprêtent, semblables à des tigres, à se jeter sur eux...

Ce spectacle est pour eux une chose tellement inattendue, que pendant quelques secondes les Anglais ne peuvent en croire leurs yeux. Bientôt cependant l'instinct de la conservation les rappelle à la réalité et ils abandonnent le couronnement du *Kent*, avec plus de précipitation encore qu'ils n'en ont mis à l'envahir, pour courir aux armes.

Les deux navires bord à bord et accrochés par les grappins, nos vergues amenées presque sur le bastingage du *Kent*, présentent à nos combattants un pont qui les conduit sur son gaillard d'avant.

– A l'abordage ! s'écrie Surcouf d'une voix qui ressemble à un rugissement et n'a plus rien d'humain.

– A l'abordage ! répète l'équipage avec un ensemble de bon augure et en s'élançant, avec un merveilleux élan, sur le vaisseau ennemi.

– Quant à vous, non-combattants, continue Surcouf, chez qui la prudence et le sang-froid ne s'endorment jamais, quant à vous, non-combattants, ne bougez pas de vos places, et massacrez sans pitié tous ceux qui descendront sur le pont, qu'ils soient Anglais ou Français... peu importe... tuez-les toujours !...

Surcouf vient à peine de donner cet ordre, qui rappelle assez Fernand Cortez brûlant ses vaisseaux, quand une quatrième volée partant du *Kent* nous assourdit et nous couvre de flamme et de fumée; *la Confiance* frémit, à cette secousse, depuis sa carène jusqu'aux sommets de ses mâts; heureusement elle est si ras sur l'eau, qu'à peine est-elle atteinte.

– A toi, maintenant, Drieux! s'écrie bientôt Surcouf en s'adressant à son second, qui commande la première escouade d'abordage.

En ce moment, les flancs des deux navires, poussés l'un contre l'autre par la puissante dérive du *Kent*, se froissent, en grinçant à la lame, avec une telle violence, qu'ils menacent de s'ouvrir ou de se séparer. Notre bonne chance ne nous abandonne pas! au même moment une des lourdes ancres du vaisseau anglais, qui pend sur sa joue de tribord, s'accroche dans le sabord de chasse de *la Confiance*, et rompt une partie de ses pavois, qui craquent et se déchirent en lambeaux!

– C'est un fameux crampon auxiliaire! s'écrie Surcouf en se jetant dans les enfléchures pour donner l'exemple.

Seulement notre équipage, trompé par le bruit effroyable, dans la position où nous nous trouvons, produit par ce déchirement, se persuade que le navire s'ouvre et va couler à fond. Ne voyant plus dès lors un moyen de salut que dans la prise du *Kent*, son ardeur s'accroît jusqu'au délire.

Drieux, officier aussi intrépide que capable, conduit son escouade d'abordage avec autant de valeur que de présence d'esprit. Il franchit bientôt l'intervalle qui sépare les deux navires, et, atteignant le gaillard d'avant, tombe impétueusement sur l'ennemi, qui, au reste, je dois l'avouer, fait bonne contenance.

Les officiers anglais, trahis par leurs brillants uniformes, commencent alors à tomber sous les balles infaillibles de nos chasseurs de Bourbon.

Un officier ennemi, au milieu de cette boucherie, de ce pêle-mêle général, braque une pièce de l'avant dans la batterie, de façon à pouvoir prendre *la Confiance* en écharpe, et y met le feu. Quelques matelots qui passaient sur les bras et la verge de l'ancre sont mutilés ou broyés, qu'importe : on les vengera.

Pour être juste et impartial, ce qui sera toujours mon plus vif désir, et pour rendre à chacun la part de gloire ou de faiblesse qui peut lui revenir, je dois reconnaître que Drieux n'est pas le premier homme de notre bord dont le pied foule le pont du *Kent*. Celui à qui était réservé le bonheur de se trouver avant tous en présence de l'ennemi est un simple nègre nommé Bambou.

Bambou avait parié ses parts de prise, avec ses camarades, qu'il serait le premier à bord du *Kent*, et il avait gagné sa gageure. Armé simplement d'une hache et d'un pistolet, il s'est affalé du haut de la grande vergue au beau milieu des Anglais, qui, stupéfaits de son audace, le laissent se frayer un sanglant passage à travers leur foule, et rejoindre, sur l'avant, l'escouade de Drieux, qu'il va seconder dans ses efforts.

Pendant que Drieux combat, Surcouf, avec cette lucidité d'esprit qui embrasse jusqu'aux moindres détails d'un ensemble, surveille et dirige la bataille.

– Allons donc, Avriot, allons donc, Guide, s'écrie-t-il, des grenades donc! des grenades! toujours des grenades!

– A l'instant, capitaine, répond le gabier Guide placé dans la hune de misaine, c'est que les deux lanceurs du bout de la vergue viennent d'être tués.

– Eh bien! baptise les Anglais avec leurs cadavres, et venge-les, reprend Surcouf.

– Tout de suite, capitaine, dit le gabier Avriot.

Quelques secondes plus tard, la chute imprévue des deux cadavres, qui tombent lourdement au milieu de la masse des ennemis, opère une éclaircie momentanée dans leurs rangs.

– En avant, mes amis, s'écrie Drieux d'une voix de stentor, profitons de cette reculade.

La vergue de misaine de *la Confiance*, toujours posée

près du plat-bord ennemi, et l'ancre de ce vaisseau, qui n'a pas quitté notre sabord de chasse, sont continuellement couvertes par nos matelots qui passent sur *le Kent.* Les Anglais ont beau foudroyer ce dangereux passage, quelques-uns de nos hommes tombent, mais pas un seul ne recule.

Bientôt, grâce à l'adresse de nos chasseurs bourboniens, au talent de nos bâtonistes, à l'enthousiasme de tout le monde, nous sommes maîtres du gaillard d'avant du *Kent;* mais ce point important que nous occupons ne représente que le tiers à peu près du champ de bataille : en attendant, la foule des Anglais entassés sur les passavants n'en devient que plus compacte et que plus impénétrable.

Enfin le capitaine du *Kent,* nommé Rivington, homme de cœur et de résolution, comprend qu'il est temps de combattre sérieusement les malheureux aventuriers qu'il a si fort dédaignés d'abord. Il se met donc à la tête de son équipage, qu'il dirige avec beaucoup d'habileté.

Malheureusement pour lui, Surcouf est maintenant à son bord; Surcouf, que la mort seule peut en faire sortir. L'intrépide Breton, planant, du haut du pavois du *Kent,* sur la scène de carnage, agit et parle en même temps : son bras frappe et sa bouche commande. Toutefois, il n'est pas, il me l'avoua plus tard, sans inquiétude : si la lutte se prolonge plus longtemps, nous finirons par perdre nos avantages; or, une barricade composée de cadavres ennemis et de ceux de nos camarades s'élève sur les passavants et nous sépare des Anglais : cette redoute humaine arrête notre élan.

Des deux bords du gaillard d'avant du *Kent,* nos hommes, à qui Surcouf vient de faire parvenir secrètement ses ordres, chargent à mitraille deux canons jusqu'à la gueule et les braquent sur l'arrière, en ayant soin de dissimuler le plus qu'ils peuvent cette opération, qui, si elle réussit, nous sera d'un si grand secours.

Pendant ce temps, les soldats anglais, juchés sur leur

drome et derrière le fronton de leur dunette, abattent quelques-uns de nos plus intrépides combattants.

Nous devons alors envahir la drome et l'emporter d'assaut; quelques minutes nous suffisent pour cela, et bientôt nos chasseurs bourboniens, qui ont remplacé les Anglais dans ce poste élevé, nous débarrassent d'autant d'officiers qu'ils en aperçoivent et qu'ils en visent.

– Ouvrez les rangs sur les passavants, crie bientôt Surcouf d'une voix vibrante.

Sa parole retentit encore quand les deux pièces de canon dont nous avons déjà parlé, et que nos marins sont parvenus à charger en cachette de l'ennemi et à rouler sur l'arrière, se démasquent rapidement et vomissent leur mitraille, jonchant à la fois de cadavres et de débris humains les passavants, les deux bords du gaillard d'arrière et ceux de la dunette.

Ce désastre affreux ne fait pas perdre courage aux Anglais, et, prodige qui commence à nous déconcerter, et que je crois pouvoir pourtant expliquer, les vides de leurs rangs se remplissent comme par enchantement.

Depuis que nous avons abordé, nous avons presque tous mis, terme moyen, un homme hors de combat : nous devrions donc être, certes, maîtres du *Kent*. Eh bien ! nous ne sommes cependant pas plus avancés qu'au premier moment, et l'équipage que nous avons devant nous reste toujours aussi nombreux.

A chaque sillon que notre fureur trace dans les rangs ennemis, de nouveaux combattants roulent, semblables à une avalanche, du haut de la dunette du *Kent* et viennent remplacer leurs amis gisant inanimés sur le gaillard d'arrière; c'est à perdre la raison d'étonnement et de fureur.

Le combat continue toujours avec le même acharnement; partout l'on entend des cris de fureur, des râles de mourants; les coups sourds de la hache, le cliquetis morne du bâton, mais presque plus de détonations d'armes à feu. Nous sommes trop animés des deux côtés les uns contre les autres, pour songer à charger nos mousquets; cela demanderait trop de temps! Il n'y a plus guère que nos chasseurs bourboniens qui continuent à choisir froidement leurs victimes et continuent le feu.

Tout à coup un déluge de grenades, lancées de notre grande vergue avec une merveilleuse adresse et un rare bonheur, tombe au beau milieu de la foule ennemie et renverse une vingtaine d'Anglais. C'est le gabier Avriot qui tient la parole qu'il a donnée à Surcouf de venger les deux lanceurs tués sur la vergue de misaine.

Ce nouveau désastre ne refroidit en rien, je dois l'avouer, l'ardeur de nos adversaires. Le capitaine Rivington, monté sur son banc de quart, les anime, les soutient, les dirige avec une grande habileté. Je commence, quant à moi, à douter que nous puissions jamais sortir, sinon à notre bonheur, du moins à notre avantage, de cet abordage si terrible, et où nos forces sont si inférieures, lorsqu'un heureux événement survient qui me redonne un peu d'espoir.

Le capitaine Rivington, atteint par un éclat de grenade qu'Avriot vient de lancer, est renversé de son banc de quart : on relève l'infortuné, on le soutient, mais il n'a plus que la force de jeter un dernier regard de douleur et d'amour sur ce pavillon anglais qu'il ne verra pas au moins tomber; puis, sans prononcer une parole, il rend le dernier soupir.

Surcouf, à qui rien n'échappe, est le premier à s'apercevoir de cet événement; c'est une occasion à saisir, et le rusé et intrépide Breton ne la laissera pas s'échapper.

– Mes amis, s'écrie-t-il en bondissant, sa hache à la main, du sommet de la drome sur le pont, le capitaine anglais est tué, le navire est à nous! A coups de hache! maintenant, rien que des haches aux premiers rangs... En serre-file les officiers avec vos piques... Emportons le gaillard d'arrière et la dunette... c'est là qu'est la victoire.

Le Breton, joignant l'exemple à la parole, se jette tête baissée sur l'ennemi; sa hache lance des éclairs et un vide se forme autour du rayon que parcourt son bras; en le voyant je crois aux héros d'Homère, et je comprends les exploits de Duguesclin! Le combat cesse d'être un combat, et devient une boucherie grandiose; nos hommes escaladent, en la grossissant des corps de quelques-uns, la barricade formée de cadavres qui les sépare du gaillard d'arrière et de la dunette. La lutte a perdu son caractère humain, on se déchire, on se mord, on s'étrangle!

Je devrais peut-être à présent décrire quelques-uns des épisodes dont je fus alors le témoin, mais je sens que la force me manque. Les nombreuses années qui se sont écoulées depuis l'abordage du *Kent*, en retirant à mon sang sa fougue et sa chaleur, me montrent aujourd'hui sous un tout autre aspect que je leur trouvais alors, les événements de mon passé.

Je demanderai donc la permission de passer sous silence, souvenirs douloureux pour moi, les combattants qui, aux prises sur les pavois du *Kent*, tombent enlacés à la mer et se poignardent d'une main, tandis qu'ils nagent de l'autre; ceux encore qui, lancés hors du bord par le roulis, sont broyés entre les deux navires. Je reviens à Surcouf.

Le tenace et intrépide Breton a réussi; il s'est enfin emparé du gaillard d'arrière et de la dunette. Les Anglais épouvantés de son audace ont fini par lâcher pied et se précipitent dans les écoutilles, hors du bord, dans les panneaux, sous les porte-haubans et surtout dans la dunette.

La lutte semble terminée. Surcouf fait fermer les panneaux sur nos ennemis, lorsque le second du *Kent*, apprenant la mort de Rivington, abandonne la batterie, où il se trouve, et s'élance sur le pont pour prendre le commandement du navire et continuer le combat.

Heureusement sa tentative insensée et inopportune ne peut réussir; il trouve le pont en notre pouvoir, et il est obligé de battre tout de suite en retraite; mais il n'en est pas moins vrai que cette sortie a coûté de nouvelles victimes!

Cette fois, le doute ne nous est plus possible, nous sommes vainqueurs! Pas encore. Le second du *Kent*, exaspéré de l'échec qu'il vient de subir, et ayant sous la main toutes les munitions en abondance, fait pointer dans la batterie, en contrebas, des canons de 18, pour défoncer le tillac du gaillard et nous ensevelir sous ses décombres.

Surcouf, est-ce grâce au hasard? est-ce grâce à son génie? devine cette intention. Aussitôt, se mettant à la tête de ses hommes d'élite, il se précipite dans la batterie : je le suis.

Le carnage qui a lieu sous le pont du vaisseau ne dure pas longtemps, mais il est horrible : cependant, dès que notre capitaine est bien assuré que cette fois la victoire ne peut plus lui échapper, il laisse pendre sa hache inerte à son poignet, et ne songe plus qu'à sauver des victimes. Il aperçoit entre autres Anglais poursuivis, un jeune midshipman qui se défend avec plus de courage que de bonheur, car son sang coule déjà par plusieurs blessures, contre un de nos corsaires.

Surcouf se précipite vers le jeune homme pour le couvrir de sa protection; mais le malheureux, ne comprenant pas la généreuse intention du Breton, lui saute à la gorge, et essaie inutilement de le frapper de son poignard, lorsque le nègre Bambou, croyant que la vie de son chef est en danger, cloue d'un coup de lance l'infortuné midshipman dans les bras de Surcouf, qui reçoit son dernier soupir. L'expédition de la batterie terminée, nous remontons, Surcouf en tête, sur le pont; le combat a cessé partout.

Plus de morts, plus de sang, mes amis! s'écrie-t-il. Le *Kent* est à nous! Vive la France! vive la nation!

Un immense hourra répond à ces paroles, et Surcouf est obéi : le carnage cesse aussitôt. Seulement nos matelots excités par le combat se souviennent de la promesse qui leur a été faite avant l'abordage : ils ont droit à deux heures de la *part du diable!* Ils s'élancent donc dans l'entrepont, et se mettent à enfoncer et à piller les coffres et les colis qui leur tombent sous la main.

Surcouf, qui entend les plaintes que poussent les malheureux Anglais en se voyant dépouillés de leurs effets, devine ce qui va se passer, et un nuage assombrit son front. Il est au moment de s'élancer, mais il se retient.

– La parole de Surcouf doit être toujours une chose sacrée mes amis! nous dit-il en étouffant un soupir.

Quelques minutes s'écoulent et le bruit continue; seulement cette fois des cris de femmes se mêlent aux clameurs des pillards.

– Ah! mon Dieu! j'avais oublié la plus belle partie de notre conquête, nous dit Surcouf. Allons à leur aide, mes amis...

Nous suivons aussitôt notre capitaine, et nous arrivons devant les cabines occupées par les Anglaises : ces dames, effrayées du tumulte qui s'est rapproché d'elles, demandent grâce et merci...

Surcouf les rassure, leur présente ses respectueux hommages avec tout le savoir-vivre d'un marquis de l'ancien régime, s'excuse auprès d'elles du débraillé de sa toilette, s'inquiète de leurs besoins, et ne les quitte qu'en les voyant redevenues calmes et tranquilles. Toutefois, quoique pas un homme de notre équipage n'ait certes songé à abuser de la position de ces passagères, Surcouf place, pour surcroît de précaution, des sentinelles aux portes des cabines qu'elles occupent, en leur donnant pour consigne de tirer sur le premier qui voudrait pénétrer chez les Anglaises.

Parmi ces dames qui, une fois rendues à la liberté et à leurs familles, s'empressèrent de reconnaître avec autant de bonne foi que de reconnaissance les respectueux empressements dont elles avaient été l'objet, se trouvait une princesse allemande, la fille du margrave d'Anspach, qui suivait dans l'Inde son mari, le général Saint-John.

Du reste, je ne dois pas oublier d'ajouter que pas un homme de notre équipage ne songea un instant à s'emparer des objets, et il y en avait de fort riches et de grande valeur, qui se trouvaient dans les cabines des passagères. Quant aux deux heures de la part du diable, Surcouf par ses simples exhortations, car il avait donné sa parole, je l'ai dit, et ne pouvait revenir sur cette promesse, trouva moyen de les réduire considérablement, presque de les annuler.

Pendant que le chirurgien-major de *la Confiance,* M. Lenouel de Saint-Malo s'occupe à soigner les blessés, et que l'on s'empresse de dégager les grappins et l'ancre qui enchaînent encore notre navire au bâtiment anglais, Surcouf fait venir devant lui le second du *Kent* pour lui demander des explications, et voici ce que nous apprenons :

En juillet 1800, les deux vaisseaux de la Compagnie anglaise des Indes *the Kent* et *the Queen,* tous deux de 1 500 tonneaux et montant chacun 38 canons, transportaient plusieurs compagnies d'infanterie et différents officiers et passagers à Calcutta, lorsque, se trouvant dans la baie de San-Salvador, au Brésil, le feu se déclara à bord du *Queen,* qu'il consuma entièrement. Son compagnon de route, *the Kent,* recueillit alors à son bord deux cent cinquante marins et soldats du vaisseau incendié, ce qui porta son équipage à 437 combattants, sans compter le général Saint-John et son état-major.

– Parbleu, mes amis, nous dit Surcouf après ces explications, savez-vous, qu'amour-propre à part, nous pouvons nous vanter entre nous d'avoir assez bien employé notre journée? Il nous a fallu escalader, sous une grêle de balles, une forteresse trois fois plus haute que notre navire, et combattre chacun trois Anglais et demi! Ma foi, je trouve que nous avons bien gagné les grogs que le mousse va nous apporter!

– Parbleu! je ne m'étonne plus à présent, Surcouf, dit en riant M. Drieux, qui avait lui-même si fort contribué à notre triomphe, si, quand nous abattions un ennemi, il s'en présentait deux pour le remplacer; mais ce qui me surprend, c'est que toi, qui devines ce que tu ne vois pas, tu ne te sois pas douté, avant d'aborder *le Kent,* à quel formidable équipage nous allions avoir affaire...

– Laisse donc! je le savais on ne peut mieux...

– Ah bah! et tu n'en as rien dit?

– A quoi cela eût-il servi? à décourager l'équipage... pas si bête... Seulement je savais bien qu'une fois la besogne commencée, mes frères la Côte ne la laisseraient pas inachevée. L'événement a justifié mon espérance!

Le second du *Kent* nous avoua ensuite avec une franchise qui lui valut toute notre estime, que le capitaine Rivington, avant le commencement de l'action, avait eu la galanterie de faire avertir ses passagères que si elles voulaient assister au spectacle d'un corsaire français coulé à fond avec son équipage, elles n'avaient qu'à se rendre sur la dunette du *Kent*. Le fait est, ajouta le second, que je ne puis me rendre encore compte, messieurs, comment il peut se faire que je me trouve en ce moment votre prisonnier, et que le pavillon du *Kent* soit retourné sens dessus dessous en signe de défaite. Je ne comprends pas votre succès.

– Dame! cela est bien simple, lui répondit Surcouf. J'avais engagé ma parole auprès de mon équipage qu'avant la fin du jour votre navire serait à nous! Cela explique tout : je n'ai jamais manqué à ma parole.

Sur le champ de bataille que nous occupions se trouvait comme spectateur un trois-mâts more, sur lequel nous transbordâmes nos prisonniers. Toutefois Surcouf ne leur accorda la liberté que sous la parole que l'on rendrait un nombre égal au leur des prisonniers français détenus à Calcutta et à Madras, et que les premiers échangés seraient l'enseigne Bléas et les matelots de l'embarcation capturée par la *Sibylle*.

Ces arrangements conclus et terminés, Surcouf, mû par un sentiment de grandeur et de désintéressement partagé par son équipage, laissa emporter aux Anglais, sans vouloir les visiter, toutes les caisses qu'ils déclarèrent être leur propriété et ne point appartenir à la cargaison.

Quant aux Anglais trop brièvement blessés et dont le transbordement eût pu mettre les jours en danger, ils restèrent avec leurs chirurgiens à bord de *la Confiance;* malheureusement, l'abordage avait été si terrible, si acharné, les blessures par conséquent étaient si graves et si profondes que presque pas un d'entre eux ne survécut. Ils furent tous emportés, au bout de quelques jours, au milieu de souffrances épouvantables, par le tétanos.

Les avaries des deux navires réparées, M. Drieux passa avec soixante hommes à bord du *Kent,* dont il prit le commandement, et comme cet amarinage, uni à nos pertes, avait réduit nos forces de façon à nous rendre, sinon impossible, du moins dangereuse toute nouvelle rencontre, nous nous dirigeâmes, naviguant bord à bord, vers l'île de France; nous eûmes le bonheur de l'atteindre sans accident.

Jamais je n'oublierai l'enthousiasme et les transports que causèrent notre apparition et celle de notre magnifique prise parmi les habitants du Port-Maurice.

Notre débarquement fut un long triomphe. C'était à qui aurait l'honneur de nous serrer la main. Obtenir un mot de nous était considéré comme une grande faveur; et quand nous consentions à accepter un dîner en ville, on ne trouvait rien d'assez bon pour nous être offert.

– Eh bien, Garneray, me dit un jour Surcouf, que je rencontrai dans une réunion, t'avais-je trompé, mon garçon, en te promettant que si tu voulais associer ta fortune à la mienne tu n'aurais pas lieu de t'en repentir! En comparant ta position actuelle à celle que tu avais lorsque Monteaudevert t'a présenté à moi, n'es-tu pas un millionnaire? Crois-moi, ne me quitte pas.

– Je ne demande pas mieux, capitaine, que de m'embarquer de nouveau avec vous.

– Oui; eh bien! je dois mettre sous peu à la voile pour Bordeaux, où MM. Tabois-Dubois, les consignataires de mon armateur, veulent envoyer *la Confiance,* armée en aventurier, porter une riche cargaison: ainsi tiens-toi prêt. Mais, qu'as-tu donc? Cette nouvelle semble te contrarier?

– Ma foi, à vous dire vrai, capitaine, je sens qu'à présent que j'ai goûté l'Inde, il me serait difficile de m'acclimater de nouveau en France!... Je vous accompagnerai, parce que je ne veux pas vous quitter; mais si ce n'était pour vous...

– Tu es un imbécile, mon cher Garneray, dit Surcouf en m'interrompant, non pas de préférer l'Inde à la France, au contraire, je t'approuve fort à cet égard; mais bien de ce que, préférant l'Inde à la France, tu abandonnes le premier de ces deux pays pour retourner dans le second! Et cela pourquoi? parce que c'est moi qui commande le navire. Sérieusement parlant, je te remercie du sentiment d'affection que tu me portes et que, tu sais que je n'aime pas les phrases, je te rends bien, mon garçon!... Vois-tu, la vie est courte, et il faut savoir en jouir, c'est là la mission de l'homme intelligent... Tu aimes l'Inde, restes-y. Tu as de l'argent, j'en ai encore bien plus, si tu en avais besoin, à ta disposition; intéresse-toi dans quelque affaire maritime, fixe-toi, pour le moment, dans ces parages.

– Mais vous, capitaine, pourquoi retournez-vous en France?

– Oh! moi, garçon, c'est autre chose. Tout viveur et rond que tu me vois, j'ai un sentiment dans le cœur qui m'obsède et me harcèle sans cesse... Je vais en France pour me marier!

En effet, le 29 janvier 1801, Surcouf, commandant *la Confiance*, mettait à la voile pour Bordeaux.

Comme ces mémoires, renfermant seulement les faits dont j'ai été témoin, laissent en route, sans plus s'en occuper, des personnages auxquels le lecteur pourrait s'intéresser, mais que le hasard n'a plus placés sur mon chemin, j'ajouterai que Surcouf, après une traversée accidentée au possible, et que je regrette vivement de ne pas avoir faite, ce qui me donnerait le droit de la raconter à présent, trouva en arrivant les passes de la Gironde bloquées et parvint à débarquer la riche cargaison de *la Confiance* à La Rochelle, où il mouilla le 13 avril suivant.

Quant à son mariage avec celle qu'il aimait, mademoiselle Marie-Catherine Blaize, il eut lieu à Saint-Malo le 8 prairial an IX de la République, ou, si l'on aime mieux le 28 mai 1801. On voit que Surcouf menait aussi rondement les affaires de sentiment que celles de sa profession. Le corsaire breton avait alors vingt-sept ans!

Lexique des termes de marine

D'après
le Dictionnaire de marine
du vice-amiral Willaumez (1825)

ABATÉE : *mouvement propre d'un bâtiment qui fait s'éloigner la proue de la ligne du vent.*

ACCASTILLAGE : *(dérivé de castel) originairement : châteaux sculptés et peints de l'avant et de l'arrière des grands bâtiments; plus généralement : partie de la coque dépassant le plat-bord.*

ALLURES : *disposition de la voilure par rapport au vent que reçoit un bâtiment. On compte trois allures : celle du plus près, du vent largue (voir ce mot) et du vent arrière.*

AMARINER : *amariner un bâtiment ennemi, c'est envoyer à son bord une partie de l'équipage pour en prendre possession; amariner un équipage, c'est l'habituer à la mer.*

AMURE : *manœuvre, c'est-à-dire cordage qui assujettit la voile au vent par un point inférieur. On a les amures à tribord lorsque le bâtiment présente ce bord au vent, à bâbord si le vent souffle de bâbord. Ainsi changer d'amure c'est virer de bord.*

ANSPECT : *levier de bois servant à pointer les canons.*

ARCASSE : *l'arcasse d'un bâtiment est en quelque sorte le dernier couple de l'arrière sous une construction qui lui est particulière, le derrière de sa poupe, la face postérieure. Toute la charpente qui la compose est portée par l'étambot (forte pièce de bois droite opposée à l'étrave).*

ARRIVER *(laisser) : manœuvrer par les voiles et le gouvernail de façon à écarter la proue de l'origine du vent.*

ARTIMON : *mât de l'arrière, troisième mât d'un grand bâtiment.*

BAILLE DE COMBAT : *sorte de baquet contenant les boutefeux (bâtons portant la mèche allumée pour mettre le feu aux canons) et de l'eau pour rafraîchir les bouches à feu pendant le combat.*

BARRE *(passer par-dessus la) : on se sert de cette expression pour dire qu'un navire vient en travers du vent malgré son gouvernail.*

BEAUPRÉ : *l'un des mâts majeurs d'un bâtiment, qui s'incline sur l'avant. Quand on parle d'un bâtiment à trois, deux ou un mâts, on ne fait pas mention du beaupré.*

BISCAYEN : *petit boulet en fer pesant environ une livre. On en réunit une certaine quantité pour faire des paquets de mitraille que l'on nomme grappes de raisin.*

BONNETTE : *voile légère qui s'ajoute à volonté; les bonnettes portent le nom de la voile à laquelle elles appartiennent.*

BORDER UNE VOILE : *c'est haler sur son écoute, la tendre par son point inférieur. Border à plat c'est, lorsqu'on est orienté au plus près du vent avec belle mer, bien raidir sa ralingue vers l'arrière du bâtiment.*

BOSSER : *doubler ou lier ensemble certains cordages.*

BOSSOIR : *deux grosses pièces de bois saillant sur l'avant et qui servent à la manœuvre des ancres.*

BOULETS : *le poids des boulets va de une livre à trente-six livres. Les boulets ramés sont formés chacun d'un boulet coupé en deux dont chaque moitié est soudée à l'extrémité d'une branche en fer. On s'est servi aussi de boulets enchaînés.*

BOULINER : *ouvrir fortement une voile carrée pour s'élever dans le vent le plus possible, ceci à l'aide de cordages appelés boulines. On dit aussi haler bouline.*

BOUT-DEHORS : *pièce de mâture (mât de foc) qui s'ajoute aux vergues pour porter des voiles supplémentaires.*

BRAGUES : *gros cordages servant à borner le recul d'un canon.*

BRAS : *cordages servant à faire mouvoir les vergues carrées autour du mât qui les porte.*

BRICK : *bâtiment de petit tonnage; (cf. le brigantin, plus petit) : deux mâts; grand mât incliné sur l'arrière et grande voile carrée enverguée. Bricks de 1er, 2e, 3e, 4e, 5e rang : 20 à 8 bouches à feu, 100 à 50 hommes.*

BRIGANTINE : *voile trapézoïdale que les grands bâtiments hissent au mât d'artimon, sur la corne (vergue hissée en arrière du mât d'artimon).*

BRÛLOT : *bâtiment disposé pour brûler les bâtiments ennemis en se consumant lui-même par le moyen des matières inflammables dont il est chargé à cet effet.*

CALE *(supplice de la) : châtiment qui consiste à hisser un coupable à la grande vergue et à le laisser tomber en chute libre dans la mer plusieurs fois de suite.*

CAPE *(mettre à la) : ne conserver dehors que très peu de voiles (par mauvais temps ou vent violent opposé à la route du bâtiment).*

CARGUER : *relever une voile au-dessous de sa vergue au moyen de cordages appelés cargues (soit momentanément soit qu'on veuille la serrer).*

CARONADE : *bouche à feu moins lourde et moins longue que le canon.*

CASSE-TÊTE, OU FILET DE CASSE-TÊTE : *grand filet tendu horizontalement au-dessus du gaillard d'arrière pour garantir les hommes des poulies ou cordages qui tomberaient des mâts.*

CARTAHU : *cordage volant qui sert pour descendre quelque chose des hunes ou monter divers objets que les gabiers halent à la main.*

CIVADIÈRE : *vergue placée au-dessous du beaupré (la voile porte aussi ce nom).*

CORVETTE : *bâtiment de guerre fin, léger et bien voilé, trois mâts, une batterie couverte; ne diffère guère de la frégate que par sa grandeur et son artillerie. Corvettes de 1er et 2e rang : 30 à 20 bouches à feu; la corvette de 2e rang n'a qu'une batterie barbette, c'est-à-dire découverte. Équipage moyen : 200 à 300 hommes.*

COURONNEMENT : *haut de la poupe, ordinairement orné de sculptures.*

DÉGRÉER : *ôter au bâtiment cordages, poulies et voiles, vergues, etc.*

DÉPENDANT *(en) : se dit de la marche d'un bâtiment qui courbe graduellement sa route pour arriver à la rencontre d'un autre, lui couper le chemin, passer sous le vent d'une île, etc.*

DÉRAPER UNE ANCRE : *la détacher du fond.*

DRISSE : *cordage servant à hisser les voiles.*

DROME : *faisceau lié de cordages des mâts, vergues et bout-dehors embarqués pour rechange.*

DROSSÉ : *se dit d'un bâtiment entraîné par le vent, la lame, les courants, dans une direction contraire à sa route.*

DUNETTE : *sur les grands bâtiments, pont léger bâti du mât d'artimon jusqu'à l'arrière et abritant les chambres d'officiers.*

ÉCOUTE : *toute manœuvre (c'est-à-dire cordage) qui sert à border les voiles.*

ÉCOUTILLE : *ouverture rectangulaire pratiquée dans le pont d'un navire et qui permet l'accès aux étages inférieurs.*

ÉCOUVILLON : *bâton garni de peau de mouton pour nettoyer l'intérieur d'un canon après qu'il a tiré (cf. refouloirs pour pousser la charge dans le canon).*

EMBELLE : *partie du corps d'un bâtiment comprise entre les deux gaillards.*

EMBOSSER *(s')* : *faire présenter le travers à un ou plusieurs vaisseaux, dans un mouillage, pour battre un fort, ou se défendre d'autres vaisseaux qui seraient au large.*

EMBRAQUER : *c'est haler sur une manœuvre, tendre un cordage quelconque, commencer à raidir (à la main).*

ENFLÉCHURES : *échelons fixés sur les bas haubans pour monter à la tête des mâts et en descendre.*

ENGAGÉ : *un navire est engagé quand, par suite d'un événement quelconque, il reste incliné sur le côté sans pouvoir parvenir à reprendre son équilibre. C'est là la plus dangereuse position dans laquelle puisse se trouver un navire.*

ENVERGUER : *unir la voile à la vergue qui doit la porter et la faire manœuvrer.*

ÉPISSOIR : *instrument en fer qui sert à ajuster les cordages.*

ESPALMER : *nettoyer, disposer avec soin.*

ESPAR : *long mâtereau de sapin qu'on embarque pour servir de rechange aux mâts d'une seule pièce (les mâts majeurs ou bas mâts des grands bâtiments sont faits de pièces assemblées).*

ESTROPE · *bague ou lien en cordage dont on ceint les poulies et certains anneaux faisant partie du gréement; on s'en sert aussi pour porter au poignet la hache d'abordage.*

FOCS : *voiles triangulaires qui se hissent sur le petit mât de hune et sur celui de perroquet; on les serre sur le beaupré et le mât de foc.*

FRÉGATE : *bâtiment à trois mâts, une batterie couverte. Frégates de 1er, 2e, 3e rang, 60 à 40 bouches à feu.*

GABIER : *les meilleurs hommes d'un bâtiment qui sont distribués pour le service des hunes et du beaupré et chargés de la surveillance et de l'entretien à la tête des mâts.*

GARCETTE : *petit cordage tressé. Servait notamment à administrer les punitions.*

GARDE-FEU : *cylindre creux de cuir fort ou de bois léger pour contenir une gargousse, c'est-à-dire le petit sac contenant la poudre destinée à la charge d'un canon.*

GARGOUSSE : *cartouche à canon.*

GOÉLETTE : *petit bâtiment à deux mâts très fin, très léger, disposé pour la marche; mâts assez inclinés sur l'arrière; 8 à 6 bouches à feu; 60 hommes.*

GRELIN : *cordage qui, pour la grosseur, tient le milieu entre le câble (plus gros) et l'aussière (plus petite) (12 cm de diamètre environ).*

HABITACLE : *sorte de petite armoire en bois, placée au milieu de la largeur du bâtiment, sous les yeux du timonier, et qui contient une boussole ou compas de route, une lampe pour l'éclairer et un sablier ou horloge de demi-heure.*

HAUBAN : *cordage servant à assujettir un mât par le travers ou par l'arrière.*

HONNEUR *(à l') : un bâtiment range à l'honneur un autre bâtiment, une côte ou un danger quelconque lorsqu'il en passe aussi près que possible sans les toucher.*

HUNE : *sorte de plate-forme établie sur les bas-mâts des grands bâtiments; on les garnit pour le combat de caronades et de fusils servis par des gabiers, canonniers ou soldats.*

HUNIER : *voile gréée sur un mât de hune, au-dessus des basses voiles.*

JUMELER UN MÂT OU UNE VERGUE : *renforcer un mât ou une vergue qui a éclaté ou consenti, c'est lui appliquer une jumelle pour fortifier la partie affaiblie, au moyen d'un petit filin qu'on emploie à faire des roustures (c'est-à-dire des tours serrés et multipliés) de distance en distance pour tenir bien unie, bien serrée, la jumelle avec l'objet avarié.*

LARGUE : *lâche, se dit d'un cordage dont on diminue la tension. Le vent est largue pour un bâtiment qui a ses voiles orientées entre le vent arrière et le plus près (voir allures).*

LOF : *bord du vent d'un bâtiment orienté au plus près.*

LOF POUR LOF (VIRER DE BORD) : *virer vent arrière en changeant d'amures. On commande au timonier « lof » pour faire venir le bâtiment au vent lorsqu'on gouverne au plus près : lof, dans ce cas, est opposé à « laisser arriver ».*

MANŒUVRES : *tous cordages employés dans le gréement.*

MASQUER LES VOILES : *c'est changer promptement la direction des voiles afin d'arrêter subitement la marche d'un bâtiment qui est au moment d'aborder un autre bâtiment ou un danger qui se trouve sous son beaupré.*

MISAINE : *voile et vergue gréées sur le mât de misaine, le plus en avant des bas-mâts. Dans tous les bâtiments on dit la vergue de misaine, et jamais la voile de misaine; seulement la misaine, en parlant de la voile.*

MOUCHE : *petit bâtiment de guerre, soit brick, lougre, goélette ou cotre qui sert à observer l'ennemi, à porter des ordres à la voix ou les paquets de l'amiral commandant une escadre.*

MURAILLE : *côté d'un bâtiment depuis sa flottaison jusqu'en haut de la coque.*

MANTELETS DE SABORD : *espèce de volets carrés fixés par le haut et qui servent à fermer les sabords de la batterie basse d'un vaisseau.*

PANNE *(mettre en) : orienter les voiles d'un bâtiment en contrariant leurs effets pour le maintenir sans faire de sillage, sans aller de l'avant.*

PART : *les matelots formant l'équipage ont part dans le fret, dans la pêche, sur certains bâtiments de commerce. Ils ont part dans les prises si c'est un corsaire. S'ils se livrent au pillage, c'est* la part du diable.

PASSAVANT : *dans les grands bâtiments, portion du pont, tribord et bâbord, qui conduit du gaillard d'arrière au gaillard d'avant.*

PERROQUET : *nom du mât, de la vergue et de la voile qui se gréent au-dessus d'un mât de hune. Le perroquet de fougue est établi au-dessus du mât d'artimon.*

POUILLOUSE : *voile qui se hisse par mauvais temps parallèlement aux étais du grand mât; ainsi nommée à tort : c'est la grande voile d'étai (étai : gros cordage qui sert à contenir le mât d'un bâtiment sur l'avant).*

POULAINE : *saillie en dehors de l'étrave d'un grand bâtiment, sorte de pont découvert de forme triangulaire.*

PRÉCEINTE : *principale ceinture du bâtiment, formée par des bordages ou revêtements en chêne plus épais que les autres.*

PRÈS *(au plus) : route d'un bâtiment qui veut s'élever à l'origine du vent; c'est avoir dans un bâtiment les voiles orientées sous l'angle le plus aigu possible avec la quille, relativement au gréement.*

RABANS D'EMPOINTURE : *petits filins qui servent à fixer les deux coins inférieurs d'une voile carrée (coins dits empointures).*

RALINGUES : *cordages cousus tout autour des voiles pour les empêcher de déchirer; lorsque le vent souffle dans la direction d'une ralingue de côté, ne recevant le vent ni dedans ni dessus, on dit que la voile est en ralingue.*

RIS OU BANDE DE RIS : *c'est un petit renfort de toile, cousu à angle droit sur les laizes qui forment la voile et dans lesquels sont percés les œillets pour recevoir les garcettes ou tresses qui permettent de remonter la voile et diminuer sa surface. Prendre un ris, c'est attacher les garcettes pour serrer la voile sur la vergue.*

RISÉE : *augmentation subite et de peu de durée dans le vent.*

SABORD : *ouverture carrée percée dans la muraille d'un bâtiment pour y passer la volée d'un canon.*

SERRER : *plier une voile carguée (relevée) sur sa vergue, en pressant la toile avec de petits filins appelés rabans de ferlage.*

SERVIR *(faire) : orienter (une voile) pour mettre le vent dedans.*

SOUS : *un bâtiment qui est au large et en voit un autre très près d'une terre, dit qu'il le voit sous la terre; un bâtiment est sous le vent par rapport à un objet quelconque qui est plus près que lui du lit du vent (le lit du vent étant la ligne suivant laquelle il souffle ou le point de l'horizon d'où il vous arrive en direction). On dit mettre sous voile, sous telle voile ou sous toutes voiles quand elles sont toutes dehors.*

TENDELET : *sorte de dais en forme de dôme que l'on dresse au-dessus de la chambre de certains canots pour se protéger du soleil.*

TILLAC : *pont découvert (usité surtout sur les navires de commerce).*

TIMONERIE : *près du mât d'artimon, lieu où se trouve la roue du gouvernail et les habitacles du compas et des horloges (voir habitacle).*

TRAVERSIN : *nom qu'on donne aux pièces de bois posées en travers d'une charpente de bâtiment.*

VAISSEAU : *construction flottante à trois mâts qui a au moins deux batteries couvertes. Vaisseaux de 1er, 2e, 3e et 4e rang : de 3 000 à 1 500 tonneaux, 120 à 80 bouches à feu. Équipage moyen : 700 hommes.*

Table

Petite Bibliothèque Payot / nouvelle présentation

Sigmund Freud
Cinq leçons sur la psychanalyse, *suivi de* Contribution à l'histoire du mouvement psychanalytique / **1**

Marthe Robert
La révolution psychanalytique. La vie et l'œuvre de Freud / **2**

John Kenneth Galbraith, La crise économique de 1929 / **3**

Blandine Barret-Kriegel, L'État et les esclaves / **4**

Gérard Mendel, Pour décoloniser l'enfant / **5**

Johan Huizinga, L'automne du Moyen Age / **6**

Paul Diel, Le symbolisme dans la mythologie grecque / **7**

Jean-Paul Aron, Le mangeur du XIXe siècle / **8**

Sigmund Freud, Totem et tabou / **9**

Léon Chertok, L'hypnose / **10**

Sigmund Freud, Psychopathologie de la vie quotidienne / **11**

Gershom G. Scholem, La Kabbale et sa symbolique / **12**

Marcel Mauss, Manuel d'ethnographie / **13**

François Rivenc, Introduction à la logique / **14**

Sigmund Freud, Essais de psychanalyse / **15**

Sigmund Freud, Introduction à la psychanalyse / **16**

Erich Fromm, Le langage oublié / **17**

Mélanie Klein / Joan Riviere, L'amour et la haine / **18**

Paul Diel, Éducation et rééducation / **19**

Paul Diel, Le symbolisme dans la Bible / **20**

Commission « Efficacité de l'État » du Xe Plan présidée par **François de Closets,** Le pari de la responsabilité / **21**

Otto Rank, Le traumatisme de la naissance / **22**

Otto Rank, Don Juan, *suivi de* Le double / **23**

John Maynard Keynes
Essais sur la monnaie et l'économie / **24**

Albert Einstein, La relativité / **25**

Alfred Adler, Connaissance de l'homme/**26**
Sigmund Freud/William C. Bullitt
Le Président T. W. Wilson. Portrait psychologique/**27**
Bronislaw Malinowski
La sexualité et sa répression dans les sociétés primitives/**28**
Wilhelm Reich, Écoute, petit homme !/**29**
Margaret Mahler, Psychose infantile/**30**
Noam Chomsky, Le langage et la pensée/**31**
Paul C. Racamier, Les schizophrènes/**32**
Konrad Lorenz
Évolution et modification du comportement/**33**
Élisabeth Labrousse, La révocation de l'Édit de Nantes/**34**
Moses I. Finley
Démocratie antique et démocratie moderne/**35**
Christian David, L'état amoureux/**36**
Eric Berne, Analyse transactionnelle et psychothérapie/**37**
Albert Schweitzer, Les grands penseurs de l'Inde/**38**
Walter Benjamin, Charles Baudelaire/**39**
A. de Mijolla/S. A. Shentoub
Pour une psychanalyse de l'alcoolisme/**40**
Pierre Avril, Essais sur les partis politiques/**41**
Constantin Stanislavski, La formation de l'acteur/**42**
Piera Aulagnier, Un interprète en quête de sens/**43**
Michael Balint, Le défaut fondamental/**44**
Jean-G. Lemaire, La relaxation/**45**
Marie Moscovici, Il est arrivé quelque chose/**46**
Alfred Adler, Le sens de la vie/**47**
James G. Frazer, Mythes sur l'origine du feu/**48**
Robert Löwie, Histoire de l'ethnologie classique/**49**
D. W. Winnicott, L'enfant et sa famille/**50**
Ella Maillart, La voie cruelle/**51** (Voyageurs)
Colin Thubron, Les Russes/**52** (Voyageurs)
Nicolas Bouvier, Chronique japonaise/**53** (Voyageurs)
Redmond O'Hanlon, Au cœur de Bornéo/**54** (Voyageurs)
Gilles Lapouge, Les pirates/**55** (Voyageurs)
Louis Garneray, Corsaire de la République/**56** (Voyageurs)

Robert Louis Stevenson
La route de Silverado/**57** (Voyageurs)

Richard F. Burton/John Speke
Aux sources du Nil/**58** (Voyageurs)

Helen A. Keller, Sourde, muette, aveugle/**59** (Documents)

François Boureau, Contrôlez votre douleur/**60** (Documents)

Rabindranath Tagore
La maison et le monde/**61** (Documents)

Marc Ferro, Nicolas II/**62** (Documents)

Paul Kennedy
Naissance et déclin des grandes puissances/**63** (Documents)

Ernest Aeppli
Les rêves et leur interprétation/**64** (Documents)

A. Cohen, Le Talmud/**65**

Paul Diel, Psychologie de la motivation/**66**

Hélène Deutsch, Problèmes de l'adolescence/**67**

Erich Fromm, Le cœur de l'homme/**68**

Mirko Grmek, Claude Bernard/**69**

Alan W. Watts, Le bouddhisme zen/**70**

Paul Diel, La divinité/**71**

Ella Maillart
Des monts célestes aux sables rouges/**72** (Voyageurs)

Evelyn Waugh, Bagages enregistrés/**73** (Voyageurs)

T. Berry Brazelton, Écoutez votre enfant/**74** (Documents)

Marina Yaguello, Les mots et les femmes/**75** (Documents)

Jérôme Spycket, Clara Haskil/**76** (Documents)

Régis Boyer, La Saga de saint Olaf/**77** (Documents)

Paul Diel, La peur et l'angoisse/**78** (Documents)

Peter Fleming, Courrier de Tartarie/**79** (Voyageurs)

Louis Garneray, Le négrier de Zanzibar/**80** (Voyageurs)

Christine Fauré
Les déclarations des droits de l'homme de 1789/**81**

Marc Ferro
Comment on raconte l'histoire aux enfants/**82** (Documents)

Bernard Cathelat, Publicité et société/**83** (Documents)

Alfred Adler, Le tempérament nerveux/**84**

Ella Maillart, La vagabonde des mers/**85** (Voyageurs)
Louis Garneray, Un corsaire au bagne/**86** (Voyageurs)
Graham Greene, Routes sans lois/**87** (Voyageurs)
Edward John Trelawnay
Mémoires d'un gentilhomme corsaire/**88** (Voyageurs)
Éric Vibart, Alain Gerbault/**89** (Voyageurs)
Eric Newby
Un petit tour dans l'Hindou Kouch/**90** (Voyageurs)
Mark Twain, Vie sur le Mississippi/**91** (Voyageurs)
A. Kirkpatrick
Les conquistadors espagnols/**92** (Documents)
Heinrich H. Houben, Christophe Colomb/**93** (Documents)
René Thévenin/Paul Coze
Mœurs et histoire des Indiens d'Amérique du Nord/**94** (Documents)
Michel Le Bris
L'homme aux semelles de vent/**95** (Documents)
Jean Rolin, La ligne de front/**96** (Voyageurs)
Jacques Lacarrière, Chemin faisant/**97** (Voyageurs)
Robert Louis Stevenson
Essais sur l'art de la fiction/**98** (Documents)
T. E. Lawrence, Les sept piliers de la sagesse/**99** (Documents)
Nicolas Bouvier, L'usage du monde/**100** (Voyageurs)
Peter Collier/David Horowitz, Les Kennedy/**101** (Documents)

Ouvrage imprimé sur presse CAMERON,
dans les ateliers de la S.E.P.C.
à Saint-Amand-Montrond (Cher)
en mai 1992

ISBN 2-228-88369-7

— N° d'impression : 1031. —
Dépôt légal : mai 1992.

Imprimé en France